『宅建士　2023年法改　　　　　　　　　試』
収録の予想問題が令和　　　　　　　　で
ズバリ的中 !! しました

JN017145

　コンデックス情報研究所では、長年の過去問題の分析結果に基づき予想問題を作成しております。その結果、令和5年度試験においては、以下のように予想問題と同じ問題が本試験で多数出題されました。本書はその経験と研究の成果を活かして編集された書籍です。

本試験問題　問13
2　集会は、区分所有者の4分の3以上の同意があるときは、招集の手続を経ないで開くことができる。

完全予想模試③　問13
3　集会は、区分所有者及び議決権の各4分の3以上の多数の同意があるときは、招集の手続きを経ないで開くことができる。

本試験問題　問15
2　高度利用地区は、土地の合理的かつ健全な高度利用と都市機能の更新とを図るため、都市計画に、建築物の高さの最低限度を定める地区とされている。

完全予想模試①　問15
1　高度利用地区は、用途地域内において市街地における土地の合理的かつ健全な高度利用と都市機能の更新とを図るため、建築物の容積率の最高限度及び最低限度を定める地区である。

本試験問題　問19
1　都道府県知事は、関係市町村長の意見を聴いて、宅地造成工事規制区域内で、宅地造成に伴う災害で相当数の居住者その他の者に危害を生ずるものの発生のおそれが大きい一団の造成宅地の区域であって、一定の基準に該当するものを、造成宅地防災区域として指定することができる。

完全予想模試③　問19
4　都道府県知事は、関係市町村長の意見を聴いて、宅地造成工事規制区域外で、宅地造成に伴う災害で相当数の居住者その他の者に危害を生ずるものの発生のおそれが大きい一団の造成宅地の区域であって一定の基準に該当するものを、造成宅地防災区域として指定することができる。

本試験問題　問 30

ア　A が免許を受けた日から 6 か月以内に甲県知事に営業保証金を供託した旨の届出を行わないとき、甲県知事はその届出をすべき旨の催告をしなければならず、当該催告が到達した日から 1 か月以内に A が届出を行わないときは、その免許を取り消すことができる。

完全予想模試②　問 29

3　甲県知事は、A による供託から 3 月が経過しても A から供託の届出がないことから、A に対して届出をするよう催告したが、催告後 1 か月が経過しても依然として A から届出がない場合、A の宅地建物取引業の免許を取り消すことができる。

本試験問題　問 37

2　宅地建物取引業者は、その事務所ごとに従業者名簿を備えなければならないが、取引の関係者から閲覧の請求があった場合であっても、宅地建物取引業法第 45 条に規定する秘密を守る義務を理由に、閲覧を拒むことができる。

完全予想模試④　問 30

3　宅地建物取引業者は、その事務所に従業者名簿を備えることとされているが、取引の関係者から請求があった場合、当該名簿をその者に閲覧させなければならない。

本試験問題　問 47

2　直線距離で 50 m 以内に街道が存在する場合、物件名に当該街道の名称を用いることができる。

完全予想模試④　問 47

2　有名な街道から直線距離で 50 m の地点に所在する新築分譲マンションの名称に当該街道の名称を用いることができる。

的中問題続出！！

本試験問題	問 15-4	完全予想模試④	問 15-1
本試験問題	問 21-1	完全予想模試①	問 21-1
本試験問題	問 24-1	完全予想模試①	問 24-1
本試験問題	問 38-エ	完全予想模試②	問 33-ウ
本試験問題	問 43-4	完全予想模試③	問 37-ア
			他　多数！！

ズバリ
的中！！

あなたにピッタリの テキスト&問題集はこれだ!

今年の合格を狙うあなたに、成美堂出版が最適なものをお届けします

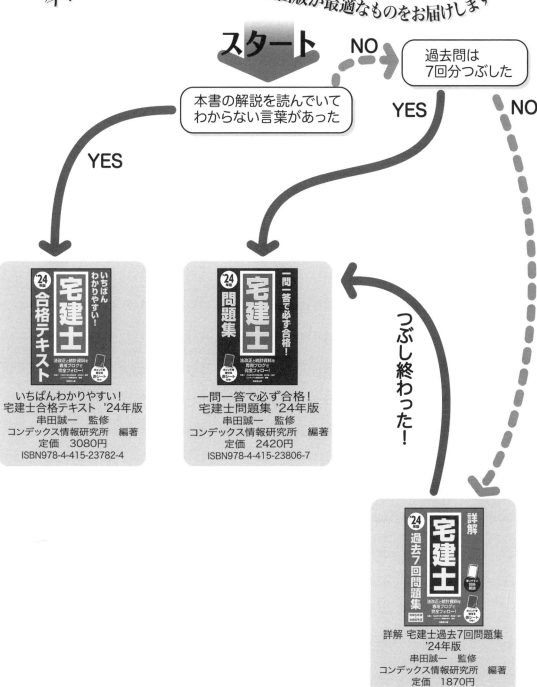

スタート

NO

本書の解説を読んでいて
わからない言葉があった

過去問は
7回分つぶした

YES

YES

NO

つぶし終わった!

いちばんわかりやすい!
宅建士合格テキスト '24年版
串田誠一　監修
コンデックス情報研究所　編著
定価　3080円
ISBN978-4-415-23782-4

一問一答で必ず合格!
宅建士問題集 '24年版
串田誠一　監修
コンデックス情報研究所　編著
定価　2420円
ISBN978-4-415-23806-7

詳解 宅建士過去7回問題集
'24年版
串田誠一　監修
コンデックス情報研究所　編著
定価　1870円
ISBN978-4-415-23823-4

2024年度
法改正情報

権利関係（民法）

令和4年12月、民法の嫡出推定制度の見直し等を内容とする民法等の一部を改正する法律が成立、公布されました。この法律は、令和6年4月1日から施行されています（懲戒権に関する規定等の見直しに関する規定は、令和4年12月16日に施行されました）。以下では、多岐にわたる今回の改正のうち、重要なものについて解説します。

※本稿では、改正前の民法を「旧法」、改正された民法を「新法」、改正のない条項については「民法」と表記しています。

① 嫡出推定に関する規定の見直し

これまでは婚姻の成立の日から200日を経過した後、又は婚姻の解消若しくは取消しの日から300日以内に生まれた子は、婚姻中に懐胎したものと推定するとしていました（嫡出推定：旧法772条2項）。この規定によれば、**離婚してから300日以内に生まれた子は、離婚した元夫の子であると推定される**ことから、生物学的に元夫の子である可能性が無い場合であっても、**戸籍上は元夫が父親として記載される**ことになります。このため、**離婚した元夫が子の父親として戸籍に記載されることを避ける**ために母親が出生届を提出せず、**無戸籍の子が発生する原因**となっていました。

このような問題を解消するために、新法では、妻が婚姻中に懐胎した子を当該婚姻における夫の子と推定するだけでなく、女が**婚姻前に懐胎した子**であって**婚姻が成立した後に生まれたものも、当該婚姻における夫の子**と推定すると改められました（新法772条1項）。この新法の規定によれば、**離婚した日から300日以内に生まれた子**であっても、その間に母親が再婚したときは**再婚した夫の子**と推定されることになります。また、「婚姻期間中」という限定を付していないため、母が婚姻前に懐胎し、婚姻が成立してさらに離婚に至ったというようなケースでも、その離婚した夫の子と推定されることになります。

さらに、子を懐胎した時から子の出生までの間に2回以上の婚姻をしていたときには、出生の直近の婚姻における夫の子と推定する規定も新設されました（同法772条3項）。

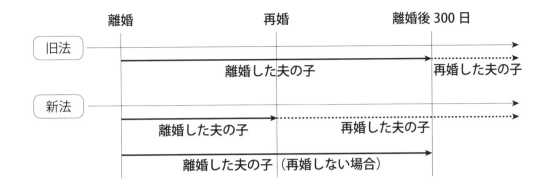

② 嫡出推定に関する規定

　旧法では、再婚後に生まれた子について、離婚した夫の嫡出であることの推定と、再婚後の夫の嫡出であることの推定が重複することを回避するために、前の婚姻が解消又は取り消されてから100日を経過した後でなければ、再婚できないとされていました（旧法733条1項）。しかし、女性にのみ再婚禁止期間が存在するというのは不公平であり、昨今のＤＮＡ鑑定技術の向上という観点からすると、再婚禁止期間を設けること自体の合理性が乏しくなっていました。

　そこで、新法では、母の再婚前に生まれた子は前夫の子と推定され、母の再婚後に生まれた子は再婚後の夫の子と推定されるため、嫡出推定が重複するという事態が発生することはなくなりました（新法772条）。そのため、女性の再婚禁止期間は不要となり、新法では削除されました。

③ 嫡出否認制度の見直し

（1）嫡出否認の訴え

　嫡出否認の訴えとは、嫡出子としての推定を受ける子について、この推定を覆し、その子が自分の子ではないことを主張するために、母の夫が提起する訴えのことです。嫡出否認の訴えの請求が認容されると、この嫡出性が否認され、父子関係は遡及的に消滅します。

（2）嫡出否認の訴えの出訴権者の見直し

　旧法では、嫡出否認の訴えを提起することができるのは夫のみとされていました（旧法774条1項）。そのため、家庭内暴力（ＤＶ）が起きている場合など、**夫の協力を得ることが困難な場合に嫡出の否認をすることができない**事態が発生したり、このような事態を避けるために**そもそも出生届を提出しない**という事態が発生したりするなど、様々な問題点が指摘されていました。

　そこで、新法では、父だけではなく、**子と母も嫡出否認の訴えを提起することができる**こととなりました（新法774条1項、3項）。

（3）嫡出否認の訴えの出訴期間の伸長

　旧法では、嫡出否認の訴えは、夫が子の出生を知った時から1年以内に提起しなければ

ならないとされていました（旧法777条）。

これに対して、新法では、**子や母が嫡出否認の訴えを提起できる期間は子の出生時から、父が訴えを提起できる期間は子の出生を知った時から、それぞれ3年**とされています（新法777条1号〜3号）。

権利関係（不動産登記法）

令和6年4月1日から施行されている改正不動産登記法では、**相続登記の申請が義務化**され、義務に違反した場合の**罰則規定**も設けられるなど、不動産登記制度の見直しが行われました。

① 不動産所有権の相続登記申請の義務化

従来の不動産登記法では、相続登記の申請は義務付けられていませんでした。そのため、相続した不動産の価値が乏しく、売却も困難であるような場合には、登記申請の手間や費用を省くなどの理由から、相続登記がなされないまま放置され、相続が繰り返されることにより、その不動産の所有者が誰なのかわからなくなり、所有者不明土地を生む大きな要因となっていました。そこで、改正不動産登記法では、**不動産の所有権の登記名義人が死亡した場合**に、**相続によって当該不動産の所有権を取得した相続人**に、以下のとおり相続登記の申請を義務付けられました（改正不動産登記法76条の2）。

（1）相続登記の申請義務者と申請期間

①所有権の登記名義人について相続の開始があったときは、当該相続により所有権を取得した者は、自己のために相続の開始があったことを知り、かつ、当該所有権を取得したことを知った日から**3年以内**に、所有権の移転の登記を申請しなければならない（同条1項）。相続人に対する遺贈により所有権を取得した者も、同様である。

②所有権の登記名義人から相続の開始により所有権を取得した相続人による登記（①の登記）がされた後に遺産の分割があったときは、当該遺産の分割によって**法定相続分を超えて所有権を取得した者**は、当該遺産の分割の日から**3年以内**に、所有権の移転の登記を申請しなければならない（同条2項）。

相続登記の申請義務は、原則として、登記名義人から**特定財産承継遺言又は相続人への遺贈によって所有権を取得した者**が負い、これらの遺言がない場合には、単独相続をした相続人が負うことになります。

また、共同相続の場合、遺言がなければ、**相続登記申請期間内に遺産分割をした共同相続人**が申請することになります。

② 相続人申告登記による相続登記申請義務のみなし履行制度の創設

相続登記を申請しようとする場合、相続人や相続分を確定しなければならないため、全ての相続人を把握するための戸籍謄本などの収集が必要になり、申請までに時間とコストがかさむことになります。そこで、改正不動産登記法では、より簡易に相続登記の申請義務を履行することができるよう、**相続人申告登記**という新たな制度が創設されました。

相続人申告登記制度は、相続登記の申請義務者が、登記官に対し、**①所有権の登記名義人について相続が開始した旨、及び②自らが当該所有権の登記名義人の相続人である旨を申し出る**ことにより、その効果として、この申出をした者が、その申出の前になされた遺産分割による所有権の取得を除き、**相続登記の申請義務を履行したものとみなされる**制度です（改正不動産登記法76条の3第1項、2項）。

③ 相続登記申請義務を怠った場合の罰則

相続登記申請期間内に登記申請義務を履行しなかった場合の法的制裁として、罰則規定が新設され、相続登記申請義務のある者が、**正当な理由がないのに**登記申請を**怠ったときは、10万円以下の過料**に処されることとされました（改正不動産登記法164条1項）。

④ DV被害者等の保護のための登記事項証明書等の記載事項の特例

ＤＶ防止法、ストーカー規制法、児童虐待防止法上の被害者などを対象に、住所が明らかにされることにより、その**生命若しくは身体に危害を及ぼすおそれがある**場合、又はこれに準ずる程度に**心身に有害な影響を及ぼすおそれがある**場合に、**本人の申出**により、登記事項証明書等に**現住所に代わる事項**を記載する制度が新設されました（改正不動産登記法119条6項）。

宅地建物取引業法

① 共同住宅に係る重説対象となる建物状況調査結果の期間の見直し

従来は、重要事項説明の対象となる建物状況調査の結果は、調査実施後1年を経過していないものとされていました。

しかし、既存住宅状況調査方法基準において、共同住宅の住戸内・住戸外における調査を異なる調査者がそれぞれ実施することが可能とされたことを踏まえ、**鉄筋コンクリート造又は鉄骨鉄筋コンクリート造の共同住宅等に係る重要事項説明の対象となる建物状況調査の結果**については、**調査の実施から2年を経過していないもの**に延長されました（改正宅地建物取引業法施行規則16条の2の2）。

② 標準媒介契約約款の見直し

建物状況調査の見直しを踏まえ、**標準媒介契約約款**における**建物状況調査**の記載につい

て、**建物状況調査を実施する者のあっせん**を「**無**」とする場合における**理由の記載欄を設けるとともに、トラブル回避の観点から、建物状況調査の限界**（瑕疵の有無を判定するものではないこと等）について**明記**することになりました。

【標準媒介契約約款　サンプル】

3　建物状況調査を実施する者のあっせんの有無（有・無）

＊＿＿＿＿＿＿＿＿＿＿＿＿＿＿＿＿＿＿＿＿＿＿＿＿＿＿＿＿＿

＊　目的物件が既存の住宅である場合において、あっせん「無」とするときは、その理由を記入すること。

注　建物状況調査の結果は瑕疵の有無を判定するものではなく、瑕疵がないことを保証するものでもありませんが、住宅の品質に関する情報を提供することにより、売主・買主が安心して取引ができるよう、目的物件について、目視を中心とした非破壊調査により、劣化事象等の状況を把握し、明らかにするものです。

　この他、宅地建物取引業法の解釈・運用の考え方についても改正がありますが、出題可能性の低い細かい知識であるため、本稿では割愛します。

法令上の制限

① 建築基準適合判定資格者検定制度の見直し

　建築基準適合判定資格者検定（建築基準法5条）に合格した建築基準適合判定資格者のうち、建築確認、完了検査などを行う者で、①特定行政庁の職員を建築主事、②（民間の）確認検査機関の職員を確認検査員といいます。

　今回の改正では、従来の建築主事、確認検査員に加えて、**小規模な建築物**に特化した審査資格者である**建築副主事、副確認検査員**が**新設**されました（改正建築基準法4条7項）。これは、実務経験や受験要件のハードルを下げ、建築主事等の継続的、安定的な確保を図り、建築行政業務の担い手を増やし地方分権改革の促進を図るものです。

	受検要件	登録要件	名　称	業務範囲
一級建築基準適合判定資格者検定	一級建築士試験合格者	検定合格 ＋ 実務経験 （受験の前後を問わない）	建築主事 確認検査員	全ての建築物
二級建築基準適合判定資格者検定	一級建築士試験合格者 二級建築士試験合格者		建築副主事 副確認検査員	小規模な建築物

※出典：「建築基準適合判定資格者検定制度の見直し」国土交通省

② 防火規定上の別棟扱いの導入による低層部分の木造化の促進

従来の防火規定では、耐火性能が要求される大規模建築物では、壁・柱などの全ての構造部材を例外なく耐火構造とすることが求められ、低層部分の木造化がしづらいとの指摘を受けて、**防火上分棟的に区画された高層・低層部分をそれぞれ防火規定上の別の建築物とみなすこと**によって、低層部分の木造化を可能とする規定が新設されました（改正建築基準法21条3項、27条4項、61条2項）。

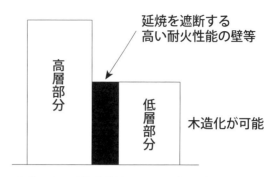

出典：改正建築基準法について（国土交通省住宅局）

③ 防火壁の設置範囲の合理化

従来は、壁・柱等の構造部材に被覆等の防火措置がなされていない（耐火建築物・準耐火建築物でない）木造建築物については、火災時の延焼の急拡大を防止するため、1,000 m² 毎に防火壁を設置するが求められていました。これに対する非耐火木造部分と一体で鉄筋コンクリート造や耐火被覆木造などの耐火構造部分を計画する場合、耐火構造部分にも、非耐火木造部分と同様に 1,000 m² 毎に防火壁の設置が求められ、不合理であるという指摘がありました。この指摘を受けて、改正建築基準法では、他の部分と防火壁で区画された 1,000 m² 超の耐火・準耐火構造部分には、防火壁の設置を要しないこととされました（改正建築基準法 26 条 2 項）。

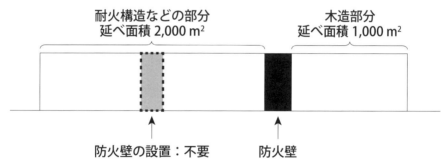

出典：改正建築基準法について（国土交通省住宅局）

④ 増改築時の防火・避難規定、集団規定（接道義務、道路内の建築制限）の遡及適用の緩和

従来は、既存不適格建築物について、増改築、大規模の修繕・大規模の模様替え、用途変更を行う場合は、原則として建築物全体を現行基準に適合させることが必要でした（遡及適用）。そのため、増改築等部分とは空間的・性能的に関係のない部分を含めて防火・避難規定、集団規定への適合を求められることから、建築物の所有者などにとって時間的・費用的な負担が大きいとの指摘がありました。そこで、改正建築基準法では、**既存不適格**

建築物について、安全性の確保等を前提として、増改築時等における**防火・避難規定、集団規定（接道義務、道路内建築制限）の遡及適用が緩和**されることになりました（改正建築基準法 86 条の 7，87 条）。

　そのうち、本試験対策上重要なものは、次のとおりです。

①**接道義務、道路内建築制限**は、建築物の長寿命化・省エネ化等に伴う**一定の改修工事**を遡及適用の**対象外**とする。

②**防火規定、防火区画規定**は、**分棟的に区画された建築物の一の分棟のみに増築等す**る場合は、**当該分棟部分に限って遡及適用**する。

③**廊下等の避難関係規定**、内装制限、建築材料品質規定は、**増築等をする部分に限って遡及適用**する。

　これらのほか、排煙設備の設置を要しない建築物の部分についての改正もありますが、排煙告示というかなり細かい知識に関するものなので、本稿では割愛します。

税・その他（税法）

　この項では、税法に関する改正のうち、本試験で出題される可能性の高いものを紹介します。

① 住宅及び土地の取得に係る不動産取得税の標準税率の特例措置

　住宅及び土地の取得に係る不動産取得税の標準税率（本則 4 ％）を 3 ％とする特例措置の適用期限が 3 年間（令和 9 年 3 月 31 日まで）延長されました（地方税法附則 11 条の 2 第 1 項）。

不動産の取得日	税　率		
	土　地	家　屋	
		住宅用	住宅用以外
令和 9 年 3 月 31 日まで	3%	3%	4 ％（本則）

② 新築住宅に係る固定資産税の減額措置

　この減額措置は、**新築された住宅に係る固定資産税**が、**3年間**（3階建て以上の耐火建築物等は5年間）に限り、**2分の1**に**減額**されるものです（地方税法附則15条の6）。今回の改正では、この減額措置の適用期限が**2年間**（**令和8年3月31日まで**）**延長**されました。

住宅の種類	期　間	減額割合	対象床面積
3階建て以上の 中高層**耐火建築物**	**5年間**	税額× 1/2	居住部分の床面積が 120 m² まで ※ 120 m² を超えるもの ➡ 120 m² 相当分まで
上記以外の **一般建築物**	**3年間**		

③ 住宅用家屋に係る登記の税率の軽減措置

　個人が自己の居住の用に供する家屋を新築又は**取得した場合**の**所有権保存登記・所有権移転登記**、又はその家屋の**取得資金の貸し付け**などを受けた場合の**抵当権設定登記**に係る**登録免許税の税率の軽減措置**の適用期限を**3年間**（**令和9年3月31日まで**）**延長**されました（租税特別措置法72条の2、73条、75条）。

住宅の種類	税　率	
	本　則	特　例
所有権保存登記	4 /1,000 （0.4 %）	**1.5/1,000**（0.15 %）
所有権移転登記	20/1,000 （2 %）	**3 /1,000**（0.3 %）
抵当権設定登記	4 /1,000 （0.4 %）	**1 /1,000**（0.1 %）

本書の使い方

本書は宅建士試験の合格をめざす人のための予想模試です。
過去問題集ではカバーするのが難しい新しい法律や制度をふまえ
問題を作成しており、本試験に向けて実戦力を養うことができます。

問題編

● 問題冊子が取り外せます！

4回分の模試を収録しており、各回ごとに取り外せます。気軽に持ち運べるので、いつでもどこでも本試験の臨場感を体験できます。

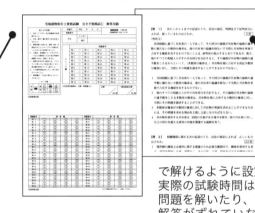

制限時間どおりに解答してみよう！

各問題文の最後に、問題を解く上での制限時間を掲載し、50問を110分で解けるように設定しています。
実際の試験時間は120分ですが、後回しにした問題を解いたり、マークシートが塗ってあるか、解答がずれていないか等を確認するための時間を10分差し引いて、110分で解答するように設定しています。

取り外して使える解答用紙！

各冊子の真ん中のページが解答用紙になっています。冊子から取り外してご利用ください。

正解・解説編

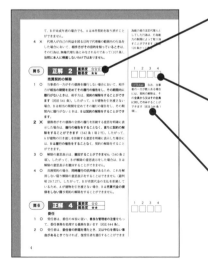

重要度・難易度で効率よく！

各問題の正解・解説に、重要度と難易度をつけました。重点的に学習すべき問題がわかり、効率的に学習できます。

便利なチェック欄をつけました！

正解・解説の右欄に、チェック欄をつけました。問題を理解できたかどうかの確認等にお使いください。

3種類の注釈で理解がグッと深まる！

正解・解説の右欄には、各解説の補足情報も掲載しています。各問題に対する知識を深めることができます。

宅建士 2024 年　法改正と完全予想模試

ＣＯＮＴＥＮＴＳ

問題編

1回ずつ取り外せます!!

完全予想模試①

完全予想模試②

合格に
よく効く!!

完全予想模試③

完全予想模試④

正解・解説編

試験に関する事項は、変更される場合があります。必ずご自身で下記にお問い合わせください。

試験に関する問い合わせ先
一般財団法人　不動産適正取引推進機構 試験部
〒 105-0001　東京都港区虎ノ門 3-8-21　第 33 森ビル 3 階
電話　03 (3435) 8181　URL　https://www.retio.or.jp/

"統計資料" を完全攻略！

宅建士試験で出題される統計資料で、**最も出題頻度の高いのは「地価公示の概要」**で、次が出題前年の建築着工統計調査報告（国土交通省）で公表される**「新設住宅着工戸数」**です。新設住宅着工戸数の数値には、対象となる**「年」の数値**（1月1日〜12月31日、毎年1月公表）と、**「年度」の数値**（4月1日〜翌年3月31日、毎年4月公表）があり、**出題頻度が高いのは「年」の数値**です。

また、法人企業統計調査からの出題では**「不動産業の経常利益率」**、また、5年に1度行われる**「住宅・土地統計調査」**の数値も要注意です。過去5回の出題事項は以下のとおりです。

令和5年度	令和4年度	令和3年度 （12月）	令和3年度 （10月）	令和2年度 （12月）
・宅建業法の施行状況調査 ・地価公示 ・建築着工統計（年） ・不動産業の売上高営業利益率・売上高経常利益率	・建築着工統計（年） ・地価公示 ・土地取引件数（土地白書） ・不動産価格指数	・宅建業者数（国土交通白書） ・地価公示 ・宅地面積（住宅地・工業用地等：土地白書） ・建築着工統計（年）	・建築着工統計（年） ・土地所有権移転登記件数（土地白書） ・地価公示 ・不動産業の営業利益	・建築着工統計（年） ・宅建業者数（国土交通白書） ・宅地面積（住宅地・工業用地等：土地白書） ・不動産業の売上高営業利益率・売上高経常利益率

●令和5年1年間（年）の新設住宅着工戸数 （令和6年1月公表）

・**令和5年1年間の新設住宅着工戸数**： 819,623戸
　　　　　　　　　　　　　　　　　前年比4.6％の減で、3年ぶりの減少 ↘

・**令和5年1年間の新設住宅着工床面積**： 64,178千m²
　　　　　　　　　　　　　　　　　前年比7.0％の減で、2年連続の減少 ↘

令和5年1年間の新設住宅着工戸数の利用関係別戸数

項　目	戸　数	前年比	増　減
持　家	224,352戸	11.4％の減	2年連続の減少 ↘
貸　家	343,894戸	0.3％の減	3年ぶりの減少 ↘
分譲住宅	246,299戸	3.6％の減	3年ぶりの減少 ↘
分譲住宅（マンション）	107,879戸	0.3％の減	昨年の増加から再びの減少 ↘
分譲住宅（一戸建て住宅）	137,286戸	6.0％の減	3年ぶりの減少 ↘

●令和 5 年度の新設住宅着工戸数 (令和 6 年 4 月公表)

・**令和 5 年度の新設住宅着工戸数：** 800,176 戸
前年度比 7.0％の減で、2 年連続の減少 ↘

・**令和 5 年度の新設住宅着工床面積：** 62,195 千 m²
前年度比 9.4％の減で、2 年連続の減少 ↘

・令和 5 年度の新設住宅着工戸数の利用関係別戸数

項　目	戸　数	前年度比	増　減
持　家	219,622 戸	11.5％の減	2 年連続の減少 ↘
貸　家	340,395 戸	2.0％の減	3 年ぶりの減少 ↘
分譲住宅	235,041 戸	9.4％の減	3 年ぶりの減少 ↘
分譲住宅（マンション）	100,241 戸	12.0％の減	昨年の増加から再びの減少 ↘
分譲住宅（一戸建て住宅）	133,615 戸	7.4％の減	3 年ぶりの減少 ↘

●令和 6 年地価公示　圏域別・用途別対前年変動率

(令和 6 年 3 月公表)

　令和 5 年 1 月からの 1 年間の地価動向は、全国平均では、全用途平均・住宅地・商業地のいずれも 3 年連続で上昇し、上昇率が拡大しました。三大都市圏では、全用途平均・住宅地・商業地のいずれも 3 年連続で上昇し、上昇率が拡大しました。地方圏では、全用途平均・住宅地・商業地のいずれも 3 年連続で上昇し、全用途平均・商業地は上昇率が拡大し、住宅地は前年と同じ上昇率となりました。

		令和 5 年地価公示	令和 6 年地価公示
住宅地	全国平均	1.4％	2.0％
	三大都市圏平均	1.7％	2.8％
	地方圏平均	1.2％	1.2％
商業地	全国平均	1.8％	3.1％
	三大都市圏平均	2.9％	5.2％
	地方圏平均	1.0％	1.5％

●令和4年度宅地建物取引業法の施行状況調査 <small>(令和5年10月公表)</small>

- ・令和4年度末現在の宅建業者数：129,604業者
  前年度比0.8%の増で、9年連続の増加 ↗
- ・令和4年度の監督処分件数：　139件
  前年度比14.2%の減 ↘
- ・令和4年度の行政指導件数：　528件
  前年度比15.8%の減 ↘
- ・令和4年度の宅建士総登録者数：1,154,979人（新規登録者数は近年増加傾向）

●年次別法人企業統計調査 <small>(令和5年9月公表)</small>

項　目	令和3年度		令和4年度	
	額	増加率	額	増加率
不動産業の経常利益	60,580億円	13.1%	59,392億円	△2.0%
不動産業の営業利益	53,686億円	19.1%	46,592億円	△13.2%

※「△」は下落を意味する。

項　目	令和3年度	令和4年度
不動産業の 売上高経常利益率	12.5%	12.8%
不動産業の 売上高営業利益率	11.1%	10.1%

　なお、不動産業の売上高経常利益率は、平成30年度から令和4年度までの5年間は、いずれも10%を超えています。また、令和4年度の全産業の経常利益は前年度に比べ13.5%の増、営業利益は16.7%の増となりましたが、不動産業の経常利益と営業利益はいずれもマイナスとなりました。

　統計問題では、国土交通省から公表される最新の「土地白書（令和5年度は6月公表）」、「国土交通白書（例年6〜7月公表）」からも毎年のように出題されます。公表時期との関係で、本書では紹介できませんが、次の本書専用ブログで随時最新情報を公開するので、各自最新の情報をチェックしておきましょう。 http://www.s-henshu.info/tkym2405/

令和6年度

完全予想模試①

次の注意事項をよく読んでから、始めてください。

（注意事項）

1 問　題

問題は、①－1ページから①－25ページまでの50問です。

試験開始の合図と同時に、ページ数を確認してください。

乱丁や落丁があった場合は、直ちに試験監督員に申し出てください。

2 解　答

問題冊子中央にある「解答用紙の使い方①」（解答用紙裏面）に従い、①－12と①－13の間にある解答用紙を取り外してください。

解答は、解答用紙の「記入上の注意」に従って記入してください。

正解は、各問題とも一つだけです。

二つ以上の解答をしたもの及び判読が困難なものは、正解としません。

3 適用法令

問題の中の法令に関する部分は、令和6年4月1日現在施行されている規定に基づいて出題されています。

※以上の注意書きは令和5年度の本試験のものを参考に作成しております。

・登録講習修了者は例年、問46～問50の5問が免除され、試験時間は13時10分から15時までの1時間50分となります（ただし、12時30分から注意事項が説明されるので、着席してください）。

矢印の方向に引くと問題冊子が取り外せます。

成美堂出版

【問　1】　次の1から4までの記述のうち、民法の規定、判例及び下記判決文によれば、誤っているものはどれか。　　　　　　　　　　　　　3分

（判決文）

　共同相続に基づく共有者の一人であって、その持分の価格が共有物の価格の過半数に満たない少数持分権者は、他の共有者の協議を経ないで当然に共有物を単独で占有する権原を有するものでないことは、原判決の説示するとおりであるが、他方、他のすべての相続人らがその共有持分を合計すると、その価格が共有物の価格の過半数をこえるからといって、（多数持分権者は、）共有物を現に占有する前記少数持分権者に対し、当然にその明渡を請求することができるものではない。

1　共同相続に基づく共有者の一人であって、その持分の価格が共有物の価格の過半数に満たない少数持分権者は、他の共有者の協議を経ないで当然に共有物を単独で占有する権原を有するものでない。

2　他のすべての相続人らがその共有持分を合計すると、その価格が共有物の価格の過半数をこえる多数持分権者は、共有物を現に占有する少数持分権者に対し、当然にその明渡を請求することができる。

3　多数持分権者が少数持分権者に対して共有物の明渡を求めることができるためには、その明渡を求める理由を主張し立証しなければならない。

4　共有物を使用する共有者は、別段の合意がある場合を除き、他の共有者に対し、自己の持分を超える使用の対価を償還する義務を負う。

【問　2】　相隣関係に関する次の記述のうち、民法の規定によれば、正しいものはどれか。　　　　　　　　　　　　　　　　　　　　　　2.5分

1　境界標の調査又は境界に関する測量のため必要な範囲内で、隣地を使用する者は、使用を開始した後、遅滞なく、その目的、日時、場所及び方法を隣地の所有者及び隣地使用者に通知しなければならない。

2　他の土地に囲まれて公道に通じない土地の所有者は、公道に出るため、その土地を囲んでいる他の土地を通行することができるが、通行する他の土地の損害に対して償金を支払わなければならない。

3　境界標の設置及び保存の費用は、その土地の広狭に応じて分担する。

4　土地の所有者は、隣地の竹木の枝が境界線を越える場合、竹木の所有者に枝を切除するよう催告せずに、その枝を切除することができる。

【問　3】　制限行為能力者に関する次の記述のうち、民法の規定によれば、正しいものはどれか。　2.5分

1　保佐人は、成年後見人と異なり、被保佐人の行為に対する同意権と取消権を有するが、代理権が付与されることはない。

2　成年後見人が、成年被後見人に代わって、成年被後見人が居住している建物を賃貸する場合には、家庭裁判所の許可を要しない。

3　成年後見人は、成年被後見人の日用品の購入その他日常生活に関する行為についても取り消すことができる。

4　被保佐人が、相続の放棄をするには、保佐人の同意を得なければならない。

【問　4】　Aが、所有する甲土地の売却に関する代理権をBに授与し、BがCとの間で、Aを売主、Cを買主とする甲土地の売買契約（以下この問において「本件契約」という。）を締結した場合における次の記述のうち、民法の規定によれば、正しいものはどれか。　2.5分

1　Aが死亡しても、BはCと本件契約を締結することができる。

2　Cの詐欺によってBが本件契約を締結した場合、Aは本件契約を取り消すことができる。

3　Bが未成年者の場合、Aは、Bが未成年者であることを理由に本件契約を取り消すことができる。

4　Bが売買代金を着服する目的で、本件契約を締結し、そのことについてCが知っていた場合でも、本件契約の効果は当然にAに帰属しない。

【問　5】　Aが、Bに建物を売却した場合の契約の解除に関する次の記述のうち、民法の規定及び判例によれば、誤っているものはどれか。　2.5分

1　Aが建物を引き渡さない場合、Bは相当の期間を定めてその履行の催告をし、その期間内に履行がないときは、Bは契約の解除をすることができる。

2　Aが建物の引き渡しを拒絶する意思を明確に表示した場合でも、Bは履行の催告をしなければ、契約の解除をすることができない。

3　Aが建物を引き渡さないため、Bが解除の意思表示をした場合は、Bは解除の意思表示を撤回することができない。

4　Bが売買代金の支払を拒絶しているため、Aが建物を引き渡さない場合、Bは売買代金の提供をしない限り契約の解除をすることができない。

【問　6】　民法上の委任契約に関する次の記述のうち、民法の規定によれば、誤っているものはどれか。　　　　　　　　　　　　　　　2.5分

1　受任者は、委任の本旨に従い、善良な管理者の注意をもって、委任事務を処理する義務を負う。

2　受任者は、委任者の許諾を得たとき、又はやむを得ない事由があるときでなければ、復受任者を選任することができない。

3　委任事務を処理するについて費用を要するときは、委任者は、受任者の請求により、その前払をしなければならない。

4　受任者は、特約がなくても、委任者に対して報酬を請求することができる。

【問　7】　AがBから2,000万円を借り入れ、CがBとの間で当該債務に係る保証契約（以下この問において「本件保証契約」という。）を締結した場合に関する次の記述のうち、民法の規定及び判例によれば、正しいものはいくつあるか。　　　　　　　　　　　　　　　　　　　　　　　　　3分

ア　本件保証契約を締結するには、書面でなければならず、口頭ですることはできない。

イ　AのBに対する債務額が1,500万円に減少した場合は、CのBに対する保証債務も1,500万円に減少する。

ウ　CがBから請求を受けた場合、CがAに弁済をする資力があり、かつ、執行の容易な財産があることを証明すれば、Bは、まずAに請求しなければならない。

エ　AのBに対する債務が時効期間を経過している場合でも、Cは当該債務の消滅時効を援用することができない。

1　一つ

2　二つ

3　三つ

4　なし

【問　8】　A所有の甲土地にBのCに対する債務を担保するためにCの抵当権（以下この問において「本件抵当権」という。）が設定され、その旨の登記がなされた場合に関する次の記述のうち、民法の規定によれば、正しいものはどれか。 2.5分

1　本件抵当権設定登記後に、甲土地上に乙建物が築造された場合、Cが本件抵当権の実行として競売を申し立てるときには、甲土地とともに乙建物の競売も申し立てなければならない。

2　Cが本件抵当権の実行として競売を申し立てた場合、Bは、その競売において買受人になることができる。

3　本件抵当権が設定され、その旨の登記がなされた後に、甲土地をDが賃借し、その旨の登記を備えていた場合、DはCに対して賃借権を対抗することができる。

4　Aから甲土地を買い受けたEが、Cの請求に応じてその代価を弁済したときは、本件抵当権はEのために消滅する。

【問　9】　AがBに対して100万円の金銭債権、BがAに対して100万円の同種の債権を有する場合の相殺（AB間に特約はないものとする。）に関する次の記述のうち、民法の規定及び判例によれば、誤っているものはどれか。 2.5分

1　Aは、Bに対して相殺をする場合、条件を付することができない。

2　AのBに対する金銭債権の弁済期が到来していても、BのAに対する同種の債権の弁済期が到来していない場合は、AはBに対して相殺することはできない。

3　Aの債権が、Bの悪意による不法行為によって発生したものであるときには、Bは、Bの債権をもって相殺をすることができない。

4　CがAの債権を差し押える前に、BがAに対する債権を取得していたときは、Bは、相殺をもって債権者Cに対抗することができる。

【問　10】　相続に関する次の記述のうち、民法の規定によれば、正しいものはどれか。 `2分`

1　被相続人の兄が、相続の開始以前に死亡したときは、兄の子が代襲して相続人となることはできない。
2　推定相続人である兄が、被相続人に対して虐待をし、若しくはこれに重大な侮辱を加えたときは、被相続人は、その兄の廃除を家庭裁判所に請求することができる。
3　過失によって被相続人を死亡するに至らせたために、刑に処せられた者は、相続人となることができない。
4　被相続人は、いつでも、推定相続人の廃除の取消しを家庭裁判所に請求することができる。

【問　11】　AがBとの間で、A所有の甲土地につき建物所有目的で期間を30年とする賃貸借契約（以下この問において「本件契約」という。）を締結する場合に関する次の記述のうち、借地借家法の規定及び判例によれば、正しいものはどれか。 `2.5分`

1　本件契約後、最初に更新する場合においては、更新期間を10年とすることができる。
2　本件契約の存続期間が満了した後、Bが土地の使用を継続するときは、本件契約の存続期間中に建物が滅失して存在していない場合であっても、従前の契約と同一の条件で契約を更新したものとみなされる。
3　建物がBの長男名義で登記がなされている場合には、本件契約後に甲土地を購入したCに対して借地権を対抗することができない。
4　Bの債務不履行により本件契約が解除された場合、BはAに対して建物買取請求権を行使することができる。

【問　12】　ＡとＢとの間でＡ所有の甲建物をＢに対して、居住の用を目的として、期間２年、賃料月額 10 万円で賃貸する旨の賃貸借契約（以下この問において「本件契約」という。）を締結し、Ｂが甲建物の引渡しを受けた場合に関する次の記述のうち、民法及び借地借家法の規定並びに判例によれば、正しいものはどれか。

2.5 分

1　Ａが賃貸借の解約の申入れをした場合においては、本件契約は、解約の申入れの日から６か月を経過することによって終了する。

2　本件契約を借地借家法第 38 条の定期建物賃貸借契約とするときは、公正証書によって契約を締結しなければならない。

3　本件契約を借地借家法第 38 条の定期建物賃貸借契約とするときは、Ａは、あらかじめ、Ｂに対し、建物の賃貸借は契約の更新がなく、期間の満了により当該建物の賃貸借は終了することについて、その旨を記載した書面を交付して説明しなければならないが、契約書と同じ書面内に記載して説明することができる。

4　本件契約において、一定の期間建物の賃料を減額しない旨の特約があるときは、経済事情の変動により、借賃が不相当となる場合であっても、Ｂは賃料減額を請求することができない。

【問　13】　建物の区分所有等に関する法律に関する次の記述のうち、誤っているものはどれか。

2 分

1　専有部分を規約により共用部分とする場合は、その旨の登記をしなければ第三者に対抗することができない。

2　一部共用部分は、これを共用すべき区分所有者の共有に属するため、規約で区分所有者全員の共有に属することはできない。

3　共有部分の各共有者の持分は、その有する専有部分の床面積の割合による。

4　形状又は効用の著しい変更を伴う共用部分の変更は、区分所有者及び議決権の各４分の３以上の多数による集会の決議で決するが、この区分所有者の定数は、規約でその過半数まで減ずることができる。

【問 14】 不動産の登記に関する次の記述のうち、不動産登記法の規定によれば、誤っているものはどれか。 2.5分

1 登記の申請をする者の委任による代理人の権限は、本人の死亡によって、消滅する。

2 登記官は、登記をすることによって申請人自らが登記名義人となる場合において、当該登記を完了したときは、速やかに、当該申請人に対し、当該登記に係る登記識別情報を通知しなければならない。

3 登記権利者及び登記義務者が共同して権利に関する登記の申請をする場合には、申請人は、その申請情報と併せて登記義務者の登記識別情報を提供しなければならない。

4 権利に関する登記を申請する場合には、申請人は、その申請情報と併せて登記原因を証する情報を提供しなければならない。

【問 15】 都市計画法に関する次の記述のうち、正しいものはどれか。 2.5分

1 第一種住居地域は、主として住居の環境を保護するため定める地域をいう。

2 市街化区域については、用途地域を定めないこともできるが、市街化調整区域では、用途地域を定めることはできない。

3 市町村が定める都市計画は、議会の議決を経て定められた当該市町村の建設に関する基本構想に即し、かつ、都道府県が定めた都市計画に適合したものでなければならない。

4 都道府県又は市町村は、都市計画を決定しようとするときは、あらかじめ、その旨を公告し、当該都市計画の案を公告の日から1か月間公衆の縦覧に供しなければならない。

【問 16】 都市計画法に関する次の記述のうち、正しいものはどれか。 `2.5 分`

1 市街化調整区域内で行われるゴルフコースの建設のための開発行為は、その規模の大きさにかかわらず、開発許可が必要である。

2 市街化調整区域内で行われる図書館の建設のための開発行為は、その規模の大きさにかかわらず、開発許可が必要である。

3 市街化区域内で行われる農業を営む者の居住の用に供する建築物の建設のための開発行為は、その規模の大きさにかかわらず、開発許可が不要である。

4 準都市計画区域内で行われる店舗の建設のための開発行為は、その規模が 10,000 m² 未満であれば、開発許可が不要である。

【問 17】 建築基準法に関する次の記述のうち、誤っているものはどれか。

`2 分`

1 階数が 2 で延べ面積が 200 m² の鉄骨造の共同住宅の大規模の模様替をしようとする場合、建築主は、当該工事に着手する前に、確認済証の交付を受けなければならない。

2 木造の建築物で 3 以上の階数を有し、又は延べ面積が 500 m² を超え、高さが 13 m 若しくは軒の高さが 9 m を超える建築物は、構造計算によって、その構造が安全であることを確かめなければならない。

3 居室には換気のための窓その他の開口部を設け、その換気に有効な部分の面積は、その居室の床面積に対して、7 分の 1 以上としなければならない。

4 高さ 31 m を超える建築物には、非常用の昇降機を設けなければならない。

【問　18】　次の記述のうち、建築基準法の規定によれば、誤っているものはどれか。　2分

1　建蔽率の限度が10分の8とされている地域内で、かつ、防火地域内にある耐火建築物等については、建蔽率の制限は適用されない。

2　建築物の敷地が防火地域の内外にわたる場合において、その敷地内の建築物の全部が耐火建築物等であるときは、その敷地は、全て防火地域内にあるものとみなされ、建蔽率が緩和される。

3　建築物の敷地が容積率の異なる地域にまたがる場合において、その敷地の容積率の限度は、それぞれの地域に属する敷地の部分の割合に応じて按分計算により算出される。

4　建築物の容積率は、当該建築物の前面道路の幅員が12m未満である場合においては、その幅員に応じて制限されるが、前面道路が2つ以上ある場合には、そのうち幅員が最小の前面道路の幅員に一定の数値を掛け合わせた数値となる。

【問　19】　宅地造成及び特定盛土等規制法に関する次の記述のうち、誤っているものはどれか。なお、この問において「都道府県知事」とは、地方自治法に基づく指定都市又は中核市にあってはその長をいうものとする。　2分

1　宅地を宅地以外の土地にするために行う土地の形質の変更は、宅地造成に該当しない。

2　都道府県知事は、基本方針に基づき、かつ、基礎調査の結果を踏まえ、宅地造成、特定盛土等又は土石の堆積に伴い災害が生ずるおそれが大きい市街地若しくは市街地となろうとする土地の区域又は集落の区域であって、宅地造成等に関する工事について規制を行う必要があるものを、宅地造成等工事規制区域として指定することができる。

3　都道府県知事の許可を受けた者は、当該許可に係る宅地造成等に関する工事の計画の変更をしようとするときは、都道府県知事に届出をしなければならない。

4　宅地造成又は特定盛土等に関する工事について都道府県知事の許可を受けた者は、当該許可に係る工事を完了したときは、都道府県知事の検査を申請しなければならない。

【問　20】　土地区画整理法に関する次の記述のうち、誤っているものはどれか。

2分

1　土地区画整理組合を設立しようとする者は、7人以上共同して、定款及び事業計画を定め、その組合の設立について都道府県知事の認可を受けなければならない。

2　土地区画整理組合が施行する土地区画整理事業に係る施行地区内の宅地について借地権者は、その組合の組合員とならない。

3　土地区画整理組合の総会の会議は、定款に特別な定めがある場合を除くほか、組合員の半数以上が出席しなければ開くことができない。

4　土地区画整理組合は、その事業に要する経費に充てるため、賦課金として参加組合員以外の組合員に対して金銭を賦課徴収することができる。

【問　21】　農地に関する次の記述のうち、農地法（以下この問において「法」という。）の規定によれば、正しいものはどれか。

2分

1　相続により農地を取得する場合は、法第3条第1項の許可を要しないが、遺産分割により農地を取得する場合は、法第3条第1項の許可を要する。

2　市街化区域内にある農地を売買により取得する場合は、農業委員会に届出をすれば、法第3条第1項の許可を要しない。

3　金融機関からの資金借入れのために農地に抵当権を設定する場合、法第3条第1項の許可を要する。

4　農業者が2アール未満の農地を自らの養畜の事業のための畜舎の敷地に転用しようとする場合、法第4条第1項の許可を得る必要はない。

【問 22】 国土利用計画法第 23 条の届出（以下この問において「事後届出」という。）に関する次の記述のうち、正しいものはどれか。 2分

1 Ａが所有する都市計画区域外の 15,000 m² の土地をＢが時効取得した場合、Ｂは事後届出を行う必要がある。

2 Ｃが所有する市街化調整区域内の 6,000 m² の土地について、Ｄと売買に係る予約契約を締結した場合には、Ｄは事後届出を行う必要がある。

3 Ｅが所有する市街化区域内の一団の土地である 1,500 m² の土地と 500 m² の土地をＦが購入する契約を締結した場合、Ｆは事後届出を行う必要がない。

4 国が所有する市街化区域内の 3,000 m² の土地についてＧが購入する契約を締結した場合、Ｇは事後届出を行う必要がある。

【問 23】 固定資産税に関する次の記述のうち、正しいものはどれか。 2分

1 固定資産税は、固定資産の所有者に課されるが、質権者や地上権者に課されることもある。

2 固定資産税の納期は、4 月、7 月、12 月及び 2 月中において、市町村の条例で定められ、これと異なる納期にすることはできない。

3 住宅用地のうち小規模住宅用地に対して課する固定資産税の課税標準は、当該小規模住宅用地に係る固定資産税の課税標準となるべき価格の 3 分の 1 の額である。

4 新築された住宅で政令で定めるものに対して課する固定資産税については、当該住宅に対して新たに固定資産税が課されることとなった年度から 5 年度分の固定資産税に限り、原則として、当該住宅に係る固定資産税額の 3 分の 1 に相当する額を当該住宅に係る固定資産税額から減額される。

【問 24】 住宅用家屋の所有権の移転登記に係る登録免許税の税率の軽減措置に関する次の記述のうち、正しいものはどれか。 2分

1 この税率の軽減措置の適用をすでに受けたことがある者は、再度この措置の適用を受けることはできない。

2 法人も、この税率の軽減措置の適用を受けることができる。

3 この税率の軽減措置の適用は、新築ではなくても、建築後使用されたことのない住宅用家屋を取得した場合にも適用を受けることができる。

4 この税率の軽減措置の適用を受けるには、専ら個人の住宅の用に供される一棟の家屋で床面積の合計が 200 m² 以上であることが都道府県知事によって証明されている必要がある。

【問 25】 地価公示法に関する次の記述のうち、誤っているものはどれか。 2分

1 不動産鑑定士は、公示区域内の土地について鑑定評価を行う場合において、当該土地の正常な価格を求めるときは、公示価格を規準としなければならない。

2 土地収用法によって土地を収用することができる事業者は、公示区域内の土地を当該事業の用に供するため取得する場合において、当該土地の取得価格を定めるときは、公示価格を規準としなければならない。

3 公示価格を規準とするとは、対象土地の価格を求めるに際して、当該対象土地とこれに類似する利用価値を有すると認められる一又は二以上の標準地との位置、地積、環境等の土地の客観的価値に作用する諸要因についての比較を行ない、その結果に基づき、当該標準地の公示価格と当該対象土地の価格との間に均衡を保たせることをいう。

4 都市及びその周辺の地域等において、土地の取引を行なう者は、取引の対象土地に類似する利用価値を有すると認められる標準地について公示された価格を指標として取引を行なわなければならない。

解答用紙の使い方①

この問題冊子には、本試験の臨場感を体験できるように、解答用紙がとじ込まれています。下記の手順に従って、問題冊子と解答用紙を取り外してから、ご使用ください。

作業中にケガをしないよう、ホチキスの針の取扱いには十分お気をつけください。

手順

各問題冊子の表紙（注意事項が記載）と最終ページを
つかんで手前に引き、問題冊子を取り外してください。
（両ページとも「⬅矢印の方向に引くと問題冊子が取り外せます。」と記載があります。）

手順 2

問題冊子の中央（次ページ）のホチキスの針を定規などの硬いものを用いて、
引き起こして立ててから、解答用紙を取り外します。

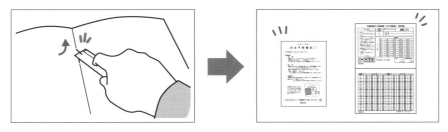

手順 3

手順2で立てたホチキスの針を元に戻し、準備完了です。
問題冊子の表紙の注意事項に従って問題を解き、解答用紙に記入しましょう。
制限時間を守ることで、より本試験の臨場感を体験できます。

外れないように…

※取り外す際の問題冊子等の
損傷につきましては、お取
替えはできませんのでご注
意ください。

宅地建物取引士資格試験　完全予想模試① 　解答用紙

実施日	令和	年	月	日		制限時間　120分
受験番号						（登録講習修了者は110分）

	フリガナ	
氏名	漢字	

記入上の注意

1. 氏名（フリガナ）及び受験番号を確認すること。
2. 氏名（漢字）欄に漢字で氏名を記入すること。
3. 解答用紙への記入は、鉛筆〔HB〕を使用すること（シャープペンの場合は、しんの太いものを使用すること）。
4. 正解は、各問題とも一つだけです。二つ以上の解答をしたもの及び判読が困難なものは、正解としません。
5. 解答の訂正をする場合には、プラスチック消しゴムで完全に消してから、該当欄の枠内にマークし直すこと。
6. この解答用紙は汚したり、折り曲げたりしないこと。
7. 解答欄は、下の良い例のようにマークすること。

― マーク例 ―

良い例	ぬりつぶし	●
悪い例	うすい	◯
	外周のみ	◯
	はみだし	〰
	レ点	Ⓥ
	丸	Ⓞ
	線のみ	｜

問題番号

チェック欄			
問 1 ☐	問 11 ☐	問 21 ☐	問 31 ☐	問 41 ☐
問 2 ☐	問 12 ☐	問 22 ☐	問 32 ☐	問 42 ☐
問 3 ☐	問 13 ☐	問 23 ☐	問 33 ☐	問 43 ☐
問 4 ☐	問 14 ☐	問 24 ☐	問 34 ☐	問 44 ☐
問 5 ☐	問 15 ☐	問 25 ☐	問 35 ☐	問 45 ☐
問 6 ☐	問 16 ☐	問 26 ☐	問 36 ☐	問 46 ☐
問 7 ☐	問 17 ☐	問 27 ☐	問 37 ☐	問 47 ☐
問 8 ☐	問 18 ☐	問 28 ☐	問 38 ☐	問 48 ☐
問 9 ☐	問 19 ☐	問 29 ☐	問 39 ☐	問 49 ☐
問 10 ☐	問 20 ☐	問 30 ☐	問 40 ☐	問 50 ☐

☆合否判定基準は、正解・解説編 p.2

正解	／50問	一部免除者正解	／45問

問題番号	解答欄				問題番号	解答欄			
問 1	①	②	③	④	問 26	①	②	③	④
問 2	①	②	③	④	問 27	①	②	③	④
問 3	①	②	③	④	問 28	①	②	③	④
問 4	①	②	③	④	問 29	①	②	③	④
問 5	①	②	③	④	問 30	①	②	③	④
問 6	①	②	③	④	問 31	①	②	③	④
問 7	①	②	③	④	問 32	①	②	③	④
問 8	①	②	③	④	問 33	①	②	③	④
問 9	①	②	③	④	問 34	①	②	③	④
問 10	①	②	③	④	問 35	①	②	③	④
問 11	①	②	③	④	問 36	①	②	③	④
問 12	①	②	③	④	問 37	①	②	③	④
問 13	①	②	③	④	問 38	①	②	③	④
問 14	①	②	③	④	問 39	①	②	③	④
問 15	①	②	③	④	問 40	①	②	③	④
問 16	①	②	③	④	問 41	①	②	③	④
問 17	①	②	③	④	問 42	①	②	③	④
問 18	①	②	③	④	問 43	①	②	③	④
問 19	①	②	③	④	問 44	①	②	③	④
問 20	①	②	③	④	問 45	①	②	③	④
問 21	①	②	③	④	問 46	①	②	③	④
問 22	①	②	③	④	問 47	①	②	③	④
問 23	①	②	③	④	問 48	①	②	③	④
問 24	①	②	③	④	問 49	①	②	③	④
問 25	①	②	③	④	問 50	①	②	③	④

解答用紙の使い方②
～合格に近づく採点方法！～

　各回の問題を解き、解答欄にマークし終わったら、正解・解説編を見て、自己採点しましょう。

　正解・解説の冒頭に記載されている合否判定基準は、あくまでも現在の自分の力の「めやす」です。自己採点の結果、合否判定基準を超えていたとしても最後まで油断しないように、試験本番まで、より実力アップをめざしましょう！

　自己採点が終わったら、**正解した問題**は解答用紙の「チェック欄」のチェックボックス**にチェックを付けていきます**。チェックが付いていない問題は、間違えた問題になるので、もう一度、解いてみることをお勧めします。

　本試験までに、全問題200問の正答を導けるようになれば、合格はグッと近づきます！

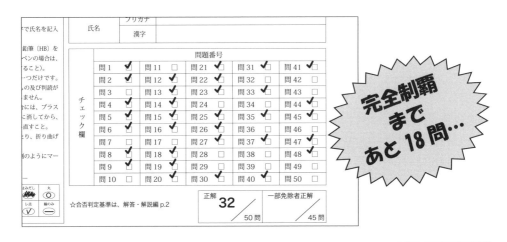

最後に確認するクセを身に付けよう！
～よくあるマークミス（その1）　行ズレ・ダブルマーク～

　自分はマークミスなどしない…と考えている人も、普段から最後にマーク欄をもう一度見直すクセを身に付けておきましょう。今まで気にしたことがない受験生も、**意識して見てみるとマークミスをしている**ことはよくあります。よくある具体例として、**行ズレによるダブルマーク**があります。問5の位置にマークしたつもりが、問6にマークするといったミスで、せっかく正答できる実力があるにもかかわらず**2問分失う**ことになります。見直す時間は長くても数分なので、**わずかな時間を惜しまずに、普段から見直すクセを身に付けてください。**

【問　26】　宅地建物取引業法第3条第1項に規定する事務所（以下この問において「事務所」という。）に関する次の記述のうち、正しいものはどれか。　　1.5分

1　宅地建物取引業を営もうとする者が免許の申請をする場合、免許申請書には、事務所の名称を記載すれば、所在を記載する必要はない。

2　宅地建物取引業を営もうとする者は、一の都道府県の区域内にのみ事務所を設置してその事業を営もうとする場合、当該事務所の所在地を管轄する都道府県知事の免許を受けなければならない。

3　事務所に国土交通省令で定める数の成年者である専任の宅地建物取引士を置かなくても免許を受けることができる。

4　宅地建物取引業者は、事務所ごとに、公衆の見やすい場所に、免許証、標識を掲げなければならない。

【問　27】　宅地建物取引業者Aが、自ら売主として宅地建物取引業者ではない買主Bに対し建物の売却を行う場合における宅地建物取引業法第35条に規定する重要事項の説明に関する次の記述のうち、正しいものはどれか。　　2分

1　Aは、Bに対し、建物の上に存する登記された権利の種類及び内容、登記名義人だけでなく、移転登記の申請の時期についても説明しなければならない。

2　Aは、Bに対し、売買代金の額や売買代金以外に授受される金額の額、授受の目的について説明しなければならない。

3　重要事項説明書には、宅地建物取引業者の記名が必要である。

4　宅地建物取引士は、重要事項の説明をするときは、宅地建物取引士証を胸に着用する等により、説明の相手方に対し、宅地建物取引士証を提示しなければならない。

【問　28】　宅地建物取引業者がその業務に関して行う広告に関する次の記述のうち、宅地建物取引業法の規定によれば、正しいものはいくつあるか。 2.5分

ア　宅地建物取引業者は、自ら宅地又は建物の貸借に関する広告をする際には、取引態様の別を明示しなければならない。

イ　宅地建物取引業者は、宅地又は建物の売買に関する広告をする際に取引態様の別を明示した場合、当該広告を見た者から売買に関する注文を受けたときは、改めて取引態様の別を明示する必要はない。

ウ　宅地建物取引業者は、建築確認申請中の建物について、建築確認申請中である旨を表示すれば、当該建物を販売する旨の広告をすることができる。

エ　宅地建物取引業者は、その業務に関して広告をするときは、著しく事実に相違する表示をし、又は実際のものよりも著しく優良であり、若しくは有利であると人を誤認させるような表示をしてはならない。

1　一つ
2　二つ
3　三つ
4　なし

【問　29】　宅地建物取引業者A（消費税課税事業者）が受け取ることのできる報酬額に関する次の記述のうち、宅地建物取引業法の規定によれば、誤っているものはどれか。 2.5分

1　建物を事務所（1か月の借賃12万円。消費税等相当額を含まない。）として貸借する契約の媒介について、Aは依頼者の双方から合計で13万2,000円を上限として報酬を受領することができる。

2　既存住宅の売買の媒介について、Aが売主Bに対して建物状況調査を実施する者をあっせんした場合、Aは売主Bから報酬とは別にあっせんに係る料金を受領することはできない。

3　Aは、売主CからC所有の宅地の売却について代理の依頼を受け、Dを買主として代金3,000万円で売買契約を成立させた。その際、Cから報酬として、126万円を受領することができない。

4　Aは、その事務所ごとに、公衆の見やすい場所に、国土交通大臣が定めた報酬の額を掲示しなければならない。

【問 30】 宅地建物取引業の免許（以下この問において「免許」という。）に関する次の記述のうち、宅地建物取引業法の規定によれば、誤っているものはどれか。

2分

1 宅地建物取引業法に違反したことにより、罰金の刑に処せられ、その刑の執行を終わり、又は執行を受けることがなくなった日から5年を経過しない者は免許を受けることができない。

2 道路交通法違反により罰金の刑に処せられた者は免許を受けることができない。

3 破産手続開始の決定を受けて復権をしていない者は免許を受けることができない。

4 法人税法違反により懲役の刑に処せられた者は、執行猶予が付されても、免許を受けることができない。

【問 31】 宅地建物取引業に関する次の記述のうち、正しいものはいくつあるか。

2.5分

ア 宅地とは、現に建物の敷地に供せられている土地に限らず、広く建物の敷地に供する目的で取引の対象とされた土地をいい、地目が何であるかは問わない。

イ 建物の敷地に供せられる土地は、都市計画法に規定する用途地域の内外を問わず宅地であるが、道路、公園、河川、広場、水路は、用途地域内であれば宅地とされる。

ウ 建物とは、土地に定着する工作物のうち、屋根及び柱若しくは壁を有するものをいい、建物の一部もこれに含まれる。

エ 転売目的で反復継続して宅地を購入する場合でも、売主が国であるときは、免許を受ける必要はない。

1 一つ
2 二つ
3 三つ
4 なし

【問　32】　宅地建物取引士に関する次の記述のうち、宅地建物取引業法の規定によれば、正しいものはどれか。なお、この問において「登録」とは、宅地建物取引士の登録をいうものとする。 2.5分

1　未成年者は、宅地建物取引業に係る営業に関し成年者と同一の行為能力を有していたとしても、成年に達するまでは登録を受けることができない。

2　登録を受けた者が、心身の故障により宅地建物取引士の事務を適正に行うことができなくなった場合、その日から30日以内に、その旨を登録をしている都道府県知事に届け出なければならない。

3　宅地建物取引士の氏名等が登載されている宅地建物取引士資格登録簿は一般の閲覧に供される。

4　宅地建物取引士資格登録を受ければ、宅地建物取引士証を受けていなくても、37条書面に記名することができる。

【問　33】　宅地建物取引業法第35条に規定する重要事項の説明に関する次の記述のうち、正しいものはどれか。 2分

1　建物の貸借の場合、私道に関する負担に関する事項について、重要事項説明において説明しなければならない。

2　重要事項説明書に石綿の使用の有無の調査の結果が記録されているときは、宅地建物取引業者は、石綿の使用の有無の調査をしなければならない。

3　宅地建物取引業者Aが売主として他の宅地建物取引業者Bに媒介を依頼して宅地の売買を行った場合でも、Aは重要事項説明の義務を負う。

4　テレビ会議を用いた重要事項の説明をする場合、事前に、重要事項説明書及び添付書類を重要事項の説明を受けようとする者に交付しなくても、説明した後に交付すれば足りる。

【問　34】　宅地建物取引士証に関する次の記述のうち、宅地建物取引業法の規定によれば、正しいものはどれか。　　1.5分

1　宅地建物取引士は、重要事項の説明をする際に相手方から請求があったときは、宅地建物取引士証を提示しなければならない。

2　宅地建物取引士は、宅地建物取引士としてすべき事務の禁止の処分を受けたときは、速やかに、宅地建物取引士証をその処分をした都道府県知事に提出しなければならない。

3　旧姓使用を希望する場合、宅地建物取引士証に旧姓を併記することができ、旧姓が併記された宅地建物取引士証の交付を受ければ、37条書面の記名において旧姓を使用することができる。

4　宅地建物取引士は、登録を受けた後に他の都道府県知事にその登録を移転したときには、移転前の都道府県知事から交付を受けた宅地建物取引士証を用いて引き続き業務を行うことができる。

【問　35】　宅地建物取引業保証協会（以下この問において「保証協会」という。）に関する次の記述のうち、宅地建物取引業法の規定によれば、誤っているものはどれか。　　2分

1　宅地建物取引業者が保証協会の社員となった場合、さらに他の保証協会の社員となることができない。

2　宅地建物取引業者が保証協会に加入した場合は、直ちに、その旨を当該社員である宅地建物取引業者が免許を受けた国土交通大臣又は都道府県知事に報告しなければならない。

3　保証協会は、宅地建物取引業者の相手方から社員の取り扱った宅地建物取引業に係る取引に関する苦情について解決の申出があったときは、その相談に応じなければならない。

4　宅地建物取引業者で保証協会に加入しようとする者は、その加入しようとする日までに、政令で定める額の弁済業務保証金分担金を当該保証協会に納付しなければならない。

【問 36】 宅地建物取引業法に規定する営業保証金に関する次の記述のうち、正しいものはどれか。 2分

1 宅地建物取引業者は、事業の開始後新たに従たる事務所を設置したときは、その従たる事務所の最寄りの供託所に500万円を供託し、その旨を免許を受けた国土交通大臣又は都道府県知事に届け出なければならない。

2 1,000万円の金銭の供託の代わりに、有価証券として、額面金額1,000万円の地方債証券を供託することができる。

3 宅地建物取引業者は、その主たる事務所を移転したためその最寄りの供託所が変更した場合において、金銭のほか有価証券をもって営業保証金を供託しているときは、営業保証金を供託している供託所に対し、移転後の主たる事務所の最寄りの供託所への営業保証金の保管替えを請求することができる。

4 免許権者である国土交通大臣又は都道府県知事は、免許をした日から3か月以内に宅地建物取引業者が営業保証金を供託した旨の届出をしないときは、その届出をすべき旨の催告をしなければならない。

【問 37】 宅地建物取引業者が行う宅地建物取引業法第35条に規定する重要事項の説明に関する次の記述のうち、正しいものはいくつあるか。 2.5分

ア 宅地の売買の媒介を行う場合、売買代金に関する金銭の貸借のあっせんの内容及び当該あっせんに係る金銭の貸借が成立しないときの措置を説明しなければならない。

イ 建物の貸借の媒介を行う場合、当該建物について、石綿の使用の有無の調査の結果が記録されているときは、その内容を説明しなければならない。

ウ 宅地の売買の媒介を行う場合、当該宅地が宅地造成及び特定盛土等規制法第45条第1項により指定された造成宅地防災区域内にあるときは、その旨を説明しなければならない。

エ 建物の売買の媒介を行う場合、当該建物が既存の鉄筋コンクリート造の共同住宅について、調査を実施してから2年以内のものであれば、建物状況調査を実施している旨及びこれを実施している場合におけるその結果の概要を説明しなければならない。

1 一つ
2 二つ
3 三つ

4　四つ

【問　38】　宅地建物取引業法第37条の規定により交付すべき書面（以下この問において「37条書面」という。）に関する次の記述のうち、同法の規定によれば、正しいものはどれか。　2分

1　宅地建物取引業者は、宅地の売買に関し、契約の解除に関する定めがなくても、その内容を37条書面に記載しなければならない。

2　売主が宅地建物取引業者である宅地の売買の媒介の場合には、媒介する宅地建物取引業者は、売主に対して37条書面を交付する必要はない。

3　37条に記載すべき事項が記載された契約書であれば、当該契約書をもって37条書面の代わりとすることができる。

4　宅地建物取引業者は、37条書面を交付する場合は、宅地建物取引士によって37条書面の内容を説明させなければならない。

【問　39】　宅地建物取引業者Aが、BからB所有の宅地の売却の媒介を依頼された場合における次の記述のうち、宅地建物取引業法（以下この問において「法」という。）の規定によれば、正しいものはいくつあるか。　2.5分

ア　Aは、Bとの間で専属専任媒介契約を締結したときは、媒介契約の日から休業日を含めて7日以内に、指定流通機構に登録しなければならない。

イ　Aは、Bとの間で一般媒介契約を締結したときは、Bに対し、一般媒介契約に係る業務の処理状況を2週間に1回以上報告しなければならない。

ウ　Aは、Bとの間で専任媒介契約を締結したときは、その有効期間は3か月であり、それより長い期間を定めたときでも、3か月となる。

エ　Aは、Bとの間で専任媒介契約を締結したときは、遅滞なく、法第34条の2第1項の規定に基づき交付すべき書面を作成して記名押印し、Bにこれを交付しなければならない。

1　一つ
2　二つ
3　三つ
4　四つ

【問 40】 宅地建物取引業者Ａが、自ら売主として、宅地建物取引業者ではない買主Ｂから宅地の買受けの申込みを受けた場合における宅地建物取引業法第37条の2の規定に基づくいわゆるクーリング・オフに関する次の記述のうち、正しいものはどれか。 2分

1 Ｂは、モデルルームでＡに買受けの申込みをしたが、契約の締結をした場所が喫茶店であった場合、Ｂは契約の解除をすることができる。

2 Ｂは、仮設テント張りの案内所でＡに買受けの申込みをした場合、Ｂは、クーリング・オフについて告げられた日から8日以内に当該申込みの撤回を申し出れば、申込みの撤回を行うことができる。

3 Ｂは、喫茶店で売買契約を締結した場合、その後、宅地の引き渡しを受け、代金の全部を支払った場合でも、Ａから書面でクーリング・オフについて告げられていれば、Ｂは契約の解除をすることができる。

4 Ｂは、喫茶店で売買契約を締結した場合、Ａから書面でクーリング・オフについて告げられていれば、Ｂは口頭で契約の解除をすることもできる。

【問 41】 宅地建物取引業者Ａが行う業務に関する次の記述のうち、宅地建物取引業法の規定に違反しないものはどれか。 2.5分

1 Ａの従業者Ｂが、宅地建物取引業に係る契約の締結の勧誘をするに際し、相手方に対し、利益を生ずることが確実であると誤解させるべき断定的判断を提供した。

2 Ａが、建物の販売に際して、不当に高額の報酬を要求したが、実際には受領しなかった。

3 Ａは、裁判の証人として、その取り扱った宅地建物取引に関して証言を求められたので、業務上知り得た秘密を証言した。

4 Ａは、自ら売主として、建物の売買契約を締結するに際し、買主Ｃが手付金を持ち合わせていなかったため手付金の分割払いを提案した。

【問　42】　宅地建物取引業者Ａが、自ら売主として、宅地建物取引業者ではないＢとの間で建物の売買契約を締結する場合における次の記述のうち、宅地建物取引業法（以下この問において「法」という。）の規定によれば、正しいものはどれか。

2分

1　建物が建築工事の完了前で、売買代金が2,500万円であった場合、Ａは、建物を引き渡す前にＢから手付金120万円を受領するには、手付金に対して保全措置を講じる必要がある。

2　Ａは、自己の所有しないＣの建物について、すでにＡがＣとの間で当該建物を取得する契約を締結していた場合でも、Ｂと売買契約を締結することはできない。

3　建物の売買代金が2,500万円であった場合、手付金に対して保全措置を講じたうえで、Ａは、Ｂから手付金700万円を受領することができる。

4　Ａが、手付を受領した場合、解約手付であることが明示されなくても、Ａが契約の履行に着手するまでの間、Ｂはその手付を放棄して契約の解除をすることができる。

【問　43】　宅地建物取引業法第3条第1項に規定する事務所（以下この問において「事務所」という。）に関する次の記述のうち、正しいものはどれか。　　2分

1　事務所には、宅地建物取引業を営まず他の兼業業務のみを営んでいる支店も含まれる。

2　宅地建物取引業者は、事務所ごとに、宅地建物取引業者の業務に従事する者の数に対して5分の1以上となる割合で、成年者である専任の宅地建物取引士を置かなければならない。

3　宅地建物取引業者は、事務所ごとに、従業者名簿を備えなければならないが、取引の関係者から請求があったときでも、従業者名簿をその者の閲覧に供することはできない。

4　甲県内に事務所を置いていた宅地建物取引業者が乙県内にも事務所を新設した場合、乙県知事への免許換えが必要となる。

【問　44】　宅地建物取引業者Ａ（都道府県知事免許）に関する次の記述のうち、宅地建物取引業法の規定によれば、正しいものはどれか。　2分

1　Ａが死亡した場合、その相続人は、その日から30日以内に、その旨を免許権者である都道府県知事に届け出なければならない。

2　法人である宅地建物取引業者Ａが法人である宅地建物取引業者Ｂ（都道府県知事免許）との合併により消滅した場合、Ｂを代表する役員が、その旨を免許権者である都道府県知事に届け出なければならない。

3　Ａが、免許換えの申請を行い、その免許を受けたときは、免許換え前の免許の有効期間が経過するまでの期間を有効期間とする免許証の交付を受ける。

4　Ａが、免許換えの申請を怠ったときは、Ａは、免許権者である都道府県知事に免許を取り消される。

【問　45】　宅地建物取引業者Ａ（甲県知事免許）が、自ら売主として、買主Ｂに新築住宅を販売する場合に関する次の記述のうち、特定住宅瑕疵担保責任の履行の確保等に関する法律の規定によれば、正しいものはどれか。　2分

1　新築住宅をＢに引き渡したＡは、引き渡した日から2週間以内に、住宅販売瑕疵担保保証金の供託及び住宅販売瑕疵担保責任保険契約の締結の状況について、甲県知事に届け出なければならない。

2　Ａは、宅地建物取引業者であるＢとの間で新築住宅の売買契約を締結した場合でも、住宅販売瑕疵担保保証金の供託又は住宅販売瑕疵担保責任保険契約の締結を行う義務を負う。

3　Ａは、Ｂに対し、当該新築住宅の売買契約を締結するまでに、その住宅販売瑕疵担保保証金の供託をしている供託所の所在地等について、これらの事項を記載した書面を交付して説明しなければならない。

4　Ａは、住宅販売瑕疵担保保証金の供託をする場合、当該新築住宅の最寄りの供託所へ住宅販売瑕疵担保保証金の供託をしなければならない。

【問 46】 独立行政法人住宅金融支援機構（以下この問において「機構」という。）に関する次の記述のうち、誤っているものはどれか。 2.5分

1 機構が証券化支援事業（買取型）により譲り受ける貸付債権は、自ら居住する住宅又は自ら居住する住宅以外の親族の居住の用に供する住宅を建設し、又は購入する者に対する貸付けに係るものでなければならない。

2 機構は、住宅の建設又は購入に必要な資金だけではなく、当該住宅の建設又は購入に付随する土地又は借地権の取得に必要な資金の貸付けに係る金融機関の貸付債権の譲受けも行う。

3 機構は、災害復興建築物の建設若しくは購入又は被災建築物の補修に必要な資金だけではなく、災害復興建築物の建設に付随する土地若しくは借地権の取得又は堆積土砂の排除その他の宅地の整備に必要な資金の貸付けも行う。

4 機構は、貸付けを受けた者が経済状況の悪化などにより元利金の支払が困難になった場合には、元利金の支払の免除をすることができる。

【問 47】 宅地建物取引業者が行う広告に関する次の記述のうち、不当景品類及び不当表示防止法（不動産の表示に関する公正競争規約を含む。）の規定によれば、正しいものはどれか。 2分

1 新築住宅を販売するに当たり、当該物件から最寄駅まで実際に歩いたときの所要時間を表示するには、道路距離80mにつき1分間を要するものとして算出した数値を表示し、1分未満の端数が生じたときは、切り捨てて表示しなければならない。

2 新築分譲マンションの広告において、取引する全ての住戸の価格を表示する代わりに、パンフレット等の媒体を除き1戸当たりの最低価格、最高価格及び最多価格帯並びにその価格帯に属する住戸の戸数のみで表示することができる。

3 宅地の販売広告において、地目の表示が、登記簿に記載されている地目と現況の地目が異なる場合には、登記簿上の地目のみを表示しなければならない。

4 新築賃貸マンションの広告において、賃料を表示するに当たり、全ての住戸の賃料を表示する代わりに、パンフレット等の媒体を除き標準的な1住戸1か月当たりの賃料を表示することができる。

【問 48】 次の記述のうち、正しいものはどれか。 2分

1 建築着工統計調査報告（令和5年計。令和6年1月公表）によれば、令和5年の新設住宅着工戸数は、持家、貸家及び分譲住宅が増加したため、全体で増加となった。

2 令和6年地価公示（令和6年3月公表）によれば、令和5年1月以降の1年間の住宅地の地価は、三大都市圏平均では上昇したものの、それ以外の地方圏平均では下落した。

3 令和4年度宅地建物取引業法の施行状況調査（令和5年10月公表）によれば、令和5年3月末における宅地建物取引業者の全事業者数は12.9万業者を超え、9年連続で増加した。

4 年次別法人企業統計調査（令和4年度。令和5年9月公表）によれば、令和4年度における売上高営業利益率は10.1％と2年連続で前年度と比べ上昇し、売上高経常利益率も12.8％と2年連続で前年度と比べ上昇した。

【問 49】 土地に関する次の記述のうち、最も不適当なものはどれか。 1.5分

1 都市内の中小河川の氾濫被害が多発している原因としては、急速な都市化・宅地化に伴い、降雨時に雨水が短時間で急速に河川に流れ込むからである。

2 液状化の調査については、宅地の地盤条件について調べるとともに、過去の資料などで確認することが必要であり、地域にある液状化マップも有効である。

3 台地は、水はけも良く、宅地として利用されているものの、自然災害に対する影響を受けやすいため、宅地としては好ましくない。

4 自然堤防の背後で形成される後背湿地は、河川の氾濫などで水が滞留しやすい軟弱な地盤であるため、宅地としての利用は少ない。

【問　50】　建物の構造に関する次の記述のうち、最も不適当なものはどれか。

1　構造耐力上主要な部分とは、基礎、基礎ぐい、壁、柱、小屋組、土台など、建築物の自重若しくは積載荷重、積雪荷重、風圧、土圧若しくは水圧又は地震その他の震動若しくは衝撃を支えるものをいう。

2　集成木材構造は、集成木材で骨組を構成したもので、大規模な建物には使用されていない。

3　鉄骨構造は、不燃構造であるが、耐火構造にするためには、耐火材料で被覆する必要がある。

4　鉄筋コンクリート構造は、耐火性、耐久性があるが、コンクリートの中性化を防止する必要がある。

矢印の方向に引くと問題冊子が取り外せます。

令和6年度

完全予想模試 ②

次の注意事項をよく読んでから、始めてください。

（注意事項）

1　問　　題

問題は、②－1ページから②－26ページまでの50問です。

試験開始の合図と同時に、ページ数を確認してください。

乱丁や落丁があった場合は、直ちに試験監督員に申し出てください。

2　解　　答

問題冊子中央にある「解答用紙の使い方①」（解答用紙裏面）に従い、②－12と②－13の間にある解答用紙を取り外してください。

解答は、解答用紙の「記入上の注意」に従って記入してください。

正解は、各問題とも一つだけです。

二つ以上の解答をしたもの及び判読が困難なものは、正解としません。

3　適用法令

問題の中の法令に関する部分は、令和6年4月1日現在施行されている規定に基づいて出題されています。

※以上の注意書きは令和5年度の本試験のものを参考に作成しております。

・登録講習修了者は例年、問46～問50の5問が免除され、試験時間は13時10分から15時までの1時間50分となります（ただし、12時30分から注意事項が説明されるので、着席してください）。

矢印の方向に引くと問題冊子が取り外せます。

成美堂出版

【問　1】　　次の1から4までの記述のうち、民法の規定及び下記判決文によれば、誤っているものはどれか。　　　　　　　　　　　　　　　3分

（判決文）

　土地賃貸借における敷金契約は、貸借人又は第三者が賃貸人に交付した敷金をもって、賃料債務、賃貸借終了後土地明渡義務履行までに生ずる賃料額相当の損害金債務、その他賃貸借契約により賃借人が賃貸人に対して負担することとなる一切の債務を担保することを目的とするものであって、賃貸借に従たる契約ではあるが、賃貸借とは別個の契約である。そして、賃借権が旧賃借人から新賃借人に移転され賃貸人がこれを承諾したことにより旧賃借人が賃貸借関係から離脱した場合においては、敷金交付者が、賃貸人との間で敷金をもって新賃借人の債務不履行の担保とすることを約し、又は新賃借人に対して敷金返還請求権を譲渡するなど特段の事情のない限り、右敷金をもって将来新賃借人が新たに負担することとなる債務についてまでこれを担保しなければならないものと解することは、敷金交付者にその予期に反して不利益を被らせる結果となって相当でなく、敷金に関する敷金交付者の権利義務関係は新賃借人に承継されるものではないと解すべきである。

1　建物の賃貸借契約の継続中に、賃借人が、賃貸人の承諾を得て、第三者に賃貸借の目的建物の賃借権を譲渡した場合、賃借人は賃貸借関係から離脱する。

2　建物の賃貸借契約の継続中に、賃借人が、賃貸人の承諾を得て、第三者に賃貸借の目的建物の賃借権を譲渡した場合においては、特段の事情のない限り、敷金に関する権利関係は、第三者に移転せず、賃借人は、賃貸人に対して敷金返還請求権を行使することができる。

3　建物の賃貸借契約の継続中に、賃貸人が賃貸借の目的建物を譲渡した場合において、賃借人が対抗要件を具備していたときは、賃貸借関係は建物譲受人と賃借人との間に移転し、敷金関係も移転するが、賃貸人の承諾を得て賃借権が譲渡されたときには、原則として敷金関係は移転しない。

4　建物の賃貸借契約の継続中に、賃借人が、賃貸人の承諾を得て、第三者に賃貸借の目的建物の賃借権を譲渡した場合、賃借人が賃貸人に交付していた敷金は、特段の事情がない限り、未払賃料等があればこれに充当され、残額についてその権利義務関係が第三者に承継される。

【問　2】　代理に関する次の記述のうち、民法の規定及び判例によれば、誤っているものはどれか。　2分

1　復代理人は本人の代理人であるが、原代理人の代理権が消滅した場合には、復代理人の代理権も消滅する。

2　未成年者の法定代理人は、本人の許諾又はやむを得ない事由がない場合でも、復代理人を選任することができる。

3　委任による代理人は未成年者であってもよいが、未成年者の法定代理人は、未成年者が代理人としてなした行為を取り消すことができる。

4　代理人が本人のためにすることを示さずに契約を締結した場合において、契約の相手方が、代理人が本人のためにすることを知らず、かつ、知らなかったことについて過失がなかったときは、契約の効果は、本人ではなく代理人に帰属する。

【問　3】　不動産物権変動に関する次の記述のうち、民法の規定及び判例によれば、正しいものはどれか。　2.5分

1　AとBが甲土地を共同相続した場合において、Bが、甲土地を自己が単独相続した旨の登記をした上でCに売却し、Cが甲土地について所有権移転登記を備えたときには、Aは、Cに対し、甲不動産の自己の持分について、所有権移転登記の抹消を請求することができない。

2　AとBが共同相続人である場合において、Aが相続放棄をした後に、Aの債権者Cが、相続財産である甲土地について、Aが共同相続をしたという前提でAの持分を差し押さえたときには、Bは、Cに対し、甲土地について自己の権利を対抗することができる。

3　甲土地をA、B及びCが共有している場合において、DがAからその持分を譲り受けたときは、Dは、Aの持分の取得について登記をしなくても、B及びCに対してAの持分の取得を対抗することができる。

4　Aが時効によって甲土地の所有権を取得したが、この時効完成前に、甲土地の当時の所有者BがCに対して甲土地を売却しており、C名義の所有権移転登記がされていた場合には、Aは、Cに対して甲土地の所有権の取得を対抗することができない。

【問　4】　　時効に関する次の記述のうち、民法の規定及び判例によれば、正しいものはどれか。　　　　　　　　　　　　　　　　　　　　　　2分

1　債務について消滅時効が完成した後に、債務者が債権者に対して債務の承認をした場合、債務者は、時効完成の事実を知らなかったときには、消滅時効を援用することができる。

2　連帯保証人が、主たる債務について債務の承認をした場合、主たる債務の消滅時効は更新されない。

3　取得時効の援用権者は、取得時効を主張するに際しては、占有を開始した以後の任意の時点を時効の起算点として選択することができる。

4　抵当不動産の第三取得者は、当該抵当権の被担保債権について、消滅時効を援用することはできない。

【問　5】　　法定地上権に関する次の記述のうち、民法の規定及び判例によれば、正しいものはいくつあるか。　　　　　　　　　　　　　　　　　2.5分

ア　Aが所有する甲土地にBのために抵当権が設定され、その後、甲土地上にA所有の乙建物が建てられた後、抵当権が実行された結果、Cが甲土地の所有者になった場合において、Bが抵当権設定時に甲土地を更地として評価していたものの、甲土地上に乙建物を建築することを承認していたときには、甲土地に乙建物のための法定地上権が成立する。

イ　Aが所有する甲土地上に、A所有の乙建物が建てられ、甲土地と乙建物にDのために共同抵当権が設定された。その後、乙建物が取り壊され、甲土地上にA所有の丙建物が新しく建築され、丙建物にDのために甲土地の抵当権と同順位の共同抵当権が設定された後、甲土地の抵当権が実行された結果、Eが甲土地の所有者となった場合は、甲土地に丙建物のための法定地上権が成立する。

ウ　Aが所有する甲土地上に、F所有の丁建物が建てられた場合において、甲土地についてGのために1番抵当権が設定された後に、Aが丁建物をFから取得し、甲土地についてHのために第2順位の抵当権が設定された。その後、1番抵当権が実行されたときは、丁建物のための法定地上権は成立しない。

1　一つ
2　二つ
3　三つ
4　なし

【問　6】　Aを売主、Bを買主とする甲土地の売買契約（以下この問において「本件契約」という。）が締結された場合の売主の担保責任に関する次の記述のうち、民法の規定及び判例によれば、正しいものはどれか。 2.5分

1　Bは、住宅を建築する目的で甲土地について本件契約を締結したが、都市計画法上の制限により、甲土地上には住宅を建築することができないことが後日判明した場合には、Bは、Aに対し甲土地の担保責任を追及することができない。

2　本件契約が数量指示売買契約である場合において、甲土地の実際の面積が、本件契約において表示された面積を超過する場合、Aは、契約締結時にその超過の事実を知らなかったときには、Bに対し、超過した部分の割合に応じて代金の増額を請求することができる。

3　甲土地の所有権者がCである場合において、Aがその責めに帰すべき事由により、本件契約締結後にCから甲土地の所有権を取得してBに移転させることができなかった場合は、Bは、甲土地の所有権がCに属することを知っていたときであっても、Aに対し、債務不履行に基づく損害賠償請求をすることができる。

4　Bが契約不適合を理由にAに対して損害賠償請求をすることができるのは、契約不適合を理由に売買契約を解除できない場合に限られる。

【問　7】　委任契約に関する次の記述のうち、民法の規定によれば、誤っているものはどれか。 2分

1　受任者は、委任事務を処理するに当たって、金銭その他の物を受け取ったときは、直ちにこれを委任者に引き渡さなければならない。

2　受任者は、委任者に引き渡すべき金額又はその利益の為に用いるべき金額を自己のために消費した場合は、委任者に対し、その消費した日以後の利息を支払わなければならない。

3　委任事務の処理を終了した受任者は、委任者から約定の報酬が支払われない場合であっても、委任者に対し、委任事務を処理するに当たって受領した物の引渡しを拒むことができない。

4　受任者は、委任事務を処理するために必要と認められる債務を負担した場合は、委任者に対し、自己に代わってその弁済をすることを請求することができる。

【問　8】　不動産の共有に関する次の記述のうち、民法の規定によれば、誤っているものはどれか。 2分

1　共有物を使用する共有者は、別段の合意がある場合を除き、他の共有者に対し、自己の持分を超える使用の対価を償還する義務を負う。

2　共有物の各共有者の持分が不明な場合、持分は平等と推定される。

3　共有物の管理者は、共有者の全員の同意を得ることなく、単独で共有物に任意の変更を加えることができる。

4　各共有者は、その持分に応じ、管理の費用を支払い、その他共有物に関する負担を負う。

【問　9】　不法行為責任に関する次の記述のうち、民法の規定によれば、誤っているものはどれか。 2分

1　注文者であるＡが、請負人であるＢに建物の建築を依頼し、その際、ＡがＢに対しその仕事について具体的な指図をした場合において、その指図につきＡに過失があったときは、Ａは、Ｂがその仕事について第三者に加えた損害を賠償する責任を負う。

2　被用者がその事業の執行について第三者に損害を加えた場合に、事業を監督する者が被用者の選任及びその事業の監督について相当の注意をしていたときは、事業を監督する者は、被害者に対して損害を賠償する責任を負わない。

3　ある動物が、人の意思によらずに第三者に損害を加えた場合、その動物の管理を依頼された者は、動物の種類及び性質に従って相当の注意をもってその管理をしたときには、その動物が他人に加えた損害を賠償する責任を負わない。

4　土地の工作物の設置又は保存に瑕疵があることによって他人に損害が生じた場合、その工作物の所有者は、損害の発生を防止するのに必要な注意をしたことを主張・立証すれば、損害を賠償する責任を免れることができる。

【問 10】 Aの相続人に関する次の記述のうち、民法の規定によれば、正しいものはどれか。 2分

1 Aが、遺言によってその子Bを推定相続人から廃除する意思を表示した場合、Bの廃除の効力が生じるのは、Aの死亡後に遺言執行者の請求を受けた家庭裁判所の審判が確定した時である。

2 Aの子であるBは、Aの死亡時に胎児であった場合には、Aの相続人となり得ない。

3 Aの推定相続人である兄Cが、Aに対して虐待をした場合において、Aは、Cの廃除を家庭裁判所に請求することによりCがAの財産を相続しないようにすることができる。

4 Aの死亡時において、Aの兄C、母D、Dの父Eのみが生存している場合、Aの相続人となるのはDのみである。

【問 11】 Aが、居住用の建物を所有する目的で、Bから甲土地を賃借した場合に関する次の記述のうち、借地借家法の規定及び判例によれば、正しいものはどれか。 2.5分

1 Aが賃料の支払を遅滞したときはBは催告を要せずに甲土地の賃貸借契約を解除することができる旨の特約は、無効である。

2 Bが甲土地の賃貸借契約の更新を拒絶するためには、正当事由の存在のほか、契約期間の満了の1年前から6か月前までの間にAに対して更新をしない旨の通知をしなければならない。

3 甲土地上に乙建物が存在していたが、甲土地の賃貸借契約の存続期間の満了前に、Aが、乙建物を取り壊し、その後建物の築造をせずに甲土地の使用を継続している場合において、Bが遅滞なく異議を述べなかったときは、甲土地の賃貸借契約は更新されたものとみなされる。

4 甲土地の賃貸借契約について存続期間の定めがない場合には、Bは、1年前に解約の申入れをして賃貸借契約を終了させることはできない。

【問　12】　AがBとの間で、A所有の甲建物について賃貸借契約（以下この問において「本件契約」という。）を締結した場合に関する次の記述のうち、借地借家法の規定によれば、正しいものはどれか。なお、借地借家法第40条に定める一時使用目的の賃貸借契約は考慮しないものとする。　2.5分

1　Bが、Aの承諾を得て甲建物の一部をCに転貸している場合において、AがBに対し、正当事由により本件契約の解約の申入れをしたことによって本件契約が終了するときは、Aは、Cに対してその旨の通知をしなくても、本件契約の終了をCに対抗することができる。

2　本件契約を期間の定めのある賃貸借契約としようとする場合において、契約の更新がないこととする旨を定めるためには、AB間で、公正証書による等書面によって契約をしなければならない。

3　本件契約に期間の定めがある場合において、A及びBが更新拒絶の通知をしなかったことにより本件契約が更新されたときには、従前の契約と同一の条件及び期間で契約を更新したものとみなされる。

4　Bが、Aから甲建物の引渡しを受けたが賃借権の登記を備えていない場合において、甲建物がAからCに売却されCが甲建物の所有者になったときには、Bは甲建物の賃借権をCに主張することができない。

【問　13】　建物の区分所有等に関する法律に関する次の記述のうち、正しいものはどれか。　2分

1　最初に建物の専有部分の全部を所有する者や、他の区分所有者から区分所有権を譲り受けて建物の専有部分の全部を所有することとなった者は、公正証書による規約の設定を行うことができる。

2　集会の議事録の保管場所は、建物内の見やすい場所に掲示しなければならない。

3　形状又は効用の著しい変更を伴う共用部分の変更を行うためには、集会の決議を要するが、規約によって、集会の決議以外の方法によることができる旨を定めることができる。

4　招集の手続を経て集会が開かれた場合において、区分所有者の全員の同意があれば、招集通知によりあらかじめ通知した事項以外の事項についても決議をすることができる。

【問　14】　不動産の登記に関する次の記述のうち、不動産登記法の規定によれば、誤っているものはどれか。　　　　2分

1　土地の分筆の登記申請は、その土地の表題部所有者又は所有権の登記名義人以外の者は申請することができない。

2　仮登記には順位保全効はあるが、対抗力が認められないため、その申請は登記権利者の単独申請が原則とされている。

3　区分建物である建物を新築した場合に、その所有者について相続があったときは、その相続人も、被相続人を表題部所有者とする当該建物についての表題登記を申請することができる。

4　仮登記の抹消は、仮登記の登記名義人、又は仮登記の登記名義人の承諾がある場合における当該仮登記の登記上の利害関係人が、単独で申請することができる。

【問　15】　国土利用計画法第23条に規定する届出（以下この問において「事後届出」という。）に関する次の記述のうち、誤っているものはどれか。　　　2分

1　事後届出をしなかった場合、罰則の対象となるが、土地の売買等の契約は無効とはならない。

2　Aが、土地所有者Bとの間で当該土地所有権の売買予約の契約を締結した後、その予約完結権を行使して所有権を移転する場合、Aは、予約完結権を行使する旨の事後届出を行う必要はない。

3　市街化区域内に所在する、C所有の面積1,500 m²の土地について、CD間で売買契約を締結した場合、Dは、事後届出を行う必要はない。

4　市街化調整区域内に所在する、農地法第5条第1項の許可を受けた面積5,000 m²の農地を購入したEは、事後届出を行う必要はない。

【問　16】　都市計画法に関する次の記述のうち、正しいものはどれか。　2分

1　特定用途制限地域は、用途地域が定められていない土地の区域内に定められるものであるが、市街化調整区域に定めることはできない。

2　特別用途地区とは、当該地区の特性にふさわしい土地利用の増進、環境の保護等の特別の目的の実現を図るために定める地区をいい、用途地域外において定めることができる。

3　都市計画区域は、2以上の都府県にまたがって指定することもでき、この場合の指定権者はそれぞれの都府県の知事である。

4　都市計画の素案の対象となる土地について所有権又は借地権を有している者（以下この問において「土地所有者等」という。）は、土地所有者等の全員の同意を得た場合に限り、地方公共団体に対して都市計画の決定又は変更を提案することができる。

【問　17】　都市計画法に関する次の記述のうち、正しいものはどれか。なお、この問において「都道府県知事」とは、地方自治法に基づく指定都市、中核市及び施行時特例市にあってはその長をいうものとする。　2分

1　市街化区域内で、農林漁業者の居住の用に供する建築物を建築するために開発行為を行う場合は、原則として開発許可は不要である。

2　開発許可申請書には、開発区域の位置や区域のほか、予定される建築物又は特定工作物の用途、その構造、設備等を記載しなければならない。

3　都道府県が行う都市計画区域内における開発行為については、原則として、都道府県と都道府県知事との協議が成立すれば、開発許可があったものとみなされる。

4　市街化区域内で、市街地再開発事業の施行として 10,000 m² の土地の開発行為をしようとする場合、開発許可を受けなければならない。

【問 18】 建築基準法に関する次の記述のうち、誤っているものはどれか。

〔2分〕

1 事務所の用途に供する建築物を、共同住宅（床面積の合計 500 m²）に用途変更する場合、建築主事又は指定確認検査機関の建築確認が必要となる。

2 準都市計画区域において建築物を新築する場合には、当該建築物の用途、構造又は規模にかかわらず、建築確認が必要となる。

3 建築主は、工事を完了した場合には、建築主事の検査の申請をする必要があり、工事が完了した日から 4 日以内に建築主事に申請が到達するようにしなければならない。

4 防火地域内において建築物を増築する場合、その増築に係る部分の床面積の合計が 10 m² 以内であるときは、建築確認は不要である。

【問 19】 建築基準法に関する次の記述のうち、正しいものはどれか。 〔2分〕

1 建築基準法第 42 条第 2 項の規定によって道路の境界線とみなされる線と道との間の部分の敷地が私有地である場合は、当該部分は敷地面積に算入される。

2 地方公共団体は、土地の状況等により必要な場合であっても、建築物の敷地と道路との関係について建築基準法に規定されている制限を、条例によって緩和することはできない。

3 建築物の敷地が面している前面道路が 2 つ以上ある場合には、それぞれの前面道路の幅員に応じて容積率を算定し、そのうち最も低い数値をその容積率とする。

4 敷地が建築基準法第 42 条に規定する道路に 2 m 以上接道していなくても、特定行政庁が交通上、安全上、防火上及び衛生上支障がないと認めて利害関係者の同意を得て許可した場合には、当該敷地上に建築物を建築してもよい。

【問　20】　宅地造成及び特定盛土等規制法に関する次の記述のうち、誤っているものはどれか。なお、この問において「都道府県知事」とは、地方自治法に基づく指定都市又は中核市にあってはその長をいうものとする。　[2.5分]

1　都道府県知事は、宅地造成工事規制区域内においては、宅地造成に伴う災害の発生のおそれが大きい一団の造成宅地の区域を造成宅地防災区域に指定することはできない。

2　新たに指定された宅地造成工事規制区域内において、指定の前に既に着手されていた宅地造成に関する工事の造成主は、その指定があった日から21日以内に、当該工事について都道府県知事に届出をしなければならない。

3　宅地造成工事規制区域内において行われる宅地造成に関する工事について、宅地造成及び特定盛土等規制法第12条第1項の許可を受けた造成主は、当該許可に係る工事を完了した場合、都道府県知事の検査を受けなければならない。

4　宅地造成工事規制区域内の宅地において、擁壁に関する工事を行おうとする者は、宅地造成及び特定盛土等規制法第12条第1項の工事の許可を受けた場合等を除き、工事に着手する日の21日前までに、その旨を都道府県知事に届け出なければならない。

【問　21】　土地区画整理法に関する次の記述のうち、正しいものはどれか。　[2.5分]

1　土地区画整理組合は、土地区画整理事業について都市計画に定められた施行区域外においても、土地区画整理事業を施行することができる。

2　土地区画整理組合が行う土地区画整理事業について定めるべき事業計画については、施行地区となるべき区域内の宅地の所有者及び借地権者のいずれかの3分の2以上の同意を得なければならない。

3　仮換地となるべき土地について抵当権を有する者があるときは、当該抵当権者に仮換地の位置及び地積並びに仮換地の指定の効力発生の日を通知しなければならない。

4　土地区画整理組合が成立した場合において、施行地区内の宅地について所有権又は借地権若しくは借家権を有する者は、すべてその組合員となる。

【問　22】　農地に関する次の記述のうち、農地法（以下この問において「法」という。）の規定によれば、正しいものはどれか。　2分

1　現に耕作に供されているが土地登記簿上の地目が「畑」になっている土地を住宅の建設目的で取得する場合は、法第5条の許可は不要である。

2　農業者が自己所有の農地に不動産質権を設定する場合、法第3条の許可は不要である。

3　農地を遺産分割により取得する場合は、法第3条の許可を受ける必要はないが、農業委員会への届出が必要である

4　市街化区域内の農地を耕作目的で取得する場合には、あらかじめ農業委員会への届出を行えば、法第3条の許可は不要である。

【問　23】　不動産登記に係る登録免許税に関する次の記述のうち、正しいものはどれか。　2.5分

1　土地の売買に係る登録免許税については、土地を譲渡した者が納税義務を負う。

2　登録免許税の納税地は、当該不動産の売主の住所を管轄する登記所その他の官署又は団体である。

3　土地の上に地上権等の制限物権が存在する場合、当該土地の売買に係る登録免許税額の課税標準は、当該土地について地上権が設定されていないものとした場合の土地の価額から地上権等の価額を控除した額による。

4　登録免許税の課税標準となる不動産の価額は、固定資産課税台帳登録価額に登録された当該不動産の価額である。

解答用紙の使い方①

この問題冊子には、本試験の臨場感を体験できるように、解答用紙がとじ込まれています。下記の手順に従って、問題冊子と解答用紙を取り外してから、ご使用ください。

作業中にケガをしないよう、ホチキスの針の取扱いには十分お気をつけください。

手順

各問題冊子の表紙（注意事項が記載）と最終ページを
つかんで手前に引き、問題冊子を取り外してください。
（両ページとも「⬅矢印の方向に引くと問題冊子が取り外せます。」と記載があります。）

手順 2

問題冊子の中央（次ページ）のホチキスの針を定規などの硬いものを用いて、
引き起こして立ててから、解答用紙を取り外します。

手順 3

手順2で立てたホチキスの針を元に戻し、準備完了です。
問題冊子の表紙の注意事項に従って問題を解き、解答用紙に記入しましょう。
制限時間を守ることで、より本試験の臨場感を体験できます。

外れないように…

※取り外す際の問題冊子等の
損傷につきましては、お取
替えはできませんのでご注
意ください。

宅地建物取引士資格試験　完全予想模試②　解答用紙

実施日	令和	年	月	日		制限時間 **120分**
受験番号						（登録講習修了者は110分）
氏名	フリガナ					
	漢字					

問題番号

チェック欄					
問 1 ☐	問 11 ☐	問 21 ☐	問 31 ☐	問 41 ☐
問 2 ☐	問 12 ☐	問 22 ☐	問 32 ☐	問 42 ☐
問 3 ☐	問 13 ☐	問 23 ☐	問 33 ☐	問 43 ☐
問 4 ☐	問 14 ☐	問 24 ☐	問 34 ☐	問 44 ☐
問 5 ☐	問 15 ☐	問 25 ☐	問 35 ☐	問 45 ☐
問 6 ☐	問 16 ☐	問 26 ☐	問 36 ☐	問 46 ☐
問 7 ☐	問 17 ☐	問 27 ☐	問 37 ☐	問 47 ☐
問 8 ☐	問 18 ☐	問 28 ☐	問 38 ☐	問 48 ☐
問 9 ☐	問 19 ☐	問 29 ☐	問 39 ☐	問 49 ☐
問 10 ☐	問 20 ☐	問 30 ☐	問 40 ☐	問 50 ☐

☆合否判定基準は、正解・解説編 p.32

正解	／50問	一部免除者正解	／45問

問題番号	解	答	欄		問題番号	解	答	欄	
問 1	①	②	③	④	問 26	①	②	③	④
問 2	①	②	③	④	問 27	①	②	③	④
問 3	①	②	③	④	問 28	①	②	③	④
問 4	①	②	③	④	問 29	①	②	③	④
問 5	①	②	③	④	問 30	①	②	③	④
問 6	①	②	③	④	問 31	①	②	③	④
問 7	①	②	③	④	問 32	①	②	③	④
問 8	①	②	③	④	問 33	①	②	③	④
問 9	①	②	③	④	問 34	①	②	③	④
問 10	①	②	③	④	問 35	①	②	③	④
問 11	①	②	③	④	問 36	①	②	③	④
問 12	①	②	③	④	問 37	①	②	③	④
問 13	①	②	③	④	問 38	①	②	③	④
問 14	①	②	③	④	問 39	①	②	③	④
問 15	①	②	③	④	問 40	①	②	③	④
問 16	①	②	③	④	問 41	①	②	③	④
問 17	①	②	③	④	問 42	①	②	③	④
問 18	①	②	③	④	問 43	①	②	③	④
問 19	①	②	③	④	問 44	①	②	③	④
問 20	①	②	③	④	問 45	①	②	③	④
問 21	①	②	③	④	問 46	①	②	③	④
問 22	①	②	③	④	問 47	①	②	③	④
問 23	①	②	③	④	問 48	①	②	③	④
問 24	①	②	③	④	問 49	①	②	③	④
問 25	①	②	③	④	問 50	①	②	③	④

©成美堂出版

※この用紙は取り外して、お使いください。

解答用紙の使い方②

～合格に近づく採点方法！～

　各回の問題を解き、解答欄にマークし終わったら、正解・解説編を見て、自己採点しましょう。

　正解・解説の冒頭に記載されている合否判定基準は、あくまでも現在の自分の力の「めやす」です。自己採点の結果、合否判定基準を超えていたとしても最後まで油断しないように、試験本番まで、より実力アップをめざしましょう！

　自己採点が終わったら、**正解した問題は解答用紙の「チェック欄」のチェックボックスにチェックを付けていきます。** チェックが付いていない問題は、間違えた問題になるので、もう一度、解いてみることをお勧めします。

　本試験までに、全問題200問の正答を導けるようになれば、合格はグッと近づきます！

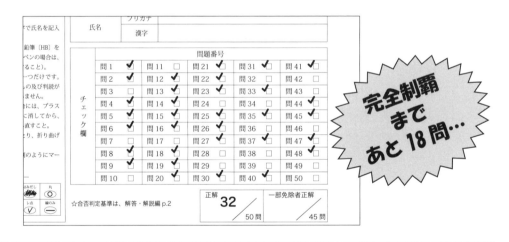

最後に確認するクセを身に付けよう！

～よくあるマークミス（その2）　消し損ね・ダブルマーク～

　自分はマークミスなどしない…と考えている人も、普段から最後にマーク欄をもう一度見直すクセを身に付けておきましょう。今まで気にしたことがない受験生も、**意識して見てみるとマークミスをしている**ことはよくあります。よくある具体例として、**マークの消し損ねによるダブルマーク**があります。例えば、肢1にマークした後で、正解を肢3と考えてマークし直したものの、肢1のマークが（綺麗に）消えていないというミスです。一度目のマークは少し弱めにしておき、最後にマークのチェックをし直す際に清書するなど、各自工夫してみましょう。

【問 24】 固定資産税に関する次の記述のうち、正しいものはどれか。 2分

1 市町村は、国や地方公共団体、独立行政法人に対しては固定資産税を課することができない。

2 固定資産税の納税者は、固定資産課税台帳に登録された価格について不服がある場合には、原則として、固定資産評価審査委員会に対して審査の申出をすることができる。

3 面積が300 m²の住宅用地に対して課する固定資産税の課税標準は、当該一般住宅用地に係る固定資産税の課税標準となるべき価格の3分の1の額である。

4 地上権者は、その土地についての使用収益の実質を有していることから、登記簿にその地上権が登記されている場合には、当該地上権者に固定資産税が課される。

【問 25】 地価公示法に関する次の記述のうち、誤っているものはどれか。

2分

1 土地の取引を行う者は、取引の対象土地に類似する利用価値を有すると認められる標準地の公示価格を指標として取引を行う義務を負わない。

2 土地鑑定委員会は、7人の土地鑑定委員により組織され、その過半数は非常勤の委員としなければならない。

3 土地鑑定委員会は、標準地の単位面積当たりの正常な価格を判定したときは、標準地の単位面積当たりの価格や価格判定の基準日、標準地の地積及び形状等を官報で公示するものとされている。

4 土地鑑定委員会の求めに応じて標準地の鑑定評価を行った不動産鑑定士は、原則として、その鑑定評価に関する秘密を漏らしてはならない。

【問　26】　宅地建物取引業法の免許（以下この問において「免許」という。）に関する次の記述のうち、宅地建物取引業法の規定によれば、正しいものはどれか。

2分

1　宅地建物取引業の免許の有効期間は5年であり、免許の更新の申請は、有効期間満了の日の90日前までに行わなければならない。

2　宅地建物取引業を営もうとする者は、甲県内と乙県内にそれぞれ事務所を設置してその事業を営もうとする場合には、国土交通大臣の免許を受けなければならない。

3　新たに宅地建物取引業の免許を受けようとする者は、当該免許の取得に係る申請中であれば、免許取得後の営業に備えて宅地建物取引業を営む目的での広告をすることができる。

4　国土交通大臣又は都道府県知事は、免許に条件を付すことができるが、免許の更新の場合には条件を付すことができない。

【問　27】　宅地建物取引業者A（甲県知事免許）の宅地建物取引業者名簿に関する次の記述のうち、宅地建物取引業法の規定によれば、誤っているものはどれか。

2分

1　Aの宅地建物取引業者名簿の登載事項のうち一定の事項に変更があった場合には、30日以内に、その旨を甲県知事に届け出なければならない。

2　Aは、成年者である宅地建物取引士を新たに自己の事務所に専任の宅地建物取引士として置いた場合、宅地建物取引業者名簿の登載事項に変更があったとして、その旨を甲県知事に届け出なければならない。

3　Aは、宅地建物取引業以外の事業も行っているため、その事業の種類を名簿に登載していたが、その後、新たな宅地建物取引業以外の事業を開始した。この場合、甲県知事に届け出なければならない。

4　宅地建物取引士ではない者がAの監査役に就任した場合、Aは、その旨を甲県知事に届け出なければならない。

【問 28】 宅地建物取引業者の廃業等の届出に関する次の記述のうち、宅地建物取引業法の規定によれば、正しいものはどれか。 2分

1 法人である宅地建物取引業者Ａが、同じく法人である宅地建物取引業者Ｂに吸収合併され消滅した場合、その旨の届出があったときには、その届出の時に、Ａの宅地建物取引業の免許が失効する。

2 宅地建物取引業の免許を受けている個人Ｃが死亡した場合、Ｃの相続人は、Ｃの死亡の時から30日以内に宅地建物取引業の廃業を届け出なければならない。

3 法人である宅地建物取引業者Ｄが合併及び破産手続開始の決定以外の理由により解散した場合、その旨の届出があったときには、その届出の時に、Ｄの宅地建物取引業の免許が失効する。

4 法人である宅地建物取引業者Ｅ（甲県知事免許）が、同じく法人である宅地建物取引業者Ｆ（乙県知事免許）に吸収合併され消滅した場合、Ｆを代表する役員は、吸収合併の日から30日以内に、Ｅが消滅した旨を乙県知事に届け出なければならない。

【問 29】 営業保証金を供託している宅地建物取引業者Ａに関する次の記述のうち、宅地建物取引業法の規定によれば、正しいものはどれか。 2.5分

1 Ａの供託から3か月が経過してもＡから供託の届出がないことから、免許権者がＡに対して届出をするよう催告したが、催告後1か月が経過しても依然としてＡから届出がないときであっても、Ａの宅地建物取引業の免許は必ず取り消されるわけではない。

2 Ａは、保証協会の社員になった場合、6か月以上の期間を定めて官報で公告した後に、営業保証金を取り戻すことができる。

3 Ａは、新たに支店を設置する場合は、支店分の営業保証金を当該支店の最寄りの供託所に供託しなければならない。

4 Ａが宅地建物取引業者としての業務を開始するにあたってＢ銀行から運転資金の融資を受けていた場合には、Ｂ銀行が有している融資債権は還付請求の対象となり、Ｂ銀行は、Ａが供託した営業保証金について融資債権の弁済を受ける権利を有する

【問 30】 宅地建物取引士の登録に関する次の記述のうち、宅地建物取引業法の規定によれば、正しいものの組合せはどれか。 2.5分

ア　未成年者であっても、成年者と同一の行為能力を有する者は、宅地建物取引士の登録を受けることができる。

イ　宅地建物取引士Ａは、不正の手段により宅地建物取引士証の交付を受けたとして、登録の消除の処分の聴聞の期日及び場所が公示された。その後、Ａは自ら登録の消除を申請し、その登録が消除された場合、当該申請に相当の理由があれば、登録が消除された日から5年を経ずに新たに登録を受けることができる。

ウ　宅地建物取引士Ｂが、脅迫罪（刑法第222条）により罰金の刑に処せられ、登録が消除された場合は、当該登録が消除された日から5年を経過するまでは、宅建士として登録を受けることができない。

1　ア、イ
2　イ、ウ
3　ア、ウ
4　ア、イ、ウ

【問 31】 宅地建物取引業者Ａの業務に関する次の記述のうち、宅地建物取引業法の規定によれば、正しいものはどれか。 2分

1　Ａは、事務所以外の継続的に業務を行うことができる施設を有する場所には、契約の締結又は申込みを受けるか否かにかかわらず、専任の宅地建物取引士を1人以上置く必要がある。

2　Ａが、国土交通省令で定める契約の締結又は申込みを受けない案内所を設置する場合には、免許権者及び当該所在地を管轄する都道府県知事への届出は不要である。

3　Ａは、その事務所ごとにその業務に関する帳簿を備え、取引のあった都度、取引の年月日、取引に係る宅地又は建物の所在及び面積、取引態様の別その他の事項を記載しなければならず、この帳簿を10年間保存しなければならない。

4　Ａが、一団の建物の分譲を行う案内所において契約の締結を行う場合、当該案内所には国土交通大臣が定めた報酬の額を掲示する必要がある。

【問　32】　宅地建物取引業者Aがその業務に関して広告を行った場合における次の記述のうち、宅地建物取引業法の規定によれば、誤っているものはどれか。

2分

1　Aは、その広告により、販売する建物の形質について、実際のものより著しく優良又は有利であると誤認させるような表示を行った場合、誇大広告に該当し、監督処分のほか、罰則の対象となる。

2　Aは、一団の宅地の販売につき数回に分けて広告をするときは、それぞれの広告ごとに逐一、取引態様の別を明示する必要がある。

3　Aは、建築確認が必要である建物の建築に関する工事の完了前において、建築確認を受ける前は、当該建物の貸借の媒介をすることができない。

4　Aは、建物の売買に関する広告をする際に取引態様の別を明示した場合に、当該広告を見た客から売買に関する注文を受けたときは、遅滞なくあらためて取引態様の別を明示する必要がある。

【問　33】　宅地建物取引業者Aが依頼者から受け取る報酬等に関する次の記述のうち、宅地建物取引業法の規定によれば、誤っているものはどれか。　　2分

1　Aは、依頼者から特別に依頼された遠隔地における現地調査に要した特別の費用を負担し、その負担について当該費用の支出後に依頼者の承諾があった場合には、依頼者から当該費用相当額を受け取ることができる。

2　Aは、依頼者に対し、不当に高額な報酬を要求したが、依頼者はこれに応じず、結果としてAは要求した報酬を受け取ることができなかった場合であっても、宅地建物取引業法違反となる。

3　Aは、国土交通大臣が定めた報酬の額を事務所ごとに、公衆の見やすい場所に掲示しなければならない。

4　Aが宅地の売買の媒介をするに当たって、依頼者からの依頼によって特別の広告を行った場合には、当該売買契約が成立しなかったときでも、Aは、依頼者からその広告料金相当額を受け取ることができる。

【問　34】　宅地建物取引業者Ａの業務に関する次の記述のうち、宅地建物取引業法（以下この問において「法」という。）の規定に違反しないものはどれか。　2分

1　Ａは、Ａ所有の宅地の買主に対し、営業保証金を供託している供託所及びその所在地等を説明せずに売買契約を成立させ、契約成立の直後に、買主に供託所等に関する説明を行った。

2　Ａは、Ａ所有の宅地の売買契約を締結した買主に対し、当該宅地の引渡しを完了したが、当該宅地に関する登記手続を不当に遅延した。

3　Ａは、宅地建物取引業の廃業後、その業務上取り扱ったことについて知り得た秘密に属する事項を、正当な理由なく第三者に話した。

4　Ａは、取引の相手方に対する法第35条第1項各号所定の重要事項の説明に際して、過失によって、法第47条第1号所定の事項について、重要な事実を告知しなかった。

【問　35】　宅地建物取引業者Ａが、ＢからＢ所有の宅地の売却の媒介を依頼され、Ｂと専任媒介契約を締結した場合における次の記述のうち、宅地建物取引業法の規定によれば、正しいものはどれか。　2分

1　ＡはＢに対して、当該専任媒介契約に係る業務の処理状況を、休業日を含まず2週間に1回報告しなければならない。

2　ＡＢ間で当該専任媒介契約の有効期間を6か月とする特約を結んでいた場合、この特約は無効であるから、当該専任媒介契約は無効となる。

3　Ａは、Ｂ所有の宅地の売却価格について意見を述べるときは、必ずしもその根拠を書面によって明らかにする必要はない。

4　指定流通機構へ登録した後、宅地の売買契約が成立したときは、Ａは、遅滞なく、登録番号及び売買契約の成立年月日を指定流通機構に通知しなければならないが、当該宅地の取引価格までは通知する必要はない。

【問　36】　宅地建物取引業者Ａが行う宅地建物取引業法第35条に規定する重要事項の説明に関する次の記述のうち、正しいものはいくつあるか。　2.5分

ア　Ａが建物の売買の媒介を行う場合、当該建物の売買代金の額や支払時期、支払方法について説明する義務はないが、建物の引渡しの時期は説明する義務を負う。

イ　Ａが建物の貸借の媒介を行う場合には、借主に対して私道の負担に関する事項を説明する義務を負う。

ウ　Ａが自ら売主として建物の売買をする場合において、買主が宅地建物取引業者であるときは、重要事項を記載した書面を交付する義務を負わない。

エ　Ａが宅地の貸借の媒介を行う場合、水道、電気及び下水道は完備、都市ガスは未整備である旨の説明のみでは足りず、その整備の見通し、さらに整備について特別の負担に関する事項まで説明する義務を負う。

1　一つ
2　二つ
3　三つ
4　なし

【問　37】　宅地建物取引業者Ａが宅地建物取引業法第37条の規定により交付すべき書面（以下この問において「37条書面」という。）に関する次の記述のうち、宅地建物取引業法の規定によれば、誤っているものはいくつあるか。　　2.5分

ア　Ａは、建物の売買の媒介を行う場合には、37条書面に当該建物の所在、代金の額、引渡しの時期及び方法のほか、移転登記の申請の時期を記載しなければならない。

イ　Ａは、建物の貸借の媒介を行う場合において、当該建物に係る租税等の公課の負担に関する定めがあるときは、37条書面にその内容を記載しなければならない。

ウ　Ａは、建物の売買の媒介を行う場合において、契約の解除に関する定めがない場合には、37条書面に契約の解除に関する定めがない旨を記載しなければならない。

エ　Ａは、建物の賃借の媒介を行う場合において、借賃以外の金銭の授受に関する定めがあるときは、37条書面に当該金銭の額のほか、授受の時期及び授受の目的を記載しなければならない。

1　一つ
2　二つ
3　三つ
4　なし

【問　38】　次の記述のうち、宅地建物取引業法の規定に違反しないものの組合せとして、正しいものはどれか。なお、この問において「建築確認」とは、建築基準法第6条1項の確認をいうものとする。 2.5分

ア　宅地建物取引業者Aは、自己の所有に属しない宅地について、自ら売主として、宅地建物取引業者Bと売買契約の予約をした。

イ　宅地建物取引業者Cは、建築確認の済んでいない建築工事完了前の賃貸住宅の貸主Dから当該住宅の貸借の代理を依頼され、代理人として借主Eとの間で当該住宅の賃貸借契約を締結した。

ウ　宅地建物取引業者Fは、農地の所有者Gと建物の敷地に供するため農地法5条の許可を条件とする売買契約を締結したので、自ら売主として、宅地建物取引業者ではない個人HとG所有の農地の売買契約を締結した。

1　ア、イ
2　イ、ウ
3　ア、ウ
4　ア、イ、ウ

【問　39】　宅地建物取引業保証協会（以下この問において「保証協会」という。）の社員である宅地建物取引業者Aに関する次の記述のうち、宅地建物取引業法の規定によれば、誤っているものはどれか。 2分

1　Aは、弁済業務保証金分担金を納付する場合は、有価証券ではなく現金のみで行わなければならない。

2　Aは、保証協会の社員となる際に、加入前の宅地建物取引業に関する取引により生じたその者の債務に関し、保証協会から担保の提供を求められることがある。

3　Aに対し宅地建物取引業に関する取引により生じた債権を有する者は、Aが納付した弁済業務保証金分担金について、その納付額を上限として弁済を受ける権利を有する。

4　Aが弁済業務保証金分担金を納付した後に事務所を増設した場合、Aは、増設日から2週間以内に、弁済業務保証金分担金を保証協会に納付しなければならない。

【問　40】　宅地建物取引業者が行う重要事項説明書及び宅地建物取引業法37条に規定する書面（以下この問において「37条書面」という。）に関する次の記述のうち、正しいものはどれか。　2分

1　宅地又は建物の貸借の媒介において当該宅地又は建物に登記された権利がある場合、登記された権利の種類、内容、登記名義人は、重要事項説明書及び37条書面に必ず記載しなければならない事項である。

2　重要事項説明書には、説明を行った宅地建物取引士Aが記名押印をし、37条書面には別の宅地建物取引士Bが記名押印するという方法をとることはできない。

3　宅地又は建物の売買の媒介における当該宅地又は当該建物の引渡しの時期は、重要事項説明書及び37条書面に必ず記載しなければならない事項である。

4　重要事項説明書も37条書面も、必ずしも宅地建物取引士をして交付させる必要はなく、宅地建物取引業者やその従業者が交付すれば足りる。

完全予想模試─②

【問　41】　地建物取引業者Aが、自ら売主としてB所有の建物をCに売却しようとしている場合に関する次の記述のうち、宅地建物取引業法の規定によれば、正しいものはいくつあるか。　2.5分

ア　Cが宅地建物取引業者ではない場合で、AがBから当該建物を取得する旨の予約契約を締結しているときは、Aが予約完結権を行使する前であっても、Aは、Cとの間で売買契約を締結することができる。

イ　Cが宅地建物取引業者である場合で、AがBとの間で「Bが代替建物を取得したことを条件として、Bは、Aに当該建物を譲渡する」旨の契約を締結しているときは、Aは、Cとの間で売買契約を締結することはできない。

ウ　Cが宅地建物取引業者ではなく、B所有の建物の建築工事が完了前である場合において、AがCから受け取る手付金について保全措置を講じたときは、AB間に当該建物の取得契約が締結されていなくとも、Aは、Cとの間で売買契約を締結することができる。

エ　Cが宅地建物取引業者ではない場合で、AがBから当該建物を取得する旨の契約を締結しその効力が発生しているときであっても、AがBから当該建物の引渡しを受けるまでは、Aは、Cとの間で売買契約を締結することはできない。

1　一つ
2　二つ
3　三つ
4　なし

【問　42】　宅地建物取引業者Ａが、自ら売主として、宅地建物取引業者でないＢと宅地の売買契約を締結する場合における、宅地建物取引業法第37条の2の規定に基づくいわゆるクーリング・オフに関する次の記述のうち、正しいものはいくつあるか。　2.5分

ア　ＢがＡの事務所において宅地の買受けの申込みをした場合は、その後の売買契約を締結した場所がＡの事務所等ではないホテルのロビーであっても、Ｂは売買契約を解除することができない。

イ　Ｂは、宅地の買受けの申込みを撤回しようとする場合、書面によって行う必要があり、撤回の効力は、Ａのもとに申込みの撤回を行う旨の書面が到達した時に生ずる。

ウ　Ｂが契約を解除できる期間を、「売買契約の解除ができる旨及びその方法について告げられた日から起算して10日間」とする旨のAB間の特約は、有効である。

1　一つ
2　二つ
3　三つ
4　なし

【問　43】　甲県知事の免許を受けた宅地建物取引業者に対する監督処分に関する次の記述のうち、誤っているものはいくつあるか。　2.5分

ア　宅地建物取引業者Ａは、宅地建物取引業法第7条第1項に規定されている免許換えをしなければならない事由に該当しているにもかかわらず、新たな免許を受けていないことが判明した。この場合、甲県知事は、Ａの免許を取り消さなければならない。

イ　宅地建物取引業者Ｂの事務所の所在地を確知できないため、甲県知事は確知できない旨を公告したが、その公告の日から30日以内にＢから申出がなかった。この場合、甲県知事は、Ｂの免許を取り消さなければならない。

ウ　宅地建物取引業者Ｃは、宅地建物取引業法第3条の2第1項により付された免許の条件に違反した。この場合、甲県知事は、Ｃの免許を取り消さなければならない。

エ　宅地建物取引業者Ｄは、事業開始後、正当な理由により1年間以上引き続いて事業を休止していた。この場合、甲県知事は、Ｄの免許を取り消さなければならない。

1　一つ

2　二つ

3　三つ

4　なし

【問　44】　甲県知事の免許を受けた法人である宅地建物取引業者Aに関する罰則に関する次の記述のうち、宅地建物取引業法の規定によれば、正しいものの組合せはどれか。　2.5分

ア　Aが不正の手段によって免許を受けた場合、宅地建物取引業法上最も重い罰則が併科される可能性がある。

イ　Aは、その事務所ごとに従業者名簿を設置する義務に違反した場合、罰則の対象とはならないが、監督処分の対象となる。

ウ　Aの従業者Bが、宅地の売買の契約の締結について勧誘をするに際し、売主に対して、取引の関係者の資力若しくは信用に関する事項であって売主に重要な影響を及ぼすものを故意に告げなかった場合、Aに対して1億円以下の罰金刑が科せられる可能性がある。

1　ア、イ

2　イ、ウ

3　ア、ウ

4　ア、イ、ウ

【問 45】 特定住宅瑕疵担保責任の履行の確保等に関する法律（以下この問において「法」という。）に基づく住宅販売瑕疵担保保証金の供託又は住宅販売瑕疵担保責任保険契約の締結に関する次の記述のうち、正しいものはどれか。 2.5分

1 宅地建物取引業者は、自ら売主として新築住宅を宅地建物取引業者でない買主に引き渡した場合、基準日に係る資力確保措置の状況の届出をしなければ、当該基準日以後、自ら売主となって新たな新築住宅の売買契約を締結することができない。

2 法にいう「新築住宅」とは、新たに建設された住宅で、建設工事の完了日から起算して１年を経過していないものをいう。

3 住宅販売瑕疵担保保証金の供託は、当該宅建業者の主たる事務所の最寄りの供託所にしなければならず、供託は金銭によるほか、国土交通省令で定める有価証券によってすることができる。

4 新築住宅の購入後、当該新築住宅の隠れた瑕疵によって購入者に損害が生じた場合、購入者は、住宅販売瑕疵担保責任保険に基づき、住宅瑕疵担保責任保険法人に対して保険金を請求することができる。

【問 46】 独立行政法人住宅金融支援機構（以下この問において「機構」という。）の業務に関する次の記述のうち、誤っているものはどれか。 2.5分

1 機構は、災害予防代替建築物の建設や購入、災害予防移転建築物の移転に必要な資金の貸付けを業務として行っているが、災害予防関連工事に必要な資金又は地震に対する安全性の向上を主たる目的とする住宅の改良に必要な資金の貸付けは行っていない。

2 機構は、あらかじめ貸付けを受けた者と一定の契約を締結し、その者が死亡した場合に支払われる生命保険金を当該貸付けに係る債務の弁済に充てることを業務として行う。

3 機構は、貸付けを受けた者が景況の悪化や消費者物価の上昇により元利金の支払が著しく困難になった場合には、貸付条件又は元利金の支払方法を変更することができる。

4 機構は、民間金融機関が貸し付けた長期・固定金利の住宅ローンについて、その住宅ローンを担保として発行された債券等の元利払いを保証する証券化支援事業（保証型）を行っている。

【問 47】 宅地建物取引業者が行う広告に関する次の記述のうち、不当景品類及び不当表示防止法（不動産の表示に関する公正競争規約を含む。）の規定によれば、正しいものはどれか。 2.5分

1 分譲宅地を販売する場合において、合理的な根拠を示す資料を現に有しているときには、当該分譲住宅の形質に関する事項について「最高級」と表示して広告を出すことができる。

2 一団の宅地を一括して分譲する場合、当該団地と最寄駅との間の所要時間については、当該駅から最も近い当該団地内の地点までの距離から算出した所要時間を表示して広告を出すことができる。

3 建設後6か月経過し、一度居住の用に供されたことがある分譲マンションを販売する場合、当該マンションは建築後1年未満であることから、「新築」と表示して広告を出すことができる。

4 分譲宅地の販売広告において、徒歩による所要時間は、当該物件から最寄駅までの直線距離80メートルにつき1分間を要するものとして算出した数値を表示しなければならない。

【問 48】 次の記述のうち、誤っているものはどれか。 2分

1 建築着工統計調査報告（令和5年計。令和6年1月公表）によれば、令和5年の新設住宅着工戸数のうち、持家は2年連続の減少となり、貸家及び分譲住宅は3年ぶりの減少となった。

2 令和6年地価公示（令和6年3月公表）によれば、令和5年1月以降の1年間の地価について、三大都市圏では、全用途平均・住宅地・商業地のいずれも3年連続で上昇し、上昇率が拡大した。

3 令和4年度宅地建物取引業法の施行状況調査（令和5年10月公表）によれば、宅地建物取引業法の規定に基づき国土交通大臣又は都道府県知事が行った宅地建物取引業者に対する監督処分件数は減少傾向、勧告等の行政指導件数は令和4年度において減少に転じた。

4 年次別法人企業統計調査（令和4年度。令和5年9月公表）によれば、令和4年度における不動産業の営業利益は約5兆円を超え、前年度を上回った。

【問 49】 土地に関する次の記述のうち、最も不適当なものはどれか。 　1.5分

1　切土した崖面に湧水がある場合には、その湧水地点より上の部分の方が、湧水地点より下の部分と比べて、崖崩れを起こしやすい。

2　低地部は、一般的に洪水や地震に弱いため、宅地に適しているとはいえないが、低地部であっても扇状地の扇端部は比較的宅地に適している。

3　丘陵地は、一般的に水はけがよく地耐力もあるため、丘陵地を切土と盛土により造成した地盤であっても、不同沈下は起こりにくい。

4　丘陵地帯で地下水位が深く、固結した砂質土の地盤においては、地震時に液状化する可能性は低い。

【問 50】 建築物の構造及び材料に関する次の記述のうち、最も不適当なものはどれか。 　1.5分

1　木材は、湿潤状態に比べて気乾状態の方が強度が大きくなる。

2　真壁造は、主に和風住宅に用いられる壁の工法であり、主に洋風住宅に用いられる大壁造と比べて、耐震性が高い。

3　集成材は、単板等を積層したもので、体育館などの大規模な木造建築物に使用される。

4　枠組壁工法は、壁や床、天井等によって建物を支えるため、耐震性が高い。

 矢印の方向に引くと問題冊子が取り外せます。

完 全 予 想 模 試 ③

次の注意事項をよく読んでから、始めてください。

（注意事項）

1 問 題

問題は、③－1ページから③－26ページまでの50問です。

試験開始の合図と同時に、ページ数を確認してください。

乱丁や落丁があった場合は、直ちに試験監督員に申し出てください。

2 解 答

問題冊子中央にある「解答用紙の使い方①」（解答用紙裏面）に従い、③－12と③－13の間にある解答用紙を取り外してください。

解答は、解答用紙の「記入上の注意」に従って記入してください。

正解は、各問題とも一つだけです。

二つ以上の解答をしたもの及び判読が困難なものは、正解としません。

3 適用法令

問題の中の法令に関する部分は、令和6年4月1日現在施行されている規定に基づいて出題されています。

※以上の注意書きは令和5年度の本試験のものを参考に作成しております。

・登録講習修了者は例年、問46〜問50の5問が免除され、試験時間は13時10分から15時までの1時間50分となります（ただし、12時30分から注意事項が説明されるので、着席してください）。

矢印の方向に引くと問題冊子が取り外せます。

成美堂出版

【問　1】　次の1から4までの記述のうち、民法の規定、判例及び下記判決文によれば、正しいものはどれか。　3分

（判決文）

　共同相続人間において遺産分割協議が成立した場合に、相続人の一人が他の相続人に対して右協議において負担した債務を履行しないときであっても、他の相続人は民法541条（債務不履行による解除）によって右遺産分割協議を解除することができないと解するのが相当である。けだし、遺産分割はその性質上協議の成立とともに終了し、その後は右協議において右債務を負担した相続人とその債権を取得した相続人間の債権債務関係が残るだけと解すべきであり、しかも、このように解さなければ民法909条本文により遡及効を有する遺産の再分割を余儀なくされ、法的安定性が著しく害されることになるからである。

1　長男Aが母親Cを扶養するかわりにAに全財産相続させる遺産分割協議が共同相続人ABC間において成立した場合に、AがCの扶養義務を負担しないときは、次男Bは債務不履行により右遺産分割協議を解除することができる。

2　遺産分割は、遺産分割協議の成立とともに終了し、その効力は相続開始のときにさかのぼって生ずる。

3　共同相続人ABC全員の合意により、すでに成立した遺産分割協議を解除することはできない。

4　長男Aが母親Cを扶養するかわりにAに全財産相続させる遺産分割協議が共同相続人ABC間において成立した場合に、AがCの扶養義務を負担しないときは、CはAに扶養義務を履行するよう請求することはできない。

【問　2】　　同時履行の抗弁権に関する次の記述のうち、民法の規定及び判例によれば、正しいものはどれか。 2.5分

1　建物の売買契約が建物引渡し後に債務不履行を理由に解除された場合、契約は遡及的に消滅するため、売主の代金返還債務と、買主の目的物返還債務は、同時履行の関係に立たない。

2　建物の売買契約に基づく買主の売買代金支払債務と、売主の所有権移転登記に協力する債務は、特別の事情のない限り、同時履行の関係に立たない。

3　建物の賃貸借契約終了に伴う賃貸人の敷金返還債務と、賃借人の明渡債務は、特別の約定のない限り、同時履行の関係に立つ。

4　建物の売買契約において、売主が売買代金債権を第三者に譲渡した場合であっても、売主の同時履行の抗弁権は消滅しない。

【問　3】　　成年後見に関する次の記述のうち、民法の規定によれば、正しいものはどれか。 2分

1　成年被後見人の日用品の購入その他日常生活に関する行為については、取り消すことができる。

2　営業を許された成年被後見人は、その営業に関しては、行為能力を有するものとみなされる。

3　後見開始の審判をする場合において、本人が被保佐人であるときは、家庭裁判所は、その本人に係る保佐開始の審判を取り消さなければならない。

4　成年被後見人が行為能力者であることを信じさせるため詐術を用いたときであっても、その行為を取り消すことができる。

【問　4】　　条件に関する次の記述のうち、民法の規定によれば、誤っているものはどれか。　　2分

1　解除条件付法律行為は、解除条件が成就した時からその効力を失う。

2　条件が成就することによって不利益を受ける当事者が故意にその条件の成就を妨げたときは、相手方は、その条件が成就したものとみなすことができる。

3　条件が成就することによって利益を受ける当事者が不正にその条件を成就させたときは、相手方は、その条件が成就しなかったものとみなすことができる。

4　不法な条件を付した法律行為は、無効であるが、不法な行為をしないことを条件とするものは、有効である。

【問　5】　　時効に関する次の記述のうち、民法の規定及び判例によれば、誤っているものはどれか。　　2.5分

1　債務者は、消滅時効が完成した後に債務の承認をしても、時効完成の事実を知っていなければ、その後に消滅時効を援用することができる。

2　催告があったときは、その時から6か月を経過するまでの間は、時効は、完成しない。

3　書面による権利についての協議を行う旨の合意によって時効の完成が猶予されている間に、再度なされた書面による権利についての協議を行う旨の合意は、時効の完成猶予の効力を有する。

4　時効は、債務の承認があったときは、その時から新たにその進行を始める。

【問　6】　Aは、Aが所有している甲土地をBに売却した。この場合に関する次の記述のうち、民法の規定及び判例によれば、誤っているものはどれか。　2.5分

1　第三者であるCがBを強迫して登記の申請を妨げ、Aから甲土地を購入し登記を備えた場合、Bは登記がなくても、Cに対して所有権を主張することができる。

2　甲土地を何らの権原なく不法占有しているDがいる場合、Bは登記がなくても、Dに対して所有権を主張して明渡請求をすることができる。

3　Bが甲土地の所有権移転登記を備えていない間に、Aに対して債権を有するEが甲土地に差し押さえをした場合、Bは登記がなくても、Eに対して所有権を主張することができる。

4　Bが甲土地の所有権移転登記を備えていない場合、Aから建物所有目的で甲土地を賃借し、その旨の登記を有するFに対して、Bは自らが甲土地の所有者であることを主張することができない。

【問　7】　債務者Aが所有する甲土地には、債権者Bが一番抵当権（債権額1,000万円）、債権者Cが二番抵当権（債権額1,500万円）、債権者Dが三番抵当権（債権額1,000万円）をそれぞれ有しているが、BはDの利益のために抵当権の順位を放棄した。甲土地の競売に基づく売却代金が3,000万円であった場合、Bの受ける配当額として、民法の規定によれば、正しいものはどれか。　3分

1　500万円
2　750万円
3　1,000万円
4　1,500万円

【問　8】　地上権と賃借権に関する次の記述のうち、民法の規定によれば、誤っているものはどれか。　2.5分

1　賃借権は必ず賃料を定めなければならないが、地上権は必ずしも地代を定める必要はない。

2　地上権も賃借権も、建物所有目的で設定することができる。

3　不法占拠者に対して地上権者は妨害排除請求をすることができるが、賃借権者は妨害排除請求をすることができない。

4　賃借権には存続期間の制限があるが、地上権には存続期間の制限がない。

【問　9】　Aを売主、Bを買主として、甲建物の売買契約（以下この問において「本件契約」という。）が締結された場合における次の記述のうち、民法の規定によれば、正しいものはどれか。　2.5分

1　AがBに甲建物の引渡しをすることができなかった場合、その不履行がAの責めに帰することができない事由によるものであるときを除き、Bは解除することができる。

2　甲建物に雨漏りが発生した場合、Bは雨漏りの修復をAに請求することができるが、甲建物の代わりとして乙建物の引渡しをAに請求をすることはできない。

3　甲建物に雨漏りが発生した場合、Bはその雨漏りがあることを知った時から1年以内にその旨をAに通知しないときは、雨漏りの修復をAに請求することができない。

4　BがAに売買代金を支払わなかったために、Aに損害が生じたときは、Aは損害を証明しなければ、Bに対して損害賠償請求をすることができない。

完全予想模試―③

【問　10】　不法行為に関する次の記述のうち、民法の規定及び判例によれば、誤っているものはどれか。　2分

1　故意又は過失によって他人の財産権を侵害した者は、財産上の損害のほか、精神上の損害に対しても、その賠償をしなければならない。

2　未成年者が、他人に損害を加えた場合は、その親権者が、その行為について賠償の責任を負う。

3　他人の生命を侵害した者は、被害者の父母、配偶者及び子に対しては、その財産権が侵害されなかった場合においても、損害の賠償をしなければならない。

4　被用者が使用者の事業の執行について第三者に損害を加え、その損害を賠償した場合には、損害の公平な分担という見地から相当と認められる額について、使用者に対して求償することができる。

【問　11】　A所有の甲土地につき、Bとの間で賃貸借契約（以下「本件契約」という。）が締結された場合に関する次の記述のうち、借地借家法の規定によれば、正しいものはどれか。　2.5分

1　Bが甲土地に乙建物を建て、乙建物に建物の登記をした後に、AがCに甲土地を売却していた場合、Bが借地権の登記をしていない以上、BはCに借地権を主張することができない。

2　Bが資材置場にする目的で、本件契約が締結された場合、借地権の存続期間は30年以上である。

3　本件契約の存続期間を50年以上とした場合には、契約の更新及び建物の築造による存続期間の延長がなく、建物買取請求をしないこととする旨を定めることができる。

4　本件契約が専ら事業の用に供する建物の所有を目的とし、かつ、存続期間を30年以上50年未満として借地権を設定する場合には、その契約は公正証書等の書面によらなければならない。

【問　12】 賃貸人Ａと賃借人Ｂとの間で締結した建物の賃貸借契約に関する次の記述のうち、民法及び借地借家法の規定によれば、正しいものはどれか。 2.5分

1　ＢがＡに無断でＣに当該建物を転貸した場合には、Ａは直ちに賃貸借契約を解除することができる。

2　賃貸借の契約期間を20年と定めた場合、Ａが期間の満了の1年前から6ケ月前までの間にＢに対して更新をしない旨の通知又は条件を変更しなければ更新をしない旨の通知を発しなければ、従前と同一の条件で契約を更新したものとみなされ、その後の更新期間は10年となる。

3　Ｂが建物の引渡しを受けたが、登記をしていなかった場合、第三者Ｃが当該建物を不法に占有していても、ＢはＣに対して建物返還請求をすることはできない。

4　建物の賃貸借において存続期間を1年未満とする場合は、期間の定めがない建物の賃貸借とみなされる。

【問　13】 建物の区分所有等に関する法律（以下この問において「法」という。）に関する次の記述のうち、正しいものはどれか。 2分

1　敷地利用権が数人で有する所有権その他の権利である場合、規約に別段の定めがあれば、区分所有者は、その有する専有部分とその専有部分に係る敷地利用権とを分離して処分することができる。

2　各共有者の持分は、その有する専有部分の床面積の割合によるが、その床面積は、壁その他の区画の中心線で囲まれた部分の水平投影面積による。

3　集会の議決において、専有部分が数人の共有に属するときは、各共有者は、それぞれ議決権を行使することができる。

4　区分所有者の承諾を得て専有部分を占有する者は、会議の目的たる事項につき利害関係を有する場合には、集会に出席して議決権を行使することができる。

【問　14】　不動産の登記に関する次の記述のうち、不動産登記法の規定によれば、誤っているものはどれか。　2.5分

1　表示に関する登記は、当事者の申請のほか、登記官が、職権ですることができる。

2　表題部所有者が表示に関する登記の申請人となることができる場合において、当該表題部所有者について相続その他の一般承継があったときは、相続人その他の一般承継人は、当該表示に関する登記を申請することができる。

3　表題部所有者の氏名若しくは名称又は住所についての変更の登記又は更正の登記は、表題部所有者以外の者も、申請することができる。

4　土地の表示に関する登記の登記事項には、土地の所在、地番、地目、地積がある。

【問　15】　都市計画法に関する次の記述のうち、誤っているものはどれか。　2分

1　田園住居地域は、農業の利便の増進を図りつつ、これと調和した低層住宅に係る良好な住居の環境を保護するため定める地域をいう。

2　特定用途制限地域は、用途地域内の一定の地区における当該地区の特性にふさわしい土地利用の増進、環境の保護等の特別の目的の実現を図るため当該用途地域の指定を補完して定める地区をいう。

3　高度地区は、用途地域内において市街地の環境を維持し、又は土地利用の増進を図るため、建築物の高さの最高限度又は最低限度を定める地区をいう。

4　特定街区は、市街地の整備改善を図るため街区の整備又は造成が行われる地区について、その街区内における建築物の容積率並びに建築物の高さの最高限度及び壁面の位置の制限を定める街区をいう。

【問　16】　都市計画法に関する次の記述のうち、正しいものはどれか。ただし、この問において条例による特別の定めはないものとし、「都道府県知事」とは、地方自治法に基づく指定都市、中核市及び施行時特例市にあってはその長をいうものとする。　2.5分

1　市街化区域において、農業を営む者の居住の用に供する建築物の建築を目的とした 1,500 m² の土地の区画形質の変更を行おうとする者は、都道府県知事の許可を受けなければならない。

2　市街化区域内であっても、学校教育法で定めた小学校の建築を目的とした土地の区画形質の変更を行おうとする者は、都道府県知事の許可を受ける必要がない。

3　市街化調整区域において、店舗の建設を目的とした 500 m² の土地の区画形質の変更を行おうとする者は、あらかじめ、都道府県知事の許可を受ける必要がない。

4　準都市計画区域内において、工場の建築の用に供する目的で 1,000 m² の土地の区画形質の変更を行おうとする者は、あらかじめ、都道府県知事の許可を受けなければならない。

【問　17】　建築基準法に関する次の記述のうち、誤っているものはどれか。　2分

1　階数が 3 以上で延べ面積が 500 m² を超える建築物の居室には、非常用の照明装置を設けなければならない。

2　高さ 31 m を超える建築物には、周囲の状況によって安全上支障がない場合を除いて、有効に避雷設備を設けなければならない。

3　建築物は、石綿その他の物質の建築材料からの飛散又は発散による衛生上の支障がないよう、建築材料に石綿その他の著しく衛生上有害なものを添加してはならない。

4　居室の天井の高さは、2.1 m 以上でなければならず、その高さは室の床面から測り、一室で天井の高さの異なる部分がある場合は、その平均の高さによる。

【問　18】　次の記述のうち、建築基準法の規定によれば、正しいものはどれか。

2分

1　前面道路の幅員が 12 m 以上ある場合は、前面道路の幅員により容積率が定まる。

2　都市計画において定められた建蔽率の限度が 10 分の 8 とされている地域を除く防火地域内にある準耐火建築物の建蔽率については、都市計画において定められた建蔽率の数値に 10 分の 1 を加えた数値が限度となる。

3　隣地境界線から後退して壁面線の指定がある場合、当該壁面線を越えない建築物で、特定行政庁が安全上、防火上及び衛生上支障がないと認めて許可したものの建蔽率は、その許可の範囲内において、緩和される。

4　街区の角にある敷地又はこれに準ずる敷地で特定行政庁が指定するものの内にある建築物には、建蔽率の適用はない。

【問　19】　宅地造成及び特定盛土等規制法に関する次の記述のうち、誤っているものはどれか。なお、この問において「都道府県知事」とは、地方自治法に基づく指定都市及び中核市にあってはその長をいうものとする。

2.5分

1　宅地造成等工事規制区域内において、宅地を造成するために切土をする場合、切土をした土地の部分に高さが 2 m を超える崖が生ずるのであれば、都道府県知事による工事の許可を受けなければならない。

2　宅地造成等工事規制区域内において、宅地を造成するために盛土をする場合、盛土をした土地の部分に高さが 1 m を超える崖が生ずるのであれば、都道府県知事による工事の許可を受けなければならない。

3　宅地造成等工事規制区域内において、宅地を造成するために盛土をする場合、盛土をした土地の面積が 200 m² を超えるものであれば、都道府県知事による工事の許可を受けなければならない。

4　宅地造成等工事規制区域内において、宅地を造成するために盛土と切土とを同時にする場合、盛土及び切土をした土地の部分に高さが 2 m を超える崖が生ずるのであれば、都道府県知事による工事の許可を受けなければならない。

【問　20】　土地区画整理法に関する次の記述のうち、正しいものはどれか。

2分

1　換地計画において換地を定める場合においては、換地及び従前の宅地の位置、地積、土質、水利、利用状況、環境等が照応するように定めなければならない。

2　施行者は、清算金の徴収及び交付の完了後、遅滞なく、換地処分を行わなければならない。

3　土地の所有者は、換地処分の公告があった場合において、施行地区内の土地について土地区画整理事業の施行により変動があったときは、遅滞なく、当該変動に係る登記を申請しなければならない。

4　換地計画において定められた保留地は、換地処分の公告があった日の翌日に、都道府県が取得する。

【問　21】　農地に関する次の記述のうち、農地法（以下この問において「法」という。）の規定によれば、正しいものはどれか。

2分

1　法第2条第3項の農地所有適格法人の要件を満たしていない株式会社は、耕作目的で農地を借り入れることはできない。

2　農地の売買において、登記簿の地目が宅地であれば、現況が農地であっても、農地法の許可を要しない。

3　親が子どもに農地を贈与する場合には、農地法の許可を要しない。

4　建設業者が、農地に復元して返還する条件で、工事期間中、農地を一時的に資材置場として借りる場合であっても、法第5条第1項の許可を受ける必要がある。

【問　22】　国土利用計画法第23条の届出（以下この問において「事後届出」という。）に関する次の記述のうち、正しいものはどれか。　2分

1　都道府県知事は、事後届出に係る土地の利用目的及び対価の額について、土地利用基本計画に適合せず、当該土地を含む周辺の地域の適正かつ合理的な土地利用を図るために著しい支障があると認めるときは、届出をした者に対し勧告することができる。

2　都市計画区域外の 15,000 m² の土地について、対価を支払って地上権設定契約を締結した場合には、事後届出を行う必要がある。

3　事後届出が必要にもかかわらず、土地売買等の契約により権利取得者となった者が事後届出を行わなかった場合、契約は無効となる。

4　市街化区域の 5,000 m² の土地について、市が所有する場合であっても、市から購入した権利取得者は事後届出を行う必要がある。

【問　23】　不動産取得税に関する次の記述のうち、正しいものはどれか。　2分

1　中古住宅を取得した場合、不動産取得税は課されない。

2　50 m² 以下の不動産の取得には、不動産取得税は課税されない。

3　不動産取得税は、不動産の取得があった日の翌日から起算して 6 ケ月以内に当該不動産が所在する都道府県に申告納付しなければならない。

4　家屋が新築された場合には、家屋の取得があったものとみなし、当該家屋の所有者又は譲受人を取得者とみなして、これに対して不動産取得税が課される。

解答用紙の使い方①

この問題冊子には、本試験の臨場感を体験できるように、解答用紙がとじ込まれています。下記の手順に従って、問題冊子と解答用紙を取り外してから、ご使用ください。

作業中にケガをしないよう、ホチキスの針の取扱いには十分お気をつけください。

手順 1

各問題冊子の表紙（注意事項が記載）と最終ページを
つかんで手前に引き、問題冊子を取り外してください。
（両ページとも「⬅矢印の方向に引くと問題冊子が取り外せます。」と記載があります。）

手順 2

問題冊子の中央（次ページ）のホチキスの針を定規などの硬いものを用いて、
引き起こして立ててから、解答用紙を取り外します。

手順 3

手順2で立てたホチキスの針を元に戻し、準備完了です。
問題冊子の表紙の注意事項に従って問題を解き、解答用紙に記入しましょう。
制限時間を守ることで、より本試験の臨場感を体験できます。

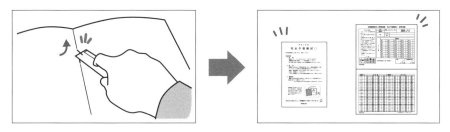

外れないように…

※取り外す際の問題冊子等の
損傷につきましては、お取
替えはできませんのでご注
意ください。

宅地建物取引士資格試験 完全予想模試③ 解答用紙

実施日	令和	年	月	日		制限時間 120分
受験番号						（登録講習修了者は110分）
氏名	フリガナ					
	漢字					

問題番号

チェック欄					
問 1 □	問 11 □	問 21 □	問 31 □	問 41 □
問 2 □	問 12 □	問 22 □	問 32 □	問 42 □
問 3 □	問 13 □	問 23 □	問 33 □	問 43 □
問 4 □	問 14 □	問 24 □	問 34 □	問 44 □
問 5 □	問 15 □	問 25 □	問 35 □	問 45 □
問 6 □	問 16 □	問 26 □	問 36 □	問 46 □
問 7 □	問 17 □	問 27 □	問 37 □	問 47 □
問 8 □	問 18 □	問 28 □	問 38 □	問 48 □
問 9 □	問 19 □	問 29 □	問 39 □	問 49 □
問 10 □	問 20 □	問 30 □	問 40 □	問 50 □

☆合否判定基準は、正解・解説編 p.61

正解	╱ 50問	一部免除者正解	╱ 45問

記入上の注意

1. 氏名（フリガナ）及び受験番号を確認すること。
2. 氏名（漢字）欄に漢字で氏名を記入すること。
3. 解答用紙への記入は、鉛筆〔HB〕を使用すること（シャープペンの場合は、しんの太いものを使用すること）。
4. 正解は、各問題とも一つだけです。二つ以上の解答をしたもの及び判読が困難なものは、正解としません。
5. 解答の訂正をする場合には、プラスチック消しゴムで完全に消してから、該当欄の枠内にマーク し直すこと。
6. この解答用紙は汚したり、折り曲げたりしないこと。
7. 解答欄は、下の良い例のようにマークすること。

― マーク例 ―

良い例	ぬりつぶし	●	丸	〇
悪い例	うすい	⬭	はみだし	〰	線のみ	―
	外周のみ	◯	レ点	∨		

©成美堂出版

問題番号	解答欄				問題番号	解答欄			
問 1	1	2	3	4	問 26	1	2	3	4
問 2	1	2	3	4	問 27	1	2	3	4
問 3	1	2	3	4	問 28	1	2	3	4
問 4	1	2	3	4	問 29	1	2	3	4
問 5	1	2	3	4	問 30	1	2	3	4
問 6	1	2	3	4	問 31	1	2	3	4
問 7	1	2	3	4	問 32	1	2	3	4
問 8	1	2	3	4	問 33	1	2	3	4
問 9	1	2	3	4	問 34	1	2	3	4
問 10	1	2	3	4	問 35	1	2	3	4
問 11	1	2	3	4	問 36	1	2	3	4
問 12	1	2	3	4	問 37	1	2	3	4
問 13	1	2	3	4	問 38	1	2	3	4
問 14	1	2	3	4	問 39	1	2	3	4
問 15	1	2	3	4	問 40	1	2	3	4
問 16	1	2	3	4	問 41	1	2	3	4
問 17	1	2	3	4	問 42	1	2	3	4
問 18	1	2	3	4	問 43	1	2	3	4
問 19	1	2	3	4	問 44	1	2	3	4
問 20	1	2	3	4	問 45	1	2	3	4
問 21	1	2	3	4	問 46	1	2	3	4
問 22	1	2	3	4	問 47	1	2	3	4
問 23	1	2	3	4	問 48	1	2	3	4
問 24	1	2	3	4	問 49	1	2	3	4
問 25	1	2	3	4	問 50	1	2	3	4

©成美堂出版

解答用紙の使い方②
～合格に近づく採点方法！～

　各回の問題を解き、解答欄にマークし終わったら、解答・解説編の解答を見て、自己採点しましょう。

　解答・解説の冒頭に記載されている合否判定基準は、あくまでも現在の自分の力の「めやす」です。自己採点の結果、合否判定基準を超えていたとしても最後まで油断しないように、試験本番まで、より実力アップをめざしましょう！

　自己採点が終わったら、**正解した問題**は解答用紙の「チェック欄」のチェックボックス**にチェックを付けていきます**。チェックが付いていない問題は、間違えた問題になるので、もう一度、解いてみることをお勧めします。

　本試験までに、全問題200問の正答を導けるようになれば、合格はグッと近づきます！

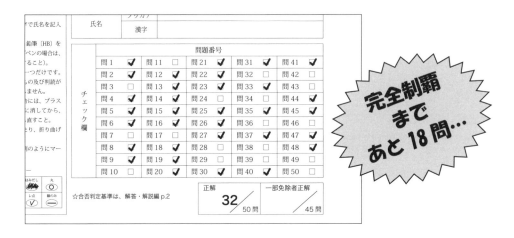

最後に確認するクセを身に付けよう！
～マークミスを防ぐ、マーキング方法～

　自分はマークミスなどしない…と考えている人も、普段から最後にマーク欄をもう一度見直すクセを身に付けておきましょう。今まで気にしたことがない受験生も、**意識して見てみるとマークミスをしている**ことはよくあります。見直しを徹底する以外、**完全にマークミスを防ぐ方法はありません**が、限りなくマークミスを防ぐ方法として、問題を解いているときのマークは綺麗に消せる程度に**弱くマーク**しておいて（もしくは、弱くチェックしておくなど）、**最後に照らし合わせつつ清書**していく方法があります。当初の解答時と、最後の清書時の2回見直すことになるので、行ズレも起こしにくい方法です。

【問 24】 所得税法に関する次の記述のうち、正しいものはどれか。 2.5分

1 譲渡所得とは資産の譲渡による所得をいうので、宅地建物取引業者である個人が営利を目的として継続的に行っている土地の譲渡による所得は、譲渡所得として課税される。

2 建物の所有を目的とする土地の賃借権の設定の対価として支払を受ける権利金の金額が、その土地の価額の10分の5に相当する金額を超えるときは、譲渡所得として課税される。

3 居住の用に供していた家屋をその者が居住の用に供さなくなった日から1年を経過する日の翌日に譲渡した場合には、その譲渡について、居住用財産の譲渡所得の特別控除の適用を受けることができない。

4 居住の用に供している家屋をその者の配偶者に譲渡した場合でも、その譲渡について、居住用財産の譲渡所得の特別控除の適用を受けることができる。

【問 25】 不動産の鑑定評価に関する次の記述のうち、不動産鑑定評価基準によれば、正しいものはどれか。 2分

1 不動産の価格は、その不動産の効用が最高度に発揮される可能性に最も富む使用を前提として把握される価格を標準として形成されるが、これを最有効使用の原則という。

2 不動産の鑑定評価によって求める価格は、基本的には正常価格であるが、市場性を有しない不動産については、限定価格を求める場合がある。

3 収益還元法は、賃貸用不動産又は賃貸以外の事業の用に供する不動産の価格を求める場合に特に有効な手法であるが、事業の用に供さない自用の不動産の鑑定評価には適用すべきではない。

4 鑑定評価の基本的な手法は、原価法、取引事例比較法及び収益還元法に大別され、鑑定評価の手法の適用に当たっては、地域分析及び個別分析により把握した対象不動産に係る市場の特性等を適切に反映した手法をいずれか1つ選択して、適用すべきである。

【問　26】　宅地建物取引業者が宅地建物取引業法第 37 条の規定により交付すべき書面（以下この問において「37 条書面」という。）に関する次の記述のうち、正しいものはどれか。　2.5分

1　宅地建物取引業者は、その媒介により建物の賃貸の契約を成立させた場合において、当該建物の移転登記の申請の時期を 37 条書面に記載し、当該契約の各当事者に交付しなければならない。

2　宅地建物取引業者は、その媒介により土地の売買の契約を成立させた場合において、代金以外の金銭の授受に関する定めがなくても、その額並びに当該金銭の授受の時期及び目的を 37 条書面に記載し、当該契約の各当事者に交付しなければならない。

3　宅地建物取引業者は、その媒介により建物の売買の契約を成立させた場合において、建物が種類若しくは品質に関して契約の内容に適合しない場合におけるその不適合を担保すべき責任又は当該責任の履行に関して講ずべき保証保険契約の締結その他の措置についての定めがあるときは、その内容を 37 条書面に記載し、当該契約の各当事者に交付しなければならない。

4　宅地建物取引業者は、その媒介により宅地の賃貸の契約を成立させた場合において、当該建物に係る租税その他の公課の負担に関する定めがあるときは、その内容を 37 条書面に記載し、当該契約の各当事者に交付しなければならない。

【問　27】　宅地建物取引業者Ａ社（消費税課税事業者）は貸主Ｂから建物の貸借の代理の依頼を受け、宅地建物取引業者Ｃ社（消費税課税事業者）は借主Ｄから媒介の依頼を受け、ＢとＤとの間で賃貸借契約を成立させた。この場合における次の記述のうち、宅地建物取引業法の規定によれば誤っているものはどれか。なお１か月分の借賃は10万円である。　　　　　　　　　　　　　　[2.5分]

1　建物が住宅である場合、Ｃ社は、Ｄから承諾を得ていれば、55,000円を超える報酬をＤから受領することができる。

2　建物が店舗である場合、本件賃貸借契約において300万円の権利金の授受があるときは、Ａ社及びＣ社が受領できる報酬額の合計額は、308,000円以内である。

3　Ｃ社は、Ｄから媒介報酬の限度額まで受領できるほかに、建物状況調査を実施する者をあっせんした対価として、あっせん料を受領することができる。

4　建物が事務所である場合、Ａ社がＢから110,000円の報酬を受領するときは、Ｃ社はＤから報酬を受領することはできない。

【問　28】　次の記述のうち、宅地建物取引業法の規定によれば、正しいものはどれか。　　　　　　　　　　　　　　[2分]

1　宅地建物取引士Ａは、不正の手段により登録を受けたとして、登録の消除の処分の聴聞の期日及び場所が公示された後、自らの申請により、登録が消除された場合、Ａは、登録が消除された日から５年を経過せずに新たに登録を受けることができる。

2　宅地建物取引士Ａ（甲県知事登録）が、宅地建物取引業者Ｂ社（乙県知事免許）に従事した場合、Ａは乙県知事に対し、登録の移転を申請しなければならない。

3　宅地建物取引士Ａ（甲県知事登録）が、乙県知事から事務の禁止の処分を受けた場合は、速やかに、宅地建物取引士証を乙県知事に提出しなければならない。

4　宅地建物取引士Ａ（甲県知事登録）が住所を変更した場合、遅滞なく、甲県知事に変更の登録を申請しなければならない。

【問 29】 宅地建物取引業の免許（以下この問において「免許」という。）に関する次の記述のうち、宅地建物取引業法の規定によれば、正しいものはどれか。

2分

1 宅地建物取引業者が法人である場合、支店の代表者である支店長が、禁錮の刑に処せられたとしても、宅地建物取引業者の免許は取り消されることはない。

2 不正な手段によって免許を取得したとして免許の取消処分の聴聞の期日及び場所が公示された日から当該処分をする日までの間に廃業の届出があった者は、宅地建物取引業者の免許が取り消されることはない。

3 事務所に宅地建物取引業に従事している者が10名いる場合、成年者である専任の宅地建物取引士が1名いれば、宅地建物取引業者の免許が当然に取り消されることはない。

4 宅地建物取引業者が法人である場合、代表取締役が、傷害罪により罰金の刑に処せられたとしても、宅地建物取引業者の免許が取り消されることはない。

【問 30】 宅地建物取引業の免許（以下この問において「免許」という。）に関する次の記述のうち、宅地建物取引業法の規定によれば、正しいものはどれか。

2分

1 宅地建物取引業者（都道府県知事免許）が、自ら所有する1棟のマンション（20戸）を、貸主として不特定多数の者に反復継続して転貸する場合、都道府県知事の免許を受けなければならない。

2 宅地建物取引業を営もうとする者は、同一県内に2以上の事務所を設置してその事業を営もうとする場合にあっては、国土交通大臣の免許を受けなければならない。

3 宅地建物取引業を営もうとする者が、免許を受ける場合、その有効期間は、国土交通大臣から免許を受けたときは5年、都道府県知事から免許を受けたときは3年である。

4 宅地建物取引業を営もうとする者が、免許を受ける場合、免許権者である国土交通大臣又は都道府県知事は、暴力団の構成員を役員としないこと等の条件を付すことができる。

【問　31】　宅地建物取引業者が行う宅地建物取引業法第35条に規定する重要事項の説明に関する次の記述のうち、正しいものはどれか。なお、説明の相手方は宅地建物取引業者ではないものとする。　2.5分

1　宅地の売買の媒介を行う場合、売買代金以外に授受される金銭の額だけではなく、当該金銭の授受の目的についても説明しなければならない。

2　建物の貸借の媒介の場合、建築基準法に基づき容積率又は建蔽率に関する制限があるときは、その概要について説明しなければならない。

3　宅地の貸借の媒介を行う場合、損害賠償額の予定に関する事項があるときは、その事項についても説明しなければならない。

4　昭和56年6月1日以降に新築の工事に着手した建物の売買の媒介を行う場合、当該建物が建築士による耐震診断を受けたものであれば、その内容を説明しなければならない。

【問　32】　宅地建物取引業者が行う宅地建物取引業法第35条に規定する重要事項の説明に関する次の記述のうち、正しいものはどれか。なお、説明の相手方は宅地建物取引業者ではないものとする。　2分

1　宅地建物取引業者が、重要事項の説明をするには、専任の宅地建物取引士をして、説明させなければならない。

2　重要事項の説明をする際に、必ずしも重要事項が記載された書面を交付する必要はなく、後日、重要事項が記載された書面を交付することもできる。

3　宅地建物取引業者は、喫茶店など事務所以外の場所で、重要事項の説明をさせることはできない。

4　宅地建物取引業者は、媒介による売買契約を行う場合、売買契約が成立するまでに、買主に対して重要事項を説明させなければならない。

【問 33】　宅地建物取引業者Aが行う業務に関する次の記述のうち、宅地建物取引業法の規定によれば、正しいものはいくつあるか。なお、この問において「37条書面」とは、同法第37条の規定により交付すべき書面をいうものとする。

2.5分

ア　Aが売主を代理して建物を売却する場合、買主が宅地建物取引業者であるときは、37条書面を交付しなくてもよい。

イ　Aが媒介して賃貸借契約を締結する場合、Aは借主だけではなく、貸主に対しても、37条書面を交付しなければならない。

ウ　Aが売主を代理して賃借権の登記が設定されている土地を売却する場合、当該賃借権の内容について37条書面に記載しなければならない。

エ　Aが37条書面を交付する際には、宅地建物取引士Bをして、37条書面の記載事項を説明させなければならない。

1　一つ
2　二つ
3　三つ
4　四つ

【問 34】　宅地建物取引業者が宅地建物取引業法第37条の規定により交付すべき書面（以下この問において「37条書面」という。）に関する次の記述のうち、正しいものはどれか。

2分

1　宅地建物取引業者が土地の売買契約を媒介する場合、土地を特定するために必要な表示として、37条書面に、土地の所在さえ記載すれば、地番を省略することができる。

2　宅地建物取引業者が土地の売買契約を媒介する場合、37条書面に、売買代金の額を記載しなければならないが、「現金で支払う。」など支払方法についての記載は省略することができる。

3　宅地建物取引業者が建物の売買契約を媒介する場合、37条書面に、「売買代金の支払と同時に引き渡す。」など建物の引渡しの時期について記載しなければならない。

4　宅地建物取引業者が建物の賃貸借契約を媒介する場合、37条書面に、敷金の定めがあっても、敷金の額や支払時期についての記載は省略することができる。

【問　35】　宅地建物取引業者Ａが、自ら売主として、買主Ｂから宅地の買受けの申込みを受けた場合における宅地建物取引業法第 37 条の 2 の規定に基づくいわゆるクーリング・オフに関する次の記述のうち、正しいものはどれか。　　2分

1　Ａは、仮設テント張りの案内所で、Ｂから買受けの申込みを受けた際、Ｂの承諾を得たうえで、口頭でクーリング・オフについて告げることができる。

2　Ａは、Ｂからの申出なく、自らＢの自宅に訪問し、その場で、Ｂから買受けの申込みを受けた場合、Ｂは、申込みの日から 8 日以内に当該申込みの撤回を申し出れば、申込みの撤回を行うことができる。

3　Ａが、Ａの事務所でＢから買受けの申込みを受けた場合、Ｂは、申込みの日から 8 日以内に当該申込みの撤回を申し出れば、申込みの撤回を行うことができる。

4　Ａが、ファミリーレストランでＢから買受けの申込みを受けた場合、Ｂは、クーリング・オフについて告げられた日から 8 日以内に電磁的方法により当該申込みの撤回を申し出れば、申込みの撤回を行うことができる。

【問　36】　宅地建物取引業者Ａが、自ら売主として宅地建物取引業者でない買主Ｂとの間で、建物の売買契約（代金 3,000 万円）を締結するに当たり、宅地建物取引業法第 41 条の規定に基づく手付金等の保全措置（以下この間において「保全措置」という。）が必要な場合における次の記述のうち、同法の規定によれば、違反しているものはいくつあるか。　　2.5分

ア　工事完了前の建物の売買契約において、売買代金の額の 10％に相当する 300 万円の中間金を支払う旨の定めをしたが、Ａは保全措置を講じなかった。

イ　工事完了後の建物の売買契約において、売買代金の額の 15％に相当する 450 万円を受領したが、既に当該建物についてＡからＢへの所有権移転の登記を完了していたため、保全措置を講じなかった。

ウ　工事完了後の建物の売買契約において、Ａは、既に売買代金の 10％に相当する 300 万円を受領しているものの、その後は、売買代金の額の 5％に相当する 150 万円のみを受領したに過ぎなかったため、Ａは保全措置を講じなかった。

1　一つ
2　二つ
3　三つ
4　なし

【問 37】 次の記述のうち、宅地建物取引業法の規定によれば、正しいものはどれか。 2分

1 宅地建物取引業者は、従業者に業務を従事させるためには従業者であることを証する証明書を携帯させる必要があるが、従業者が専任の宅地建物取引士である場合は、宅地建物取引士証でこれに代えることができる。

2 宅地建物取引業者は、事務所だけではなく、事務所以外の場所でも継続的に業務を行うことができる施設を有する場所には、従業者名簿を備え置かなければならない。

3 宅地建物取引業者は、従業者名簿に、従業者の氏名、生年月日のほかに、専任の宅地建物取引士であるか否かの別も記載しなければならない。

4 従業者名簿の記載事項が、電子計算機に備えられたファイル又は電磁的記録媒体に記録され、必要に応じ事務所において電子計算機その他の機器を用いて明確に紙面に表示されるときは、当該記録をもって従業者名簿への記載に代えることができる。

【問 38】 次の記述のうち、宅地建物取引業法の規定によれば、正しいものはどれか。 2分

1 宅地建物取引業者は、その事務所ごとに一定の数の成年者である専任の宅地建物取引士を置かなければならないが、既存の事務所がこれを満たさなくなった場合は、宅地建物取引業法違反となり、業務停止処分を受ける。

2 宅地建物取引業者は、業務に関し展示会を実施する場合には、その場所の公衆の見やすい場所に、国土交通省令で定める標識を掲げなければならない。

3 宅地建物取引業者が案内所を設置して契約の締結業務を行う場合、免許権者である都道府県知事等に対してではなく、当該案内所の所在地を管轄する都道府県知事等に対して、宅地建物取引業法第50条第2項の規定に基づく届出をしなければならない。

4 宅地建物取引業者は、帳簿を最終の記載をした日から10年間保存しなければならない。

【問　39】　宅地建物取引業法に規定する営業保証金に関する次の記述のうち、正しいものはどれか。　2分

1　宅地建物取引業者と宅地建物取引業に関し取引をした相手方が宅地建物取引業者に該当する場合は、その取引により生じた債権に関し、当該宅地建物取引業者が供託した営業保証金について、その債権の弁済を受ける権利を有しない。

2　宅地建物取引業者が甲県内に本店及び2つの支店を設置して宅地建物取引業を営もうとする場合、営業保証金の合計額は1,500万円を供託しなければならない。

3　営業保証金は、金銭による供託か、有価証券をもって供託するかどちらかに選択しなければならず、金銭と有価証券とを併用して供託することはできない。

4　宅地建物取引業者は、新たに従たる事務所を設置したときは、その従たる事務所の最寄りの供託所に営業保証金を供託し、その旨を免許権者に届け出なければならない。

【問　40】　宅地建物取引業保証協会（以下この問において「保証協会」という。）に関する次の記述のうち、宅地建物取引業法の規定によれば、正しいものはどれか。　2分

1　保証協会は、一般社団法人でなければならず、宅地建物取引業者以外の者が社員になることはできない。

2　保証協会は、その名称、住所又は事務所の所在地を変更しようとするときは、あらかじめ、その旨をその所在地を管轄する都道府県知事に届け出なければならない。

3　宅地建物取引業者で保証協会に加入した者は、その加入の日から2週間以内に、弁済業務保証金分担金を保証協会に納付しなければならない。

4　保証協会から還付充当金の納付の通知を受けた社員は、その通知を受けた日から2週間以内に、その通知された額の還付充当金を主たる事務所の最寄りの供託所に供託しなければならない。

【問　41】　宅地建物取引業者Ａは、ＢからＢ所有の宅地の売却について媒介の依頼を受けた。この場合における次の記述のうち、宅地建物取引業法の規定によれば、正しいものはいくつあるか。なお、この問において「専任媒介契約」とは、専属専任媒介契約ではない専任媒介契約をいう。　　　　2.5分

ア　ＡがＢとの間で専任媒介契約を締結した場合、ＡはＢに対して、当該専任媒介契約に係る業務の処理状況を１週間に１回以上書面で報告しなければならない。

イ　ＡがＢとの間で専任媒介契約を締結した場合、Ａは、当該契約締結日から７日以内（休業日を除く。）に、当該宅地の所在等を指定流通機構に登録しなければならないが、特約により、指定流通機構に登録しない旨を定めることもできる。

ウ　ＡがＢとの間で一般媒介契約を締結した場合、Ａは、Ｂ所有の宅地の売買の申込みがあっても、その旨をＢに報告する必要はない。

エ　ＡがＢとの間で専任媒介契約を締結した場合、専任媒介契約の有効期間は３か月を超えることができず、３か月より長い期間を定めたときは、その期間は３か月とされる。

1　一つ
2　二つ
3　三つ
4　四つ

【問　42】　宅地建物取引業法の規定によれば、正しいものはどれか。　　　2分

1　宅地建物取引業者は、依頼者本人の承諾があった場合でも、業務上知り得た秘密を他に漏らしてはならない。

2　宅地建物取引業者だけではなく、その従業員も業務を補助したことについて知り得た秘密を他に漏らしてはならない。

3　宅地建物取引業者は、建物の売買の媒介に際し、買主から売買契約の申込みを撤回する旨の申出があっても、申込みの際に受領した預り金を既に売主に交付していた場合には、買主に返還しなくてもよい。

4　宅地建物取引業者は、建物の売買契約を締結するに際し、買主が手付金を持ち合わせていなかった場合には、手付金の分割払いを提案することができる。

【問　43】　宅地建物取引業者Ａが自ら売主となって宅地建物の売買契約を締結した場合に関する次の記述のうち、正しいものはどれか。　2分

1　Ｂの所有する宅地について、ＡはＢと売買契約の予約をした後、Ａは当該宅地をＣに転売することができる。

2　Ｂの所有する宅地について、ＡはＢと停止条件付で取得する売買契約を締結した後、その条件が成就する前に当該物件についてＣと売買契約を締結することができる。

3　Ｂの所有する宅地について、ＡはＢと売買契約をしたが、売買代金を払っていない場合、Ａは当該宅地をＣに転売することができない。

4　Ａの所有する宅地について、Ｂの抵当権が設定されている場合、Ａは当該宅地をＣに転売することができない。

【問　44】　宅地建物取引業者が行う広告に関する次の記述のうち、宅地建物取引業法の規定によれば、正しいものはどれか。　2分

1　建物の売買の媒介とは違い、建物の貸借の媒介の場合には、建築確認を申請中の工事完了前の建物についても、広告をすることができる。

2　販売する宅地又は建物の広告に著しく事実に相違する表示をした場合は、免許権者である国土交通大臣又は都道府県知事は、その業務の全部又は一部の停止を命ずることができる。

3　インターネットを利用して行う広告の場合、売買契約が成立していたにもかかわらず広告を掲載したままにしても、宅地建物取引業法に違反しない。

4　宅地建物取引業者が行う広告については、実際のものよりも著しく優良又は有利であると人を誤認させるような表示であっても、相手方が誤認しなければ、宅地建物取引業法に違反しない。

【問　45】　特定住宅瑕疵担保責任の履行の確保等に関する法律に基づく住宅販売瑕疵担保保証金の供託又は住宅販売瑕疵担保責任保険契約の締結に関する次の記述のうち、誤っているものはどれか。 2.5分

1　自ら売主として新築住宅を販売する宅地建物取引業者は、住宅販売瑕疵担保保証金の供託をしている場合、当該住宅の売買契約を締結するまでに、当該住宅の買主に対し、供託所の所在地等について、それらの事項を記載した書面を交付して説明しなければならない。

2　宅地建物取引業者は、当該住宅の買主が宅地建物取引業者である場合は、住宅販売瑕疵担保保証金の供託又は住宅販売瑕疵担保責任保険契約の締結を行う義務を負わない。

3　宅地建物取引業者は、自ら売主として新築住宅を販売する場合だけでなく、新築住宅の売買の媒介をする場合においても、住宅販売瑕疵担保保証金の供託又は住宅販売瑕疵担保責任保険契約の締結を行う義務を負う。

4　新築住宅の構造耐力上主要な部分に瑕疵があった場合、宅地建物取引業者が瑕疵担保責任を負わない旨の特約があっても、住宅販売瑕疵担保保証金の供託又は住宅販売瑕疵担保責任保険契約の締結を行う義務がある。

【問　46】　独立行政法人住宅金融支援機構（以下この問において「機構」という。）に関する次の記述のうち、誤っているものはどれか。 2分

1　機構は、証券化支援事業（買取型）において、ＭＢＳ（資産担保証券）を発行することにより、債券市場（投資家）から資金を調達している。

2　機構は、高齢者の家庭に適した良好な居住性能及び居住環境を有する住宅とすることを主たる目的とする住宅の改良（高齢者が自ら居住する住宅について行うものに限る。）に必要な資金の貸付けを業務として行っている。

3　機構は、民間金融機関が貸し付けた住宅ローンについて、住宅融資保険を引き受けることにより、民間金融機関による住宅資金の供給を支援している。

4　機構は、災害により住宅が滅失した場合におけるその住宅に代わるべき住宅の建設又は購入に係る貸付金について、一定の元金返済の据置期間を設けることができない。

【問　47】　宅地建物取引業者が行う広告に関する次の記述のうち、不当景品類及び不当表示防止法（不動産の表示に関する公正競争規約を含む。）の規定によれば、正しいものはどれか。 2分

1　すでに居住の用に供されたものであっても、完成後1年未満の分譲住宅については、新築分譲住宅と表示することができる。

2　物件から各施設までの徒歩所要時間は、道路距離80mにつき1分間を要するものとして算出し、1分未満の端数が生じたときは、端数を切り捨てて表示しなければならない。

3　中古住宅を販売する場合、実際に販売する価格よりも高い新築時の販売価格を、実際に販売する価格に併記して表示することができる。

4　新築分譲マンションをコンピュータグラフィックスで描く場合、その旨を表示しなければならず、より魅力的に見せるために周囲に存在しない緑地等を表示することはできない。

【問　48】　次の記述のうち、誤っているものはどれか。 2分

1　建築着工統計調査報告（令和5年計。令和6年1月公表）によれば、民間非居住建築物の着工床面積は、前年と比較すると、事務所は減少したが、店舗、工場及び倉庫が増加したため、全体で増加となった。

2　令和6年地価公示（令和6年3月公表）によれば、令和5年1月以降の1年間の地価について、地方圏では、全用途平均・住宅地・商業地のいずれも3年連続で上昇した。

3　令和4年度宅地建物取引業法の施行状況調査（令和5年10月公表）によれば、宅地建物取引士の新規登録者数は近年増加傾向であり、総登録者数は約115万人となった。

4　年次別法人企業統計調査（令和4年度。令和5年9月公表）によれば、不動産業の売上高経常利益率は、平成30年度から令和4年度までの5年間は、いずれも10%を超えている。

【問　49】　土地に関する次の記述のうち、最も不適当なものはどれか。　1.5分

1　三角州は、河川の河口付近に見られる軟弱な地盤であるため、宅地には適していない。

2　扇状地は、山地から河川により運ばれてきた砂礫等が堆積して形成された地盤であり、地形図では等高線が同心円状に見える。

3　干拓地は、海抜以下であることが多いため、洪水や高潮などの影響を受けやすい。

4　台地は、水はけも良く、宅地として積極的に利用されているが、自然災害を受けやすい。

【問　50】　建物の構造に関する次の記述のうち、最も不適当なものはどれか。

1.5分

1　含水率が高いほど、木材の強度は低い。

2　木材の圧縮に対する強度は、繊維方向に比べて繊維に直角方向のほうが大きい。

3　木の周辺部である辺材は、木の中心部である心材より腐朽しやすい。

4　構造耐力上主要な部分に使用する木材の品質は、節、腐れ、繊維の傾斜、丸身等による耐力上の欠点がないものでなければならない。

 矢印の方向に引くと問題冊子が取り外せます。

令和6年度

完 全 予 想 模 試 ④

次の注意事項をよく読んでから、始めてください。

（注意事項）

1 問　　題

問題は、④－1ページから④－26ページまでの50問です。

試験開始の合図と同時に、ページ数を確認してください。

乱丁や落丁があった場合は、直ちに試験監督員に申し出てください。

2 解　　答

問題冊子中央にある「解答用紙の使い方①」（解答用紙裏面）に従い、④－12と④－13の間にある解答用紙を取り外してください。

解答は、解答用紙の「記入上の注意」に従って記入してください。

正解は、各問題とも一つだけです。

二つ以上の解答をしたもの及び判読が困難なものは、正解としません。

3 適用法令

問題の中の法令に関する部分は、令和6年4月1日現在施行されている規定に基づいて出題されています。

※以上の注意書きは令和5年度の本試験のものを参考に作成しております。

・登録講習修了者は例年、問46～問50の5問が免除され、試験時間は13時10分から15時までの1時間50分となります（ただし、12時30分から注意事項が説明されるので、着席してください）。

矢印の方向に引くと問題冊子が取り外せます。

成美堂出版

【問　1】　債権の差押えと相殺に関する次の1から4の記述のうち、民法の規定及び下記判決文によれば、正しいものはどれか。　　　3分

（判決文）

　民法511条は、第三債務者が債務者に対して有する債権をもって差押債権者に対し相殺をなしうることを当然の前提としたうえ、差押後に発生した債権または差押後に他から取得した債権を自働債権とする相殺のみを例外的に禁止することによって、その限度において、差押債権者と第三債務者の間の利益の調節を図ったものと解するのが相当である。したがって、第三債務者は、その債権が差押後に取得されたものでないかぎり、自働債権および受働債権の弁済期の前後を問わず、相殺適状に達しさえすれば、差押後においても、これを自働債権として相殺をなしうるものと解すべきである。

1　Aが、Bに対して有する債権につき、Cによる差押えを受けた。その後、BがAに対して債権を取得した場合、Bは、両債権が相殺適状に達していれば、Aに対する債権を自働債権として、AのBに対する債権を受働債権として相殺することができる。

2　Aが、Bに対して債権を有し、BもAに対して債権を有しているが、その後Cが、AのBに対する債権を差し押さえた場合でも、Bは、両債権が相殺適状に達していれば、Aに対する債権を自働債権として、AのBに対する債権を受働債権として相殺することができる。

3　Aが、Bに対して債権を有しており、また、AはDに債務を負担している。AのBに対する債権をCが差し押さえたが、その後Bが、Dから、DのAに対する債権の譲渡を受けた場合、AのBに対する債権と、BがDから譲り受けた債権が相殺適状に達していれば、Bは、Dから譲り受けた債権を自働債権とし、AのBに対する債権を受働債権として相殺し、Dに対抗することができる。

4　Aが、Bに対して債権を有しており、BもAに対して債権を有しているが、その後Cが、AのBに対する債権を差し押さえた場合でも、Bは、Aの債権が弁済期にあれば、両債権が相殺適状に達していなくても、Aに対する債権を自働債権として、AのBに対する債権を受働債権として相殺することができる。

【問　2】　土地の相隣関係に関する次の記述のうち、民法の規定によれば、正しいものはいくつあるか。　2.5分

ア　境界線上に設けた境界標、囲障、障壁、溝及び堀は、相隣者の共有に属するものと推定される。

イ　隣地の竹木の根が境界線を越えて侵入している場合は、これを自分で切り取ることができる。

ウ　他人の宅地を観望できる窓又は縁側を境界線から 1.5m 未満の距離に設ける場合は、目隠しを付けなければならない。

エ　土地の所有者は、隣地との境界近くで建物を築造し、又は修繕する場合でも、隣人自身の承諾を得たときを除き、隣地を使用することはできない。

1　一つ
2　二つ
3　三つ
4　四つ

【問　3】　占有権に関する次の記述のうち、民法の規定及び判例によれば、正しいものはどれか。　2分

1　所有の意思のある占有であるか否かは、占有者の内心の意思がどのようなものかによって定められるべきものである。

2　善意の占有者は、占有物から生じる果実を取得するが、善意占有者が本権の訴えによって敗訴したときは、占有開始のときにさかのぼって悪意の占有者だったものとみなされる。

3　建物を占有使用する者は、その占有を通じてその敷地である土地も占有しているものと解される。

4　敷地の占有権原を有しない建物所有者から当該建物を借り受けて占有している者であっても、その建物を占有することにより、当該敷地を適法に占有するものと解することができる。

【問　4】　保証に関する次の記述のうち、民法の規定及び判例によれば、正しいものはどれか。　　　　　　　　　　　　　　　　　　　　　　2.5分

1　保証債務は主たる債務と別個独立の債務であり、主たる債務に付されていた条件が不成就となり主たる債務が成立しなかったときでも、保証債務に影響を及ぼすことはない。

2　保証人の負担は保証契約の内容により定まり、債務の目的又は態様において、主たる債務よりも保証人の負担が重い内容の保証契約を締結することもできる。

3　保証契約は債権者と債務者、そして保証人となる者の三者の合意に基づいて成立する契約であり、債権者と保証人となる者が合意しても、債務者が合意しなければ保証契約は成立しない。

4　特定物の売買契約において、売主のために保証人となった者は、反対の意思表示がない限り、売主の債務不履行により契約が解除された場合における原状回復義務についても、保証する責任を負う。

【問　5】　親族に関する次の記述のうち、民法の規定によれば、正しいものはどれか。　　　　　　　　　　　　　　　　　　　　　　2分

1　離婚に当たり、相手方に有責不法の行為がなければ、他の一方は、相手方に対して財産の分与を請求することができない。

2　親権は、父母の婚姻中は、父母が共同して行い、離婚後は、その双方又は一方を親権者と定めなければならない。

3　未成年者に対して親権を行うものがないときは、家庭裁判所は、検察官の請求によって、親族の中から未成年後見人を選任する。

4　成年被後見人が婚姻をするには、その成年後見人の同意を必要としない。

【問　6】　Ａが、その所有する甲土地を、Ｂに譲渡した場合に関する次の記述のうち、民法の規定によれば、誤っているものはどれか。　**2.5分**

1　Ａには甲土地を譲渡する意思はなかったが、冗談のつもりでＢに譲渡する旨を告げた場合でも、ＡＢ間の譲渡契約が有効となる場合がある。

2　Ａ及びＢは、両者通謀の上で、譲渡契約締結の意思がないにもかかわらず、譲渡があったように仮装し、甲土地につき所有権移転登記を行った。その後Ｂが、ＡＢ間の譲渡が仮装の譲渡であることを知っているＣに甲土地を譲渡し、所有権移転登記も経由した場合、Ａは、Ｃに対して、自己の所有権を主張して甲土地の返還を求めることができる。

3　ＡＢ間の譲渡契約の後、ＢからＤに甲土地が譲渡されたが、ＡＢ間の契約がＢからＡへの大量の覚せい剤の譲渡と引換えに行われたものである場合、Ａは、ＡＢ間の契約の無効を主張して、善意のＤに対して甲土地の返還を求めることができない。

4　ＡＢ間の譲渡契約当時、Ａは19歳であったが、Ｂに対して自分は成年者であると積極的に称して誤信させ、Ａの法定代理人の同意を得ずに契約が締結された場合、Ａは、ＡＢ間の譲渡契約を取り消すことができない。

【問　7】　ＢがＡに代理権を与えた事実がないにもかかわらず、Ａが、Ｂの代理人である旨を表示して、ＢＣ間の契約を締結した場合に関する次の記述のうち、民法の規定及び判例によれば、正しいものはどれか。　**2.5分**

1　Ｂの配偶者であるＡは、Ｃとの間で、ＡＢが共同で居住する目的で、Ｃが所有する家屋を借り受ける契約を締結した。この場合において、ＢがＡの行為を追認せず、表見代理も成立しないときであっても、当該賃貸借契約は有効となり得る。

2　Ａは、Ｂ所有の甲建物をＣに売却する契約を締結した。その後Ｂが死亡し、ＡがＢを単独で相続した場合には、Ａは、Ｂが有していた当該売買契約の追認拒絶権も相続し、これを行使することができる。

3　Ｂは、Ｃに対し、ＡはＢ所有の甲土地の賃貸に関する代理人である旨の虚偽の表示を行い、Ｃはこれを信じて、Ａとの間で、甲土地の賃貸借契約を締結した。Ｃに、Ａの代理権の存在を信じたことにつき過失があった場合でも、当該賃貸借契約は有効となる。

4　Ａは、Ｂ所有の乙土地をＣに売却する契約を締結した。Ｃは、Ａが代理権を有しないことを知らなかったものの、知らないことにつき過失があった場合は、Ｂが当該売買契約を追認する前であっても、契約を取り消すことはできない。

【問　8】　　A、B、Cの３人が、Dに対して1,800万円の連帯債務（負担部分は平等）を負っている場合に関する次の記述のうち、民法の規定によれば、正しいものはどれか。　　2.5分

1　Dが、Aに対して債務を免除したときは、B及びCも、Aの負担部分について、Dに対する債務を免れる。

2　Aは、Dに対して1,000万円の反対債権を有していたが、Aが破産手続開始の決定を受けた場合には、B及びCは、Aが有する反対債権のうち、Aの負担部分に相当する額を相殺に用いることができる。

3　Aが未成年者であり、その連帯債務負担契約につき法定代理人の同意がなかったことを理由に取り消された場合でも、B及びCの連帯債務負担契約にはその影響は及ばない。

4　DのAに対する債権が、時効の完成により消滅したときには、Aの負担部分に限らず、1,800万円全額について、B及びCも弁済義務を免れる。

【問　9】　　遺言に関する次の記述のうち、民法の規定及び判例によれば、正しいものはどれか。　　2分

1　遺言に停止条件を付した場合において、その条件が遺言者の死亡後に成就したときは、遺言は、遺言者の死亡の時にさかのぼって効力を生じる。

2　遺言者は、遺言によって、その遺言を撤回する権利を放棄することができる。

3　第一の遺言を第二の遺言によって撤回し、さらに第三の遺言によって第二の遺言を撤回した場合でも、第一の遺言の効力は復活しない。

4　遺言者が故意に遺言書を破棄したときは、その破棄した部分については、遺言を撤回したものとみなされる。

【問　10】　契約に関する次の記述のうち、民法の規定によれば、正しいものはどれか。　2分

1　消費貸借契約とは、当事者の一方が種類、品質及び数量の同じ物をもって返還をすることを約して相手方から金銭以外の物を受け取ることによって、その効力を生ずる契約であり、借主はいつでも受け取った物を貸主に返還することができる。

2　和解契約は、当事者の一方が譲歩をして、当事者間に存する争いをやめることを約することによって、その効力を生ずる契約であり、示談とも呼ばれる。

3　寄託契約とは、受寄者が寄託者のために物を保管することを約し、その物を受け取ることでその効力を生ずる要物契約であり、有償の場合には双務契約、無償の場合には片務契約となる。

4　請負契約とは、請負人がある仕事を完成させることを約し、注文者がこれに対して報酬を支払うことを約する契約だが、仕事が完成するまでの間は、注文者からはいつでも損害を賠償して契約を解除することができる。

【問　11】　Aが、その所有する土地に、Bのために借地権を設定している場合に関する次の記述のうち、借地借家法の規定及び判例によれば、誤っているものはどれか。　2.5分

1　AB間で建物買取請求権を排除する特約がなされている場合でも、当該借地権が事業用定期借地権であるときは、その特約は有効である。

2　AB間で、借地権の設定から30年が経過した後にAが借地上のB所有の建物を時価で買い取り、契約は更新しない旨の特約がなされた場合、その特約は有効である。

3　Bの借地権が建物所有目的であり、Bが借地上の建物をCに賃貸している場合、AB間の借地契約の期間が満了する際に、Aが更新を拒絶するための借地借家法第6条が規定する正当事由の有無の判断については、特段の事情がない限り、Cの事情を借地人側の事情として斟酌することができる。

4　AがDに当該土地を譲渡した場合、Bが、その所有する借地上の建物につき、Bと氏を同じくし、かつ同居している未成年の長男名義で保存登記をしているときでも、Bは、Dに対し、借地借家法第10条に基づいて借地権を対抗することはできない。

【問　12】　Aが所有する建物につき、Bを賃借人として普通借家契約を締結した場合（以下「ケース①」という。）と、Aが所有する建物につき、Bを賃借人として定期建物賃貸借契約を締結した場合（以下「ケース②」という。）に関する次の記述のうち、民法及び借地借家法の規定によれば、正しいものはどれか。　3分

1　建物が店舗用である場合、ケース①で期間の定めがない場合は、賃貸人が正当事由のある賃貸借の解約申入れをしたときは、建物の賃貸借は、解約申入れの日から6か月を経過することによって終了するが、ケース②では、賃貸借契約の中途解約は認められない。

2　ケース①の場合には、契約は書面によって締結しなければならないが、ケース②の場合には、契約は単なる書面ではなく、公正証書により締結しなければならない。

3　ケース①の場合には、賃貸借の期間を1年未満としたときは、期間の定めがない賃貸借とみなされる。また、ケース②の場合には、賃貸借の期間を1年未満としたときは、定期賃貸借契約は成立せず、普通借家契約とみなされ、結果としてケース①と同様の賃貸借となる。

4　ケース①の場合には、賃貸借終了時の造作買取請求権はあらかじめ特約をすることにより排除することができるが、ケース②の場合には、造作買取請求権は特約によっても排除することはできない。

【問　13】　区分所有建物の登記に関する次の記述のうち、建物の区分所有等に関する法律及び不動産登記法の規定によれば、正しいものはどれか。　2分

1　法定共用部分である旨は、区分建物の属する一棟の建物の表題部に記録される。

2　規約共用部分である旨の登記は、所有権の登記であるから、甲区欄になされる。

3　区分建物の所有権の保存登記は、表題部に所有者として記載された者でなければ申請することができない。

4　区分建物における建物の表題登記の申請は、その一棟の建物に属する他のすべての区分建物の表題登記の申請と共に行わなければならない。

完全予想模試―④

【問 14】 区分所有建物の共用部分に関する次の記述のうち、建物の区分所有等に関する法律によれば、誤っているものはどれか。 2分

1 各共有者は、共用部分をその用方に従って使用することができる。

2 数個の専有部分に通ずる廊下又は階段室その他構造上区分所有者の全員又はその一部の共用に供されるべき建物の部分は、区分所有権の目的とならない。

3 共用部分に対して各区分所有者が有する持分の割合は、各共有者の有する専有部分の床面積の割合によるが、この点については規約で別段の定めをすることもできる。

4 専有部分の賃借人は、賃借している専有部分を保存するため必要な範囲内において、他の区分所有者の専有部分の使用を請求することができる。

【問 15】 国土利用計画法に関する次の記述のうち、正しいものはどれか。 2分

1 都道府県知事は、当該都道府県の区域のうち、国土交通大臣が定める基準に該当し、地価の上昇によって適正かつ合理的な土地利用の確保に支障を生ずるおそれがあると認められる区域を、期間を定めて、監視区域として指定することができる。

2 監視区域内において、一定規模以上の面積の土地の売買契約を締結した場合、契約締結後2週間以内に都道府県知事に届出をしなければならない。

3 規制区域に所在する土地の売買契約を締結しようとする当事者が、甲県知事に対して許可申請をしたが不許可処分を受けた場合は、当該土地の所有権者は、甲県知事に対し、当該土地の買取りを請求することができる。

4 都道府県知事は、国土利用計画法第24条第1項の規定による勧告に基づいて土地の利用目的が変更された場合において、必要があると認めるときは、当該土地に関する権利の処分についてのあっせんその他の措置を講じなければならない。

【問　16】　都市計画法が定める地域地区に関する次の記述のうち、正しいものはどれか。　□2分□

1　特定用途制限地域は、用途地域が定められている土地の区域内において、その良好な環境の形成又は保持のため当該地域の特性に応じて合理的な土地利用が行われるよう、制限すべき特定の建築物等の用途の概要を定める地域である。

2　準工業地域は、主として環境の悪化をもたらすおそれのない工業の利便を増進するため定める地域である。

3　工業専用地域は、主として工業の利便を増進するため定める地域である。

4　特定街区は、市街地の整備改善を図るため街区の整備又は造成が行われる地区について、その街区内における建築物の建ぺい率並びに建築物の高さの最低限度及び壁面の位置の制限を定める街区である。

【問　17】　都市計画法が定める開発行為に関する次のア～ウの記述のうち、正しいものはいくつあるか。　□2分□

ア　市街化区域内において行う社会福祉施設の建設の用に供する目的で行う開発行為は、都市計画法に基づく開発許可を受ける必要がない。

イ　区域区分が定められていない都市計画区域内で行う面積 3,000 m² の開発行為は、都市計画法に基づく開発許可を受ける必要がない。

ウ　市街化調整区域内において行う当該区域内で生産される農産物の加工に必要な建築物の建築の用に供する目的で行う開発行為は、都市計画法に基づく開発許可を受ける必要がない。

1　一つ
2　二つ
3　三つ
4　なし

【問 18】　建築協定に関する次の記述のうち、建築基準法の規定によれば、正しいものはどれか。　　　　　　　　2分

1　認可の公告のあった建築協定であっても、その公告のあった日以後において当該建築協定区域内の土地の所有者や借地権者となった者に対しては、原則としてその効力が及ばない。

2　特定行政庁の認可を受けた建築協定は、当該建築協定の効力が及ぶ土地の所有者及び借地権者の全員の合意がなければ、廃止することができない。

3　建築協定は、当該協定区域内の土地所有者が1人だけしか存在しない場合でも定めることができ、特定行政庁の認可の公告のあった日においてその効力を生じる。

4　建築協定区域内の土地で、2人の者の共有にかかる土地がある場合、その共有者は、建築協定の認可の申請等に要求される合意の人数としては、合わせて1人の所有者とみなされる。

【問 19】　次のアからウまでの記述のうち、建築基準法の規定によれば、妥当でないものの組合せとして正しいものはどれか。　　　　　　　　1.5分

ア　高さ20mを超える建築物には、原則として非常用の昇降機を設けなければならない。

イ　住宅の居室、学校の教室、病院の病室又は寄宿舎の寝室は、地階に設けてはならない。

ウ　地盤面下に設ける建築物については、道路内に建築することができる。

1　ア、イ

2　ア、ウ

3　イ、ウ

4　ア、イ、ウ

【問　20】　宅地造成及び特定盛土等規制法に規定する宅地造成工事規制区域（以下この問において「規制区域」という。）に関する次の記述のうち、正しいものはどれか。　2.5分

1　規制区域内において宅地造成に関する工事を行う場合には、工事請負人は、工事に着手する前に、都道府県知事の許可を受けなければならない。

2　都道府県知事が、規制区域として指定することができるのは、都市計画区域内及び準都市計画区域内の区域に限られる。

3　都道府県知事は、規制区域の指定のため他人の占有する土地に立ち入って測量又は調査を行う必要がある場合においては、3日前までにその旨を土地の占有者に通知し、その必要の限度において、他人の占有する土地に立ち入ることができる。

4　都道府県知事は、規制区域内において許可を受けないで行われている宅地造成工事を発見した場合には、直ちに工事施行の停止を命じなければならない。

【問　21】　土地区画整理法に関する次の記述のうち、正しいものはどれか。　2.5分

1　土地区画整理事業の施行者が仮換地の指定を行う際には、従前の宅地について抵当権を有する者に対して、仮換地につき、仮にその目的となるべき宅地又はその部分を指定しなければならない。

2　仮換地につき使用収益を開始することができる日を、仮換地の効力発生の日と別に定めたときは、仮換地につき使用収益する権原を有する者でも、別に定められた使用収益を開始することができる日から換地処分の公告がある日まで、仮換地の使用収益を行うことができない。

3　仮換地の指定があったときは、従前の宅地の所有者は、当該仮換地指定の効力発生の日の翌日において、仮換地につき所有権を取得する。

4　土地区画整理事業を施行することができるのは、施行区域内の土地につき所有権又は借地権を有する者に限られ、これ以外の者が土地区画整理事業を施行することはない。

【問　22】　農地法に関する次のア～エの記述のうち、誤っているものはいくつあるか。　2.5分

ア　国又は都道府県が、その所有する農地を転用する場合には、農地法第4条第1項の許可を要しない。

イ　市町村が、農地を農地として利用する目的で取得する場合には、農地法第3条第1項の許可を要しない。

ウ　国又は都道府県が、農地を転用する目的で取得する場合には、農地法第5条第1項の許可を要しない。

エ　国又は都道府県が、農地を農地として利用する目的で取得する場合には、農地法第3条第1項の許可を要しない。

1　一つ
2　二つ
3　三つ
4　なし

【問　23】　固定資産税に関する次の記述のうち、正しいものはどれか。　2分

1　固定資産税は、宅地、田、畑などの土地、そして住家、店舗、工場などの家屋に課される税であり、償却資産には原則として課されない。

2　家屋に係る固定資産税は、建物登記簿に登記されている所有者に対して課されるので、未登記の建物については登記がなされるまでは課税されない。

3　固定資産税は、質権又は100年より永い存続期間の定めのある地上権の目的である土地については、その質権者又は地上権者に対して課される。

4　固定資産税の徴収については、申告納付の方法によらなければならない。

解答用紙の使い方①

この問題冊子には、本試験の臨場感を体験できるように、解答用紙がとじ込まれています。下記の手順に従って、問題冊子と解答用紙を取り外してから、ご使用ください。

作業中にケガをしないよう、ホチキスの針の取扱いには十分お気をつけください。

手順

各問題冊子の表紙（注意事項が記載）と最終ページを
つかんで手前に引き、問題冊子を取り外してください。
（両ページとも「⬅矢印の方向に引くと問題冊子が取り外せます。」と記載があります。）

手順 2

問題冊子の中央（次ページ）のホチキスの針を定規などの硬いものを用いて、
引き起こして立ててから、解答用紙を取り外します。

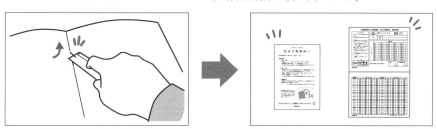

手順 3

手順2で立てたホチキスの針を元に戻し、準備完了です。
問題冊子の表紙の注意事項に従って問題を解き、解答用紙に記入しましょう。
制限時間を守ることで、より本試験の臨場感を体験できます。

※取り外す際の問題冊子等の損傷につきましては、お取替えはできませんのでご注意ください。

宅地建物取引士資格試験　完全予想模試④　解答用紙

実施日	令和	年	月	日	制限時間　**120分** (登録講習修了者は110分)
受験番号			フリガナ		
氏名			漢字		

問題番号

チェック欄				
問 1 ☐	問 11 ☐	問 21 ☐	問 31 ☐	問 41 ☐
問 2 ☐	問 12 ☐	問 22 ☐	問 32 ☐	問 42 ☐
問 3 ☐	問 13 ☐	問 23 ☐	問 33 ☐	問 43 ☐
問 4 ☐	問 14 ☐	問 24 ☐	問 34 ☐	問 44 ☐
問 5 ☐	問 15 ☐	問 25 ☐	問 35 ☐	問 45 ☐
問 6 ☐	問 16 ☐	問 26 ☐	問 36 ☐	問 46 ☐
問 7 ☐	問 17 ☐	問 27 ☐	問 37 ☐	問 47 ☐
問 8 ☐	問 18 ☐	問 28 ☐	問 38 ☐	問 48 ☐
問 9 ☐	問 19 ☐	問 29 ☐	問 39 ☐	問 49 ☐
問 10 ☐	問 20 ☐	問 30 ☐	問 40 ☐	問 50 ☐

正解	／50問	一部免除者正解	／45問

☆合否判定基準は、正解・解説編 p.90

問題番号	解 答 欄				問題番号	解 答 欄			
問 1	①	②	③	④	問 26	①	②	③	④
問 2	①	②	③	④	問 27	①	②	③	④
問 3	①	②	③	④	問 28	①	②	③	④
問 4	①	②	③	④	問 29	①	②	③	④
問 5	①	②	③	④	問 30	①	②	③	④
問 6	①	②	③	④	問 31	①	②	③	④
問 7	①	②	③	④	問 32	①	②	③	④
問 8	①	②	③	④	問 33	①	②	③	④
問 9	①	②	③	④	問 34	①	②	③	④
問 10	①	②	③	④	問 35	①	②	③	④
問 11	①	②	③	④	問 36	①	②	③	④
問 12	①	②	③	④	問 37	①	②	③	④
問 13	①	②	③	④	問 38	①	②	③	④
問 14	①	②	③	④	問 39	①	②	③	④
問 15	①	②	③	④	問 40	①	②	③	④
問 16	①	②	③	④	問 41	①	②	③	④
問 17	①	②	③	④	問 42	①	②	③	④
問 18	①	②	③	④	問 43	①	②	③	④
問 19	①	②	③	④	問 44	①	②	③	④
問 20	①	②	③	④	問 45	①	②	③	④
問 21	①	②	③	④	問 46	①	②	③	④
問 22	①	②	③	④	問 47	①	②	③	④
問 23	①	②	③	④	問 48	①	②	③	④
問 24	①	②	③	④	問 49	①	②	③	④
問 25	①	②	③	④	問 50	①	②	③	④

※この用紙は取り外して、お使いください。

解答用紙の使い方②
～合格に近づく採点方法！～

　各回の問題を解き、解答欄にマークし終わったら、正解・解説編を見て、自己採点しましょう。

　正解・解説の冒頭に記載されている合否判定基準は、あくまでも現在の自分の力の「めやす」です。自己採点の結果、合否判定基準を超えていたとしても最後まで油断しないように、試験本番まで、より実力アップをめざしましょう！

　自己採点が終わったら、**正解した問題**は解答用紙の「チェック欄」のチェックボックスにチェックを付けていきます。チェックが付いていない問題は、間違えた問題になるので、もう一度、解いてみることをお勧めします。

　本試験までに、全問題200問の正答を導けるようになれば、合格はグッと近づきます！

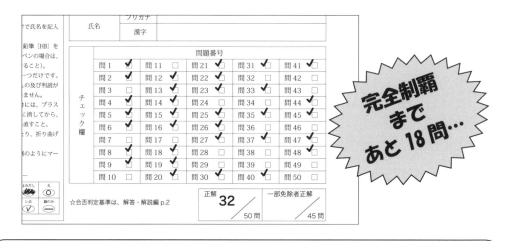

最後に確認するクセを身に付けよう！
～マークミスを防ぐ、見直し方～

　自分はマークミスなどしない…と考えている人も、普段から最後にマーク欄をもう一度見直すクセを身に付けておきましょう。今まで気にしたことがない受験生も、**意識して見てみるとマークミスをしている**ことはよくあります。最後の確認の方法ですが、**問1から見直した後、もう一度うしろから、つまり問50から見直す**ことができれば、ほぼ完ペキといえるのではないでしょうか。確認の際には、単に解答番号が合っているかだけではなく、ダブルマーク、特に行ズレに注意して見直しましょう。繰り返しになりますが、マークの見直しはほんの数分の作業ですから、最後に確認するクセは身に付けましょう。

【問　24】 印紙税に関する次の記述のうち、誤っているものはどれか。　　□2分□

1　地上権又は土地の賃借権の設定又は譲渡に関する契約書には、印紙税が課税される。

2　家賃月額8万円、契約期間2年間、権利金40万円、敷金20万円とする旨を記載した建物の賃貸借契約書には、印紙税が課税される。

3　土地の譲渡に関する契約書で、記載金額のないものにも、印紙税が課税される。

4　建物の賃貸借契約に係る手付金15万円を受領した旨の記載のある領収書には、印紙税が課税される。

【問　25】 地価公示に関する次の記述のうち、誤っているものはどれか。

□2.5分□

1　標準地は、自然的及び社会的条件からみて類似の利用価値を有すると認められる地域において、土地の利用状況、環境等が通常と認められる一団の土地について、土地鑑定委員会が選定する。

2　土地鑑定委員会は、正常な価格を判定したときは、標準地の所在の郡、市、区、町村及び字並びに地番、標準地の単位面積当たりの価格及び価格判定の基準日、標準地の地積及び形状、標準地及びその周辺の土地の利用の現況等について、すみやかに官報で公示しなければならない。

3　標準地の鑑定評価を行った不動産鑑定士は、土地鑑定委員会に対し、鑑定評価額その他の国土交通省令で定める事項を記載した鑑定評価書を提出しなければならない。

4　都市及びその周辺の地域等において、土地の取引を行う者は、取引の対象土地に類似する利用価値を有すると認められる標準地について公示された価格を指標として取引を行わなければならない。

【問　26】　宅地建物取引業の免許（以下この問において「免許」という。）に関する次の記述のうち、正しいものはどれか。　2分

1　自己が所有する都市計画法が定める準住居地域内の山林を区画割りして、公益法人のみを相手に反復継続して売却する場合には、免許を受ける必要はない。

2　土地区画整理事業により換地として取得した宅地を区画割りし、不特定多数の者に売却する場合には、免許を受ける必要はない。

3　自己が所有する一棟（戸数20戸）のマンションの分譲を、宅地建物取引業者に代理を依頼して行う場合には、免許が必要となる。

4　自己が所有する一棟（戸数20戸）のマンションの各戸の賃貸を、宅地建物取引業者に媒介を依頼して行う場合には、免許が必要となる。

【問　27】　宅地建物取引業の免許（以下この問において「免許」という。）に関する次の記述のうち、正しいものはどれか。　2.5分

1　法人Aの代表取締役が、半年前に刑法第211条（業務上過失致死傷等）の罪により罰金5万円の刑に処せられた者である場合でも、法人Aは、免許を受けることができる。

2　法人Bの取締役のうちに、以前に宅地建物取引業者であったときに業務停止処分事由に該当するとして、免許権者である甲県知事から聴聞の期日及び場所を公示されたが、その公示後、聴聞手続前に相当の理由なく宅地建物取引業を廃止する旨の届出をし、その届出の日から5年を経過していない者がある場合、法人Bは、免許を受けることができない。

3　法人Cの政令で定める使用人のうちに、道路交通法違反の罪により禁錮5年の刑を受けて現在執行猶予中の者がある場合でも、法人Cは、免許を受けることができる。

4　法人Dが、かつて不正の手段により免許を受けたとして当該免許を取り消され、取消しの日から5年を経過していない場合には、免許取消処分の聴聞の期日及び場所の公示の日前60日以内に法人Dの政令で定める使用人であった者は、免許を受けることができない。

【問　28】　宅地建物取引業者Ａがその業務に関して行う次の行為のうち、宅地建物取引業法の規定に違反しないものはどれか。　2.5分

1　Ａは、Ｂに対し、「この土地は、今は隣が板金工場で少々騒々しいですが、この工場は業績不振で近々潰れることは確実ですし、将来は用途地域の変更で工場は建築できなくなる予定です。今買っておけばお得ですよ。」と言って、土地の売買契約の締結を勧誘した。

2　Ａは、Ｂに対し、「この賃貸マンションは、今は空室が多いですが、近くに大学を誘致する計画がありますから、そうなると学生で空室はすべて埋まり、今より賃料も高く取れます。投資用物件として最適です。」と言って、マンション１棟の売買契約の締結を勧誘した。

3　Ａは、賃貸物件の広告に取引態様の別を明示しなかったが、その広告を見て来訪したＢから賃借につき注文を受けた際に取引態様の別を明示し、賃貸借契約締結の際に重ねて取引態様の別を明示した。

4　Ａは、Ｂとの間で、Ｂが所有する建物につき贈与契約を締結したが、まだ贈与契約書も交わしておらず、引渡しも移転登記も受けていない時点で、当該建物を宅地建物取引業者でないＣに売却する契約を締結した。

【問　29】　宅地建物取引業法に規定する営業保証金に関する次の記述のうち、正しいものはどれか。　2分

1　宅地建物取引業者は、既に供託した有価証券と変換するために金銭を新たに供託したときは、遅滞なく、その旨を、免許を受けた国土交通大臣又は都道府県知事に届け出なければならない。

2　宅地建物取引業者は、本店と支店の所在する都道府県が異なるときは、本店、支店それぞれの所在地の最寄りの供託所に営業保証金を供託しなければならない。

3　宅地建物取引業者は、宅地又は建物の売買契約を締結しようとするときは、当該契約が成立するまでの間に、相手方に対して、営業保証金を供託した供託所並びに供託金の額について説明しなければならない。

4　宅地建物取引業者は、営業保証金を取り戻すために公告をしようとするときは、公告をするまでの間に、その旨を、免許を受けた国土交通大臣又は都道府県知事に届け出なければならない。

【問 30】 宅地建物取引業法に規定する宅地建物取引業者が業務を行う際の規制に関する次の記述のうち、誤っているものはどれか。 2分

1 複数の宅地建物取引業者が、業務に関し展示会を共同で実施する場合、その実施の場所に、その代表となるべき宅地建物取引業者の標識を掲示すれば、すべての宅地建物取引業者が自己の標識を掲示する必要はない。

2 宅地建物取引業者は、一団の建物の分譲を行う際に、当該建物の所在する場所の最寄りの駅前に、申込みの受付や契約の締結を行わない案内所を設置した場合、当該建物の所在する場所に標識を掲示したときでも、併せて案内所にも標識を掲示しなければならない。

3 宅地建物取引業者は、従業者に従業者証明書を携帯させなければ業務に従事させてはならず、従業者が宅地建物取引士であるときでも、宅地建物取引士証を携帯させることで従業者証明書に代えることはできない。

4 宅地建物取引業者が、申込みの受付や契約の締結を行わない案内所等を設置する場合には、免許権者及びその場所を管轄する都道府県知事への届出をする必要はない。

【問 31】 宅地建物取引業者Aが、自ら売主となって、宅地建物取引業者でない買主Bに、工事完了前のマンションを価格6,000万円で譲渡する契約を締結した場合に関する次の記述のうち、宅地建物取引業法の規定によれば、正しいものはいくつあるか。なお、この問において「保全措置」とは、同法第41条第1項の規定による手付金等の保全措置をいう。 2.5分

ア AがBから、契約の締結後代金に充当する旨を約して申込証拠金10万円を受領し、別途300万円を手付金として受領する場合、Aは、その申込証拠金については保全措置を講じる必要はない。

イ Aが、契約締結時にBから手付金として300万円を受領し、その後中間金300万円を受領するのと引換えに、当該マンションについてB名義の所有権移転登記を行った場合、当該マンションの引渡しが未了の場合でも、Aは、保全措置を講じる必要はない。

ウ Aは、Bから200万円の手付金を受領し、その後中間金として500万円を受領する場合、中間金の500万円についてだけではなく、以前に受領した手付金200万円との合計額である700万円について保全措置を講じなければならない。

エ Aは、Bから1,000万円の手付金を受領したときは、遅滞なく、受領した手付金につき銀行等との間で保証契約を締結する等の保全措置を講じなければなら

ない。

1　一つ　　2　二つ　　3　三つ　　4　なし

【問　32】　宅地建物取引業者が自ら売主となる新築住宅15棟（以下この問において「当該新築住宅」という。）の展示及び販売を行う場合に関する次の記述のうち、宅地建物取引業法の規定によれば、正しいものはどれか。　[2分]

1　宅地建物取引業者は、当該新築住宅の案内及び説明について、一時的に業務を遂行するアルバイトの従業者に担当させる場合でも、当該アルバイト従業者に従業者証明書を携帯させなければ、その業務に従事させてはならない。

2　宅地建物取引業者（国土交通大臣免許）は、当該新築住宅の売買契約の締結や申込みを受ける場所を設置する場合、国土交通大臣及び当該場所の所在地を管轄する都道府県知事に、それぞれ直接、一定の事項の届出をしなければならない。

3　宅地建物取引業者は、当該新築住宅の展示を行う現地案内所において売買契約の申込みを受ける予定や売買契約締結の予定がある場合には、当該案内所には報酬額を掲示しなければならない。

4　宅地建物取引業者は、当該新築住宅の販売に関する帳簿を作成し、事業年度の末日をもって閉鎖し、閉鎖後5年間保存しなければならない。

【問　33】　宅地建物取引業者が行う宅地建物取引業法第35条に規定する重要事項の説明に関する次の記述のうち、同条の規定に違反しないものはどれか。[2分]

1　建物の売買の媒介において、当該建物が住宅の品質確保の促進等に関する法律第5条第1項に規定する住宅性能評価を受けた新築住宅であることは説明したが、その評価の具体的内容については説明しなかった。

2　建物の貸借の媒介において、契約終了時における敷金の精算に関する事項があらかじめ定められていなかったので、これについて説明をしなかった。

3　宅地の売買の媒介において、当該宅地の契約の内容に適合しない場合におけるその不適合を担保すべき責任の履行に関し保証保険契約の締結その他の措置で国土交通省令又は内閣府令で定めるものを講ずるかどうか、及びその措置を講ずる場合におけるその措置の概要に関する説明をしなかった。

4　宅地の売買の媒介において、当該宅地に登記された借地権が設定されていたが、借地権の登記名義人の氏名については説明しなかった。

【問 34】 1棟の建物に属する区分所有建物の貸借の媒介を行う場合の宅地建物取引業法第35条の規定に基づく重要事項の説明に関する次の記述のうち、誤っているものはどれか。 2分

1 当該1棟の建物の共用部分に関する規約の定めがあるときでも、その定めについて説明する必要はない。

2 当該1棟の建物の専有部分の用途につき利用の制限に関する規約の定めがある場合には、その定めについて説明しなければならない。

3 当該1棟の建物及びその敷地の管理が法人であるAに委託されている場合には、Aの商号又は名称、主たる事務所の所在地、代表役員の氏名を説明しなければならない。

4 当該1棟の建物における貸借の目的である専有部分の賃料の額については、説明する必要はない。

【問 35】 宅地建物取引業法第35条に規定する書面(以下この問において「重要事項説明書」という。)及び宅地建物取引業法第37条に規定する書面(以下この問において「37条書面」という。)に関する次の記述のうち、誤っているものはどれか 2.5分

1 重要事項説明書は、その説明及び交付を宅地建物取引士が行わなければならないが、37条書面は、記名押印を宅地建物取引士が行えばよく、その説明及び交付は宅地建物取引士ではない宅地建物取引業者の従業者が行ってもよい。

2 租税その他の公課の負担に関する定めがあるときは、37条書面には記載しなければならないが、重要事項説明書には記載する必要はない。

3 宅地建物の所在、地番等の宅地建物を特定するために必要な表示については、重要事項説明書の記載事項とはされていないが、37条書面では必ず記載しなければならない事項である。

4 宅地建物取引業者が、他の宅地建物取引業者と共同して建物の売買の媒介を行うために作成した重要事項説明書に、一方の宅地建物取引業者の過誤により必要事項の記載漏れが生じたときは、他の一方の宅地建物取引業者も指示処分を受けることがある。

【問　36】　宅地建物取引業者が受領する報酬に関する次の記述のうち、宅地建物取引業法の規定によれば、正しいものはいくつあるか。　2.5分

ア　宅地建物取引業者は、原則として国土交通大臣が定める報酬の額を超える報酬を受領してはならないが、相手方が宅地建物取引業者であって、かつ、その承諾を得て受領する場合は例外とされている。

イ　宅地建物取引業者が居住用建物の貸借の媒介を行った場合には、依頼者の承諾の有無を問わず、依頼者の一方だけから借賃の 1.1 倍に相当する金額の報酬を受領することができる。

ウ　宅地建物取引業者が居住用以外の建物の貸借の媒介を行った場合で権利金の授受があるときは、依頼者の承諾を条件に、当該権利金の額を売買に係る代金の額とみなして報酬額を計算することができる。

エ　宅地建物取引業者が、依頼者の依頼によらずに行う広告の料金に相当する額については、当該広告に基づいて取引が成立したことが明らかである場合に限り、報酬の額に加えて請求することができる。

1　一つ
2　二つ
3　三つ
4　なし

【問　37】　宅地建物取引士に関する次の記述のうち、宅地建物取引業法の規定によれば、正しいものはどれか。　2分

1　甲県知事の登録を受けている宅地建物取引士が、乙県に所在する宅地建物取引業者の事務所の業務に従事するときは、甲県知事に対して宅地建物取引士登録の移転を申請しなければならない。

2　乙県知事の登録を受けている宅地建物取引士が、宅地建物取引士証の有効期間の更新を受けようとするときは、更新申請前 6 月以内に行われる国土交通大臣の指定する講習を受講しなければならない。

3　宅地建物取引業者 A 社の業務に従事している宅地建物取引士が、A 社を退職し、宅地建物取引業者 B 社の業務に従事したときは、遅滞なく変更の登録を申請しなければならない。

4　2 以上の都道府県において宅地建物取引士試験に合格した者は、当該試験を行った都道府県知事のいずれの登録も受けることができる。

【問 38】 宅地建物取引士に関する次の記述のうち、宅地建物取引業法の規定によれば、正しいものはどれか。 2.5分

1 宅地建物取引士が、他人に自己の名義の使用を許し、当該他人がその名義を使用して宅地建物取引士である旨の表示をしたとして登録の消除の処分に係る聴聞の期日及び場所が公示された日から当該処分についての決定がされる日までの間に、相当の理由なく登録の消除を申請した宅地建物取引士は、当該登録の消除を申請した日から5年を経過しなければ、新たな登録を受けることができない。

2 暴力団員でなくなった日から5年が経過しない者は、宅地建物取引士試験に合格した場合でも登録を受けることができない。

3 宅地建物取引士が、登録を受けている都道府県知事から事務禁止の処分を受け、その禁止の期間中にその宅地建物取引士からの申請に基づくことなく登録を消除された場合は、事務禁止の期間が満了するまでの間は、その宅地建物取引士は、新たな登録を受けることができない。

4 未成年かつ未婚である宅地建物取引士であっても、法定代理人から宅地建物取引業の営業に関し許可を得て登録を受けることができるが、宅地建物取引業者がその事務所等に置かなければならない成年者である専任の宅地建物取引士とみなされることはない。

【問 39】 宅地建物取引業者Aが、自ら売主となって宅地建物取引業者でない買主との間で締結した建物の売買契約における、宅地建物取引業法第37条の2の規定に基づく売買契約の解除（以下この問において「クーリング・オフ」という。）に関する次の記述のうち、誤っているものはどれか 2.5分

1 買主Bは、15棟の建物の分譲を行うテント張りの案内所において買受けの申込みをし、建物引渡し及び代金支払を3週間後とする契約を締結した。Bは、Aからクーリング・オフについて書面で告げられていない場合、契約締結から2週間が経過した後であっても契約の解除をすることができる。

2 買主Cは、Cの勤務先近くの料理店で買受けの申込みをし、手付金を支払って契約を締結した。Aが、Cとの契約の履行に着手した後であっても、Cは、クーリング・オフの要件を満たす限り、契約を解除することができる。

3 買主Dは、Dの申出により、Aの営業所近くの喫茶店で買受けの申込みをした際に、Aからクーリング・オフについて書面で告げられ、その4日後にAの事務所で、建物引渡し及び代金支払を1か月後とする契約を締結した場合、Dは、申込日から起算して8日が経過するまでは契約を解除することができる。

4 買主Eは、自ら指定した喫茶店で買受けの申込みをし、翌日、Aの事務所で契約を締結した。Eは、Aからクーリング・オフができる旨を書面で告げられてから5日目であっても、Eが既に代金の8割に相当する額を支払済みで、建物の引渡しも完了していた場合には、もはやクーリング・オフによって契約を解除することはできない。

【問 40】 宅地建物取引業保証協会（以下この問において「保証協会」という。）に関する次の記述のうち、宅地建物取引業法の規定によれば、正しいものはどれか。

2.5分

1 保証協会に加入している宅地建物取引業者と宅地建物取引業に関し取引をした者が、その取引により生じた債権に関し、弁済業務保証金について弁済を受ける権利を実行するときは、保証協会の認証を受けるとともに、保証協会に対し還付請求をしなければならない。

2 保証協会に加入している宅地建物取引業者は、自己所有の宅地を売却する場合、相手方が宅地建物取引業者であるときでも、売買契約が成立するまでの間に、自己が保証協会の社員である旨の説明を行わなければならない。

3 保証協会に加入している宅地建物取引業者は、保証協会の社員の地位を失ったときは、当該地位を失った日から2週間以内に、営業保証金を本店の最寄りの供託所に供託しなければならない。

4 保証協会に加入している宅地建物取引業者が支店を廃止し、納付している弁済業務保証金分担金の額が政令で定める額を超えることとなった場合で、保証協会が弁済業務保証金分担金を当該宅地建物取引業者に返還するときは、弁済業務保証金に係る還付請求権者に対し、一定期間内に認証を受けるため申し出るべき旨の公告をする必要はない。

【問　41】　宅地建物取引業者が行う広告に関する次の記述のうち、宅地建物取引業法によれば、誤っているものはどれか。　　　　2分

1　宅地建物取引業者は、宅地の売買に係る広告において、当該宅地に関する都市計画法第29条の許可を受けていれば、当該造成工事に係る検査済証の交付を受けていなくても、当該広告を行うことができる。

2　宅地建物取引業者は、建物の売買に係る広告を行う場合には、取引態様の別が取引の相手方に明らかであるときでも、取引態様の別を明示しなければならない。

3　宅地建物取引業者は、未完成の土地付建物の販売依頼を受け、その広告を行うに当たり、当該広告印刷時には取引態様の別が未定であるが、配布時には決定している場合、取引態様の別を明示しない広告を行うことができる。

4　宅地建物取引業者が、賃貸物件の媒介の広告を行うに当たり、実在しない低家賃の物件の広告を行った場合、業務停止処分を受けることがある。

【問　42】　宅地建物取引業者の従業者名簿に関する次の記述のうち、宅地建物取引業法の規定に違反するものの組合せはどれか。　　　　1.5分

ア　従業者名簿を、それぞれの事務所ごとに作成して備え付けたが、主たる事務所に一括して備え付けることはしなかった。

イ　従業者名簿を、最終の記載をした日から5年間保存し、その後直ちに廃棄した。

ウ　取引の関係者から従業者名簿の閲覧を求められたが、宅地建物取引業法第45条に規定する秘密を守る義務を理由としてこの申出を断った。

1　ア、イ
2　ア、ウ
3　イ、ウ
4　ア、イ、ウ

【問　43】　宅地建物取引業者Ａが行う業務に関する次の記述のうち、宅地建物取引業法の規定に違反しないものはどれか。　2.5分

1　Ａは、建物所有者Ｂの依頼を受けて、ＢＣ間の建物売買契約の媒介をする際に、Ｃに対して手付を貸し付けるという条件で契約の締結を誘引したが、Ｃは、その契約の締結に応じなかった。

2　Ａは、建物所有者Ｂの依頼を受けて、ＢＣ間の建物売買契約の媒介をする際に、Ｂ及びＣに対し、手付金について当初Ｂが提示した金額より減額するという条件でＢＣ間の建物の売買契約の締結を誘引し、その契約を締結させた。

3　Ａは、宅地所有者Ｂの依頼を受けて、ＢＣ間の宅地売買契約の媒介をする際に、当該宅地に対抗力のある借地権を有する第三者が存在することを知っていたが、当該借地権は登記されていなかったので、この事実をＣに告げることなく、ＢＣ間の売買契約を締結させた。

4　Ａは、宅地所有者Ｂの依頼を受けて、ＢＣ間の宅地売買契約の媒介をする際に、Ｂとの媒介契約の締結に当たり不当に高額の報酬を要求したが、ＢＣ間の売買契約が成立した後に実際にＡがＢから受領した報酬額は、国土交通大臣が定めた報酬額の限度内であった。

【問　44】　甲県知事の免許を受けた宅地建物取引業者Ａ及びＡに勤務する乙県知事の登録を受けた宅地建物取引士Ｂ並びにＡの従業者Ｃ（宅地建物取引士ではない。）に対する監督処分についての次の記述のうち、宅地建物取引業法の規定によれば、正しいものはどれか。　2.5分

1　Ａが、宅地建物取引業法に規定する専任の宅地建物取引士の設置要件を欠くこととなったが、２週間以内に当該要件を満たす措置をとらなかった場合、甲県知事はＡの免許を取り消さなければならない。

2　Ｃが、宅地建物取引士試験に合格し、宅地建物取引士登録を受けて、宅地建物取引士証の交付申請中に、宅地建物取引士としてすべき事務を行ったときは、情状の軽重にかかわらず、当該登録が消除される。

3　Ａが、他人名義で宅地建物取引業を営んだことにより、甲県知事から指示処分を受け、その指示に従わなかった場合、甲県知事は、その情状によってはその免許を取り消すことができる。

4　Ｂが、Ｃに自己の名義の使用を許したときは、Ｃがその名義を使用して宅地建物取引士である旨の表示をしなかったときでも、乙知事は、Ｂに対し必要な指示をすることができる。

【問　45】　特定住宅瑕疵担保責任の履行の確保等に関する法律に関する次の記述のうち、誤っているものはどれか。　2分

1　住宅販売瑕疵担保責任保険契約は、国土交通大臣の承認を受けた場合を除き、変更又は解除をすることができないものでなければならない。

2　住宅販売瑕疵担保責任保険契約は、宅地建物取引業者を売主として締結した、住宅の売買契約の買主が保険料を支払うことを約するものでなければならない。

3　住宅販売瑕疵担保保証金の供託は、宅地建物取引業者の主たる事務所の最寄りの供託所にするものとされている。

4　国及び地方公共団体は、特定住宅瑕疵担保責任の履行の確保を通じて新築住宅の買主の利益の保護を図るため、必要な情報及び資料の提供その他の措置を講ずるよう努めなければならない。

【問　46】　独立行政法人住宅金融支援機構（以下この問において「機構」という。）に関する次の記述のうち、正しいものはどれか。　2分

1　機構は、住宅の建設、購入、改良若しくは移転をしようとする者又は住宅の建設等に関する事業を行う者に対し、必要な資金の調達又は良質な住宅の設計若しくは建設等に関する情報の提供、相談その他の援助を行う業務を、主務省令で定める金融機関に委託することができる。

2　機構の証券化支援業務の対象となる貸付債権とは、住宅取得に付随する土地の取得のための資金について貸し付ける場合の債権をいい、借地権の取得について貸し付ける場合の債権は含まれない。

3　機構の証券化支援業務の対象となる貸付債権は、申込者が居住するための住宅の購入資金についての貸付債権に限定されている。

4　機構は、一般の金融機関による融通を補完するため、災害復興建築物の建設若しくは購入又は被災建築物の補修に必要な資金の貸付けを行う。

【問 47】 宅地建物取引業者が行う広告等に関する次の記述のうち、不当景品類及び不当表示防止法(不動産の表示に関する公正競争規約を含む。)の規定によれば、正しいものはどれか。 2分

1 建築基準法等による建物の建築に関する制限に係る事項について、実際のものよりも厳しいと誤認されるおそれのある表示をしてはならない。

2 建物の価格について、消費税が含まれていないのに、含まれていると誤認されるおそれのある表示をしてはならない。

3 物件の価格、賃料又は役務の対価については、二重価格表示をしてはならない。

4 団地と駅その他の施設との間の距離又は所要時間を表示する場合には、それぞれの施設ごとにその施設から最も遠い地点を起点又は着点として算出した数値を表示しなければならない。

【問 48】 次の記述のうち、正しいものはどれか 2分

1 建築着工統計調査報告(令和5年計。令和6年1月公表)によれば、令和5年のマンションの新設着工戸数は、2年連続で増加となった。

2 令和6年地価公示(令和6年3月公表)によれば、令和5年1月以降の1年間の住宅地の地価は、全国平均では、全用途平均・住宅地・商業地のいずれも3年連続で上昇し、上昇率が拡大した。

3 建築着工統計調査報告(令和5年度計。令和6年4月公表)によれば、令和5年度のマンションの新設着工戸数は、「首都圏」、「中部圏」、「近畿圏」のいずれにおいても前年度を下回っている。

4 年次別法人企業統計調査(令和4年度。令和5年9月公表)によれば、令和4年度における全産業の経常利益は前年度に比べ13.5%増加となり、不動産業の経常利益も2.0%の増加となった。

【問　49】　土地に関する次の記述のうち、誤っているものはどれか。　1.5分

1　河川近傍の低平地で、盛土を施した古い家屋が周辺に多いところは、洪水の常習地帯であることが多い。

2　急傾斜地で樹木が繁茂している地盤に盛土をする場合には、樹木を完全に取り除いておかなければ地盤沈下や崩壊が起こることがある。

3　丘陵地帯で地下水位が深く、固結した砂質土で形成された地盤の場合、地震発生時に液状化する可能性が高い。

4　崖錐堆積物は、一般的に透水性が高く、基盤との境付近が水の通り道となって、そこをすべり面とした地すべりが生じやすい。

【問　50】　建物の構造等に関する次の記述のうち、誤っているものはどれか。

1.5分

1　柱と柱の壁間に対角線方向に入れる筋かいには、地震や風圧力による建築物の変形を防止するために、一定間隔で欠込みをしなければならない。

2　構造耐力上主要な部分である柱は、主筋は4本以上とし、主筋は帯筋と緊結することが必要である。

3　鉄筋コンクリート造は、圧縮に強く引張に弱いコンクリートと、靭性が高く引張に強い鉄筋の両者の弱点を補強するための建築材料である。

4　鉄筋コンクリート造では、鉄筋の末端は、原則として、かぎ状に折り曲げて、コンクリートから抜け出ないように定着しなければならない。

 矢印の方向に引くと問題冊子が取り外せます。

宅建士 2024年 法改正と完全予想模試

正解・解説

法令等の表記のみかた

①法令及び条数

　解説文中において、かっこ書にて法令及びその条数を記していますが、解説中で最初に出てきた法令については法令名及び条数を記し、それ以降の同じ法令は条数のみを記しています。

【例】　1……（都計法8条1項）
　　　　2……（9条16項）←これは都（市）計（画）法です。
　　　　3……（国土法9条7項、8項、13項）
　　　　4……（都計法12条の5第1項）←途中に他の法令や判例がはさまった場合は、
　　　　　　　　　　　　　　　　　　　再度法令名を記します。

※法令名のみならず条数等まで同じ場合は、以下のようにしています。
　　　条数まで同じ　…（民法466条1項）…（同条2項）
　　　項まで同じ　……（37条1項1号）……（同条項3号）

②法令名等の略語

　正解・解説編では、法令等の名称について、以下の略称を用いています。
　法令名は、解説文中においてかっこ書にて記しているものが対象です。同じ法律の附則や施行令、施行規則等については、略した法令名に続いて附則、施行令、施行規則と表示しています。

　　　機構（法）……………………独立行政法人住宅金融支援機構（法）
　　　区画法……………………………土地区画整理法
　　　区分所有法……………………建物の区分所有等に関する法律
　　　景表法……………………………不当景品類及び不当表示防止法
　　　建基法……………………………建築基準法
　　　公正規約………………………不動産の表示に関する公正競争規約
　　　国土法……………………………国土利用計画法
　　　租特法……………………………租税特別措置法
　　　宅建業……………………………宅地建物取引業
　　　宅建業法………………………宅地建物取引業法
　　　宅建士……………………………宅地建物取引士
　　　都計法……………………………都市計画法
　　　品確法……………………………住宅の品質確保の促進等に関する法律
　　　不登法……………………………不動産登記法
　　　保証協会………………………宅地建物取引業保証協会
　　　免許………………………………宅地建物取引業の免許
　　　盛土法……………………………宅地造成及び特定盛土等規制法
　　　履行確保法……………………特定住宅瑕疵担保責任の履行の確保等に関する法律

本解説は、令和6年4月1日現在施行中の法令等に基づいて作成しています。

☆合格するためには、36問以上の正解が必要です。
（参考：令和5年度、令和4年度試験も同基準）（登録講習修了者は31問以上）

☆及び★印は次のような基準で付けました。

重　要　度	難　易　度
☆ ……… 注　意	★ ……… 易しい
☆☆ …… 重　要	★★ …… 普　通
☆☆☆ … 最重要	★★★ … 難しい

チェックBOXで、各肢ごとの理解をチェックしよう！

問1

正解　2　重要度　☆☆　難易度　★★★

共同相続

1　○　この判決文は、最判昭41.5.19のものです。判決文1行目以下より、「持分の価格が共有物の価格の過半数に満たない少数持分権者は、**他の共有者の協議を経ないで当然に共有物を単独で占有する権原を有するものでない**」としていることから正しい記述となります。

2　✕　判決文5行目以下より、「（多数持分権者は、）共有物を現に占有する前記少数持分権者に対し、**当然にその明渡を請求することができるものではない。**」としているので、多数持分権者は、共有物を現に占有する少数持分権者に対し、当然にその明渡を請求することができるとしているわけではありません。

3　○　多数持分権者は、共有物を現に占有する前記少数持分権者に対し、**当然にその明渡を請求することができるものではない**ため、多数持分権者が少数持分権者に対して共有物の明渡を求めることができるためには、その明渡を求める理由を主張し立証しなければなりません（最判昭和41.5.19）。

4　○　共有物を使用する共有者は、別段の合意がある場合を除き、他の共有者に対し、**自己の持分を超える使用の対価を償還する義務**を負います（民法249条2項）。

1	2	3	4
□	□	□	□

プラスα　判決文を引用した問題は、文章をしっかり読み込めば、前提知識がなくても解くことができます。過去問を解きながら読解力を培うことが重要です。

注釈の位置は、各肢に対応しています

問2

正解　2　重要度　☆☆　難易度　★★★

相隣関係

1　✕　境界標の調査又は境界に関する測量のため必要な範囲内で、隣地を使用する者は、**あらかじめ**、その目的、日時、場所及び方法を隣地の所有者及び隣地使用者に通知しなければならないのであって（民法209条1項2号、3項）、**使用を開始した後、遅滞なく、通知するわけではありません。**

1	2	3	4
□	□	□	□

出題意図　相隣関係は近年改正された部分ですので、出題頻度が高いと思われます。しっかりと学習しましょう。

2 ○　他の土地に囲まれて公道に通じない土地の所有者は、公道に出るため、その土地を囲んでいる他の土地を通行することができますが（210条1項）、通行する他の土地の損害に対して**償金を支払わなければなりません**（212条）。

3 ×　境界標の設置及び保存の費用は、相隣者が**等しい割合で負担します**（224条）。なお、測量の費用は、その土地の広狭に応じて分担します（同条ただし書）。

4 ×　土地の所有者は、隣地の竹木の枝が境界線を越える場合、竹木の所有者に枝を切除するよう催告したにもかかわらず、**竹木の所有者が相当の期間内に切除しないときに、その枝を切除することができます**（233条3項1号）。

問3　**正解　4**　重要度 ☆☆☆／難易度 ★★★

制限行為能力者

1 ×　保佐人は、被保佐人の行為に対する同意権（民法13条1項）や取消権（120条1項）だけではなく、**代理権が付与されることもあります**（876条の4第1項）。

2 ×　成年後見人は、成年被後見人に代わって、その居住の用に供する建物について、売却だけではなく、**賃貸する場合でも、家庭裁判所の許可を得なければなりません**（859条の3）。

3 ×　成年後見人は、成年被後見人の日用品の購入その他日常生活に関する行為については**取り消すことができません**（9条ただし書）。

4 ○　被保佐人が、相続の放棄をするには、**保佐人の同意を得なければなりません**（13条1項6号）。

1	2	3	4

問4　**正解　2**　重要度 ☆☆☆／難易度 ★★★

代理

1 ×　任意代理権は**本人の死亡により消滅します**（民法111条1項1号）。したがって、Aが死亡した場合、BはCと本件契約を締結することができません。

2 ○　**詐欺などによる代理行為の瑕疵**については、本人ではなく、代理人について判断されます（101条1項）。したがって、BがCの詐欺によって本件契約を締結した場合、Aは本件契約を**取り消すことができます**。

3 ×　制限行為能力者が代理人としてした行為は、**行為能力の制限によっては取り消すことができません**（102条）。したがっ

1	2	3	4

プラスα　なお、制限行為能力者が他の制限行

3

て、Bが未成年者の場合でも、Aは本件契約を取り消すことができません。

4 ✕　代理人が自己の利益を図る目的で代理権の範囲内の行為をした場合において、**相手方がその目的を知っているときは、**その行為は、無権代理行為とみなされるのであって（107条）、**当然に本人に帰属しないわけではありません。**

正解　2　重要度　☆☆☆　難易度　★★

売買契約の解除

1 ○　当事者の一方がその債務を履行しない場合において、相手方が**相当の期間を定めてその履行の催告をし、その期間内に履行がないときは、**相手方は、**契約の解除をすることができます**（民法541条）。したがって、Aが建物を引き渡さない場合、Bは相当の期間を定めてその履行の催告をし、その期間内に履行がないときは、**Bは契約の解除をすることができます。**

2 ✕　債務者がその債務の全部の履行を拒絶する意思を明確に表示した場合は、**履行の催告をすることなく、直ちに契約の解除をすることができます**（542条1項2号）。したがって、Aが建物の引き渡しを拒絶する意思を明確に表示した場合には、**Bは履行の催告をすることなく、契約の解除をすることができます。**

3 ○　解除の意思表示は、**撤回することができません**（540条2項）。したがって、Bが解除の意思表示をした場合は、Bは解除の意思表示を撤回することができません。

4 ○　双務契約の場合、**同時履行の抗弁権**があるため、これを解消しない限り解除の意思表示をすることはできません（最判昭29.7.27）。したがって、Bが売買代金の支払を拒絶しているため、Aが建物を引き渡さない場合、Bは**売買代金の提供をしない限り契約の解除をすることができません。**

問6

正解　4　重要度　☆☆　難易度　★★

委任

1 ○　受任者は、委任の本旨に従い、**善良な管理者の注意をもって、委任事務を処理する義務を負います**（民法644条）。

2 ○　受任者は、**委任者の許諾を得たとき、又はやむを得ない事由があるときでなければ、復受任者を選任することができま**

為能力者の法定代理人としてした行為は、行為能力の制限によって取り消すことができます（民法120条かっこ書）。

1　2　3　4

プラスα　なお、当事者の一方が数人ある場合には、契約の解除は、そ**の全員から又はその全員に対してのみすることができます**（民法544条1項）。

1　2　3　4

せん（644条の2第1項）。

3 ○ 委任事務を処理するについて費用を要するときは、委任者は、**受任者の請求により、その前払をしなければなりません**（649条）。

4 × 受任者は、**特約がなければ**、委任者に対して報酬を請求することができません（648条1項）。

問7　**正解 3**　重要度 ☆☆／難易度 ★★★

ア　イ　ウ　エ
□　□　□　□

保証

ア ○ 保証契約は、**書面でなければ、その効力を生じません**（民法446条2項）。したがって、本件保証契約を締結するには、書面でなければならず、口頭ですることはできません。

イ ○ 保証人の負担が債務の目的又は態様において主たる債務より重いときは、これを**主たる債務の限度に減縮**します（448条1項）。したがって、AのBに対する債務額が1,500万円に減少した場合は、CのBに対する保証債務も1,500万円に減少します。

ウ ○ 債権者は、保証人に債務の履行を請求したときであっても、**保証人が主たる債務者に弁済をする資力があり、かつ、執行が容易であることを証明したとき**は、債権者は、まず主たる債務者の財産について執行をしなければなりません（453条）。したがって、CがAに弁済をする資力があり、かつ、執行の容易な財産があることを証明すれば、Bは、まずAに請求しなければなりません。

エ × 保証人は、主たる債務の**消滅時効を援用することができます**（大判昭8.10.13）。したがって、AのBに対する債務が**時効期間を経過している場合**、Cは当該債務の消滅時効を援用することができます。

　以上より、**正しいものはア、イ、ウの三つ**であり、**正解は3**となります。

> **プラスα** なお、連帯保証の場合は、**催告の抗弁権**や**検索の抗弁権**は認められません（民法454条）。

問8　**正解 4**　重要度 ☆☆／難易度 ★★★

1　2　3　4
□　□　□　□

抵当権

1 × 抵当権の設定後に抵当地に建物が築造されたときは、抵当権者は、土地とともにその建物を**競売することができます**（民法389条1項）。したがって、本件抵当権設定登記後に、甲土地上に乙建物が築造された場合、Cが本件抵当権の実行と

5

して競売を申し立てるときには、甲土地とともに乙建物の競売をすることができるのであって、**申し立てなければならないわけではありません**。

2 ✕ 　抵当不動産の第三取得者は、その競売において買受人となることができますが、**債務者は、買受人となることができません**（390条）。したがって、Cが本件抵当権の実行として競売を申し立てた場合、Bは、その競売において買受人になることができません。

3 ✕ 　先にCの抵当権設定登記がなされている以上、後で賃借権の登記を備えたDはCに対して**賃借権を対抗することができません**。なお、登記をした賃貸借は、その登記前に登記をした抵当権を有する全ての者が同意をし、かつ、その**同意の登記**があるときは、その同意をした抵当権者に対抗することができます（387条1項）。

4 ◯ 　抵当不動産について所有権又は地上権を買い受けた第三者が、抵当権者の請求に応じてその抵当権者にその代価を弁済したときは、**抵当権は、その第三者のために消滅します**（378条）。したがって、Aから甲土地を買い受けたEが、Cの請求に応じてその代価を弁済したときは、本件抵当権はEのために消滅します。

問9　**正解　2**　重要度　☆☆　難易度　★★★

相殺

1 ◯ 　相殺の意思表示には、**条件又は期限を付することができません**（民法506条1項）。したがって、Aは、Bに対して相殺をする場合、条件を付することができません。

2 ✕ 　**自働債権の弁済期が到来している場合**は、受働債権の弁済期が到来していなくても、債務者は期限の利益を放棄することができるので、**相殺することができます**（大判昭8.5.30）。したがって、AのBに対する金銭債権の弁済期が到来していれば、BのAに対する同種の債権の弁済期が到来していない場合でも、**AはBに対して相殺することができます**。

3 ◯ 　**悪意による不法行為に基づく損害賠償の債務者は、相殺をもって債権者に対抗することができません**（民法509条1号）。したがって、Aの債権が、Bの悪意による不法行為によって発生したものであるときには、Bは、Bの債権をもって相殺をすることができません。

4 ◯ 　差押えを受けた債権の第三債務者は、差押え後に取得した

債権による相殺をもって差押債権者に対抗することはできません が、**差押え前に取得した債権による相殺をもって対抗することができます**（511条1項）。したがって、CがAの債権を差し押える前に、BがAに対する債権を取得していたときは、Bは、相殺をもって債権者Cに対抗することができます。

プラスα　また、時効によって消滅した債権でも、以前に**相殺適状**になっていた場合には、相殺をすることができます（民法508条）。

問10　　正解　**4**　重要度　☆☆　難易度　★★★

相続

1　×　被相続人の兄弟姉妹が、相続の開始以前に死亡したときでも、**兄弟姉妹の子が代襲して相続人となることができます**（民法889条2項）。

2　×　遺留分を有する推定相続人が、被相続人に対して虐待をし、若しくはこれに重大な侮辱を加えたとき、又は推定相続人にその他の著しい非行があったときは、被相続人は、その推定相続人の廃除を家庭裁判所に請求することができます（892条）。しかし、**兄弟姉妹は遺留分を有しないので**（1042条参照）、被相続人は、兄弟姉妹の廃除を家庭裁判所に請求することができません。

3　×　**故意に**被相続人又は相続について先順位若しくは同順位にある者を死亡するに至らせ、又は至らせようとしたために、刑に処せられた者は、相続人となることができません（891条1号）。したがって、**過失によって**被相続人を死亡するに至らせたために、刑に処せられた者は、**相続人となることができます**。

4　○　被相続人は、**いつでも**、推定相続人の廃除の取消しを家庭裁判所に請求することができます（894条1項）。

プラスα　ただし、兄弟姉妹の子に子がいても、再代襲までは認められません（民法889条2項）。

問11　　正解　**3**　重要度　☆☆　難易度　★★★

借地

1　×　当事者が借地契約を更新する場合においては、その期間は、借地権の設定後の最初の更新にあっては、**20年以上**、その後の更新にあっては、**10年以上**となります（借地借家法4条）。したがって、本件契約後、最初に更新する場合においては、更新期間を10年とすることはできません。

2　×　借地権の存続期間が満了した後、借地権者が土地の使用を継続するときも、**建物がある場合に限り**、従前の契約と同一

プラスα　借地権の存続期間については、民法の場合との比較で押さえておきましょう。

の条件で契約を更新したものとみなされます（5条2項）。したがって、本件契約の存続期間が満了した後、Bが土地の使用を継続するときでも、**建物が存在していない場合には、契約を更新したものとはみなされません**。

3 ○ 建物が借地権者の**長男名義で登記されている場合には、借地権の対抗力が認められません**（最大判昭41.4.27）。したがって、建物がBの家族名義で登記がなされている場合には、本件契約後に甲土地を購入したCに対して借地権を対抗することができません。

4 ✕ **借地権の存続期間が満了した場合**、借地権者は、借地権設定者に対し、建物買取請求権を行使することができます（借地借家法13条1項）。しかし、**Bの債務不履行により本件契約が解除された場合**には、BはAに対して建物買取請求権を行使することができません（最判昭33.4.8）。このようなBを保護する必要がないからです。

問12 **正解 1** 重要度 ☆☆ 難易度 ★★★

借家

1 ○ **建物の賃貸人が賃貸借の解約の申入れをした場合**においては、本件契約は、解約の申入れの日から**6か月を経過することによって終了します**（借地借家法27条）。なお、建物の賃借人が賃貸借の解約の申入れをした場合においては、本件契約は、解約の申入れの日から3か月を経過することによって終了します（民法617条1項2号）。

2 ✕ 定期建物賃貸借契約とするときは、**公正証書による等**書面によって契約を締結しなければなりません（借地借家法38条1項）。したがって、**必ずしも、公正証書によって締結をしなければならないわけではありません**。

3 ✕ 借地借家法第38条の定期建物賃貸借契約をしようとするときは、建物の賃貸人は、あらかじめ、建物の賃借人に対し、建物の賃貸借は契約の更新がなく、期間の満了により当該建物の賃貸借は終了することについて、その旨を記載した書面を交付して説明しなければなりません（同条3項）。そして、その旨を記載した書面は、**契約書とは別個独立の書面である**ことが必要とされています（最判平24.9.13）。したがって、**契約書と同じ書面内に記載して説明することはできません**。

4 ✕ 一定の期間建物の借賃を**増額しない旨の特約**がある場合には、経済事情の変動により、借賃が不相当となる場合であっ

ても、当事者は、建物の賃料増額を請求することができません（借地借家法 32 条 1 項）。しかし、一定の期間建物の賃料を**減額しない旨の特約**があるときでも、経済事情の変動により、借賃が不相当となる場合には、当事者は、**建物の賃料減額を請求することができます**。

| **問 13** | **正解 2** | 重要度 ☆☆
難易度 ★★★ |

1	2	3	4

区分所有法

1 ○　専有部分を規約により共用部分とする場合は、**その旨の登記をしなければ第三者に対抗することができません**（区分所有法 4 条 2 項）。

2 ✕　一部共用部分は、これを共用すべき区分所有者の共有に属しますが（11 条 1 項ただし書）、**規約で別段の定めを設ければ、区分所有者全員の共有に属することもできます**（同条 2 項参照）。

3 ○　共有部分の各共有者の持分は、**その有する専有部分の床面積の割合**によります（14 条 1 項）。

4 ○　形状又は効用の著しい変更を伴う共用部分の変更は、**区分所有者及び議決権の各 4 分の 3 以上の多数**による集会の決議で決しますが、この区分所有者の定数は、**規約でその過半数まで減ずることができます**（17 条 1 項）。

> **プラスα**　また、各共有者は、規約に別段の定めがない限りその**持分に応じて、共用部分の負担**に任じ、共用部分から生ずる利益を収取します（区分所有法 19 条）。

| **問 14** | **正解 1** | 重要度 ☆☆
難易度 ★★★ |

1	2	3	4

不登法

1 ✕　登記の申請をする者の委任による代理人の権限は、**本人の死亡によっては消滅しません**（不登法 17 条 1 号）。

2 ○　登記官は、登記をすることによって申請人自らが登記名義人となる場合において、当該登記を完了したときは、**速やかに、当該申請人に対し、当該登記に係る登記識別情報を通知しなければなりません**（21 条）。

3 ○　登記権利者及び登記義務者が共同して権利に関する登記の申請をする場合には、申請人は、その申請情報と併せて**登記義務者の登記識別情報**を提供しなければなりません（22 条）。

4 ○　権利に関する登記を申請する場合には、申請人は、その申請情報と併せて**登記原因を証する情報**を提供しなければなりません（61 条）。

問15　**正解　3**　重要度　☆☆
　　　　　　　　　難易度　★★★

都計法

1 ✕　第一種住居地域は、**住居の環境を保護するため定める地域**をいいます（都計法9条5項）。主として住居の環境を保護するため定める地域とは、**第二種住居地域**のことをいいます（同条6項）。

2 ✕　市街化区域については、少なくとも用途地域を定めなければならないとされているので（13条1項7号）、**用途地域は必ず定めなければなりません**。また、市街化調整区域では、原則として用途地域を定ないとされているので（同条項）、**例外として、用途地域を定めることもできます**。

3 〇　市町村が定める都市計画は、議会の議決を経て定められた**当該市町村の建設に関する基本構想に即し、かつ、都道府県が定めた都市計画**に適合したものでなければなりません（15条3項）。

4 ✕　都道府県又は市町村は、都市計画を決定しようとするときは、あらかじめ、その旨を公告し、当該都市計画の案を**公告の日から2週間**公衆の縦覧に供しなければなりません（17条1項）。公告の日から「1か月」間ではありません。

問16　**正解　1**　重要度　☆☆
　　　　　　　　　難易度　★★★

開発許可

1 〇　市街化調整区域では、**規模の大きさにかかわらず開発行為には許可が必要です**（都計法29条1項1号参照）。また、ゴルフコースは、規模の大きさにかかわらず第二種特定工作物にあたり、その建設のための開発行為は**開発許可が必要**となります（4条11項）。したがって、市街化調整区域内で行われるゴルフコースの建設のための開発行為は、その規模の大きさにかかわらず、開発許可が必要となります。

2 ✕　市街化調整区域では、規模の大きさにかかわらず開発行為には許可が必要です（29条1項1号参照）。しかし、図書館などの**公益上必要な建築物の建設のための開発行為は開発許可が不要です**（同条項3号）。したがって、市街化調整区域内で行われる図書館の建設のための開発行為は、その規模の大きさにかかわらず、開発許可が必要ありません。

3 ✕　市街化区域内では、開発行為の規模が **1,000 m² 未満**であれば、開発許可が必要ありません（同条項1号、同法施行

> **プラスα**　通常の管理行為、軽易な行為なども開発許可が不要です（都計法29条1項11号）。

令19条1項）。また、市街化調整区域では、農林漁業を営む者の居住の用に供する建築物の建築のために行う開発行為は、開発許可が必要ありませんが、**市街化区域**では、開発許可が必要となります（同法29条1項2号）。したがって、市街化区域内で行われる農業を営む者の居住の用に供する建築物の建設のための開発行為は、**その規模が1,000 m² 以上であれば、開発許可が必要となります。**

4 ✕ 準都市計画区域内では、開発行為の規模が **3,000 m² 未満**であれば、開発許可が必要ありません（同条項1号、同法施行令19条1項）。したがって、準都市計画区域内で行われる店舗の建設のための開発行為は、その規模が 10,000 m² 未満であっても、**3,000 m² 以上であれば開発許可が必要となります。**

問17 | **正解　3** | 重要度　☆☆ / 難易度　★★★

1 2 3 4

建基法

1 ○ 階数が2以上、又は延べ面積が 200 m² を超える鉄骨造の共同住宅の大規模の**模様替**をしようとする場合、建築主は、当該工事に着手する前に、確認済証の交付を受けなければなりません（建基法6条1項3号）。

2 ○ 木造の建築物で3以上の階数を有し、又は延べ面積が 500 m² を超え、高さが13 m 若しくは軒の高さが9 m を超える建築物は、構造計算によって、その構造が安全であることを確かめなければなりません（20条1項2号）。

3 ✕ 居室には換気のための窓その他の開口部を設け、その換気に有効な部分の面積は、その居室の床面積に対して、原則として、**20分の1以上**としなければなりません（28条2項）。

4 ○ **高さ31 m を超える建築物**には、原則として、非常用の昇降機を設けなければなりません（34条2項）。

プラスα 建築物に設ける昇降機は、安全な構造で、かつ、その昇降路の周壁及び開口部は、防火上支障がない構造でなければなりません（建基法34条1項）。

1 2 3 4

問18 | **正解　4** | 重要度　☆☆☆ / 難易度　★★

建基法

1 ○ 建蔽率の限度が10分の8とされている地域内で、かつ、防火地域内にある耐火建築物等については、建蔽率の制限は

適用されません（建基法 53 条 6 項 1 号）。

2 ○ **建築物の敷地が防火地域の内外にわたる場合において、その敷地内の建築物の全部が耐火建築物等であるときは、その敷地は、全て防火地域内にあるものとみなされ、建蔽率が緩和されます**（同条 7 項）。

3 ○ 建築物の敷地が容積率の異なる地域にまたがる場合において、その敷地の容積率の限度は、**それぞれの地域に属する敷地の部分の割合**に応じて按分計算により算出されます（52 条 7 項）。

4 ✕ 建築物の容積率は、当該建築物の前面道路の幅員が 12 m 未満である場合においては、その幅員に応じて制限されるが、前面道路が 2 つ以上ある場合には、そのうち**幅員が最大の前面道路の幅員**に一定の数値を掛け合わせた数値となるのであって（同条 2 項）、幅員が**最小**の前面道路の幅員に一定の数値を掛け合わせた数値になるのではありません。

問 19 **正解 3** 重要度 ☆☆
難易度 ★★★

盛土法

1 ○ 宅地造成とは、**宅地以外の土地を宅地にするために行う盛土その他の土地の形質の変更**をいいます（盛土法 2 条 2 号）。したがって、宅地を宅地以外の土地にするために行う土地の形質の変更は、宅地造成に該当しません。

2 ○ 都道府県知事は、基本方針に基づき、かつ、基礎調査の結果を踏まえ、宅地造成、特定盛土等又は土石の堆積に伴い災害が生ずるおそれが大きい市街地若しくは市街地となろうとする土地の区域又は集落の区域であって、宅地造成等に関する工事について規制を行う必要があるものを、**宅地造成等工事規制区域**として指定することができます（10 条 1 項）。

3 ✕ 都道府県知事の許可を受けた者は、当該許可に係る宅地造成等に関する工事の計画の変更をしようとするときは、**都道府県知事の許可**を受けなければなりません（16 条 1 項）。届出ではありません。

4 ○ 宅地造成又は特定盛土等に関する工事について都道府県知事の許可を受けた者は、当該許可に係る工事を完了したときは、**都道府県知事の検査**を申請しなければなりません（17 条 1 項）。

| 1 | 2 | 3 | 4 |

出題意図 法改正がなされたところなので、テキストなどで基本的なところはしっかり押さえておきましょう。

問20　**正解　2**　重要度 ☆☆／難易度 ★★★

1 2 3 4

区画法

1 ○　土地区画整理組合を設立しようとする者は、7人以上共同して、定款及び事業計画を定め、その組合の設立について**都道府県知事の認可を受けなければなりません**（区画法14条1項）。

2 ✕　土地区画整理組合が施行する土地区画整理事業に係る施行地区内の宅地について**所有権者又は借地権者は、全てその組合の組合員となります**（25条1項）。

3 ○　土地区画整理組合の総会の会議は、定款に特別な定めがある場合を除くほか、**組合員の半数以上が出席しなければ開くことができません**（34条1項）。

4 ○　土地区画整理組合は、その事業に要する経費に充てるため、賦課金として**参加組合員以外の組合員に対して金銭を賦課徴収することができます**（40条1項）。

> **プラスα**　また、土地区画整理組合が仮換地指定をする場合には、総会、その部会又は総代会の**同意**を得る必要があります（区画法98条3項）。

問21　**正解　4**　重要度 ☆☆☆／難易度 ★★★

1 2 3 4

農地法

1 ✕　**相続、遺産分割により農地を取得する場合**は、農地法第3条第1項の許可を要しません（同条項12号）。

2 ✕　**市街化区域内にある農地を売買により取得する場合**は、農地法第3条第1項の許可を要します。なお、市街化区域内の農地を転用する場合は、農業委員会に届出をすれば、農地法第4条第1項の許可を要しません。

3 ✕　農地法第3条第1項の許可が必要な場合は、農地について所有権を移転し、又は**地上権、永小作権、質権、使用貸借による権利、賃借権若しくはその他の使用及び収益を目的とする権利を設定し、若しくは移転する場合**です（同条項）。したがって、農地に抵当権を設定する場合には、農地法第3条第1項の許可を要しません。

4 ○　耕作の事業を行う者が**2アール未満の農地を自らの養畜の事業のための農業用施設に供するために転用しようとする場合**、農地法第4条第1項の許可を得る必要はありません（4条1項8号、同法施行規則29条1号）。したがって、農業者が2アール未満の農地を自らの養畜の事業のための畜舎の敷地に転用しようとする場合、農地法第4条第1項の許可を得る必要はありません。

> **プラスα**　相続、遺産分割により農地を取得する場合は、遅滞なく、**農業委員会**にその旨を届け出る必要があります（農地法3条の3）。

13

問 22　　**正解　2**　　重要度　☆☆
　　　　　　　　　　　　　難易度　★★

国土法

1　×　**都市計画区域外の場合、10,000 m² 未満**であれば、事後届出をする必要はありません（国土法23条2項1号）。したがって、Aが所有する都市計画区域外の 15,000 m² の土地は事後届出の対象となります。しかし、事後届出は、**土地に関する権利について対価を得て行われる移転又は設定をする契約を締結する場合**に行われるところ（14条1項）、時効取得は、対価を得て行われるものではないので、事後届出は必要ありません。

2　○　**市街化調整区域内の場合、5,000 m² 未満**であれば、事後届出をする必要はありません（23条2項1号）。したがって、Cが所有する市街化調整区域内の 6,000 m² の土地は事後届出の対象となります。また、土地に関する権利について対価を得て行われる移転又は設定をする契約には**予約も含まれる**ので（14条1項）、Dと売買に係る予約契約を締結した場合には、Dは事後届出を行う必要があります。

3　×　**市街化区域内の場合、2,000 m² 未満**であれば、事後届出をする必要はありません（23条2項1号）。Eが所有する市街化区域内の一団の土地である 1,500 m² の土地と 500 m² の土地をFが購入する契約を締結した場合、合計した 2,000 m² で考えることになるので、Fは事後届出を行う必要があります。

4　×　**市街化区域内の場合、2,000 m² 以上**であれば、事後届出をする必要があります（同条項同号）。もっとも、**当事者の一方又は双方が国等である場合**には、事後届出は必要ありません（同条項3号）。したがって、国が所有する市街化区域内の 3,000 m² の土地について G が購入する契約を締結した場合、Gは事後届出を行う必要がありません。

プラスα　一団とは、集まった、ひとまとまりという意味で、一団の土地とは、一体として利用することが可能な土地のことを指します。

問 23　　**正解　1**　　重要度　☆☆
　　　　　　　　　　　　　難易度　★★★

固定資産税

1　○　固定資産税は、固定資産の所有者に課されますが、**質権者や 100 年より永い永続期間を定めていれば地上権者に課されることもあります**（地方税法 343 条1項）。

2　×　固定資産税の納期は、4月、7月、12月及び2月中において、市町村の条例で定められますが、**特別の事情があれば、これ**

と異なる納期にすることができます（362条1項）。

3 ✕　住宅用地のうち小規模住宅用地に対して課する固定資産税の課税標準は、200 m^2 以下の住宅用地であれば、当該小規模住宅用地に係る固定資産税の課税標準となるべき価格の**6分の1の額**です（349条の3の2第2項）。したがって、固定資産税の課税標準となるべき価格の3分の1の額ではありません。なお、200 m^2 を超える住宅用地であれば、200 m^2 以下の部分は固定資産税の課税標準となるべき価格の6分の1の額となり、200 m^2 を超える部分は固定資産税の課税標準となるべき価格の3分の1の額となります（同条項）。

4 ✕　新築された住宅で政令で定めるものに対して課する固定資産税については、当該住宅に対して新たに固定資産税が課されることとなった年度から**3年度分**の固定資産税に限り、当該住宅に係る固定資産税額の**2分の1**に相当する額が当該住宅に係る固定資産税額から減額されます（同法附則15条の6第1項）。したがって、固定資産税が課されることとなった年度から5年度分の固定資産税に限り、当該住宅に係る固定資産税額の3分の1に相当する額を当該住宅に係る固定資産税額から減額されるわけではありません。

問24　**正解　3**　重要度　☆☆／難易度　★★

登録免許税

1 ✕　この税率の軽減措置の適用をすでに受けたことがある者でも、**再度この措置の適用を受けることはできます**。

2 ✕　**法人**は、この税率の軽減措置の適用を受けることができません（租特法72条の2参照）。

3 ◯　この税率の軽減措置の適用は、新築ではなくても、**建築後使用されたことのない住宅用家屋を取得した場合にも**適用を受けることができます（同条参照）。

4 ✕　この税率の軽減措置の適用を受けるには、専ら個人の住宅の用に供される一棟の家屋で床面積の合計が **50 m^2 以上**であることが市区町村長によって証明されている必要があります（同法施行令41条1号）。

1	2	3	4

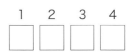

プラスα　登録免許税は、登記などに対して課される税金です。

15

問25　正解　4　重要度 ☆☆　難易度 ★★★

地価公示法

1　〇　不動産鑑定士は、公示区域内の土地について鑑定評価を行う場合において、**当該土地の正常な価格を求めるときは、公示価格を規準としなければなりません**（地価公示法8条）。

2　〇　土地収用法によって土地を収用することができる事業者は、公示区域内の土地を当該事業の用に供するため取得する場合において、**当該土地の取得価格を定めるときは、公示価格を規準としなければなりません**（9条）。

3　〇　公示価格を規準とするとは、対象土地の価格を求めるに際して、当該対象土地とこれに類似する利用価値を有すると認められる一又は二以上の標準地との位置、地積、環境等の土地の客観的価値に作用する諸要因についての比較を行い、その結果に基づき、**当該標準地の公示価格と当該対象土地の価格との間に均衡を保たせること**をいいます（11条）。

4　✕　都市及びその周辺の地域等において、土地の取引を行う者は、取引の対象土地に類似する利用価値を有すると認められる標準地について公示された価格を指標として取引を行うよう**努めなければならない**とされており（1条の2）、取引を行わなければならないとはされていません。

問26　正解　2　重要度 ☆☆　難易度 ★

免許

1　✕　宅建業を営もうとする者が免許の申請をする場合、免許申請書には、**事務所の名称だけではなく所在も記載する必要があります**（宅建業法4条1項4号）。

2　〇　宅建業を営もうとする者は、一の都道府県の区域内にのみ事務所を設置してその事業を営もうとする場合、**当該事務所の所在地を管轄する都道府県知事の免許**を受けなければなりません（3条1項）。

3　✕　事務所に**国土交通省令で定める数の成年者である専任の宅建士**を置かない場合、免許を受けることができません（5条1項15号）。

4　✕　宅建業者は、事務所等及び事務所等以外の国土交通省令で定めるその業務を行う場所ごとに、公衆の見やすい場所に、国土交通省令で定める**標識**を掲げなければなりません（50条1項）。しかし、免許証についてはそのような規定はあり

プラスα　2以上の都道府県の区域内に事務所を設置する場合は、**国土交通大臣**の、1の都道府県の区域内にのみ事務所を設置する場合は、当該事務所の所在地を管轄する**都道府県知事の免許**を受けなければなりません（宅建業法3条1項）。

ません。

問 27 正解 4
重要度 ☆☆
難易度 ★★

重要事項説明

1　✕　建物の上に存する登記された権利の種類及び内容並びに登記名義人については、重要事項の説明事項に当たりますが（宅建業法 35 条 1 項 1 号）、**移転登記の申請の時期**については、重要事項の説明事項に当たりません。したがって、A は、B に対し、建物の上に存する登記された権利の種類及び内容、登記名義人のほかに、移転登記の申請の時期については説明する必要がありません。なお、移転登記の申請の時期は、37 条書面の記載事項となっています（37 条 1 項 5 号）。

2　✕　売買代金以外に授受される金額の額、授受の目的については、重要事項の説明事項に当たりますが（35 条 1 項 7 号）、**売買代金の額**については、重要事項の説明事項に当たりません。したがって、A は、B に対し、売買代金以外に授受される金額の額、目的のほかに、売買代金の額について説明する必要がありません。なお、売買代金の額は、37 条書面の記載事項となっています（37 条 1 項 3 号）。

3　✕　重要事項説明書には、**宅建士の記名**が必要であり（35 条 5 項）、宅建業者の記名ではありません。

4　〇　宅建士は、重要事項の説明をするときは、宅建士証を胸に着用する等により、説明の相手方に対し、**宅建士証を提示しなければなりません**（同条 4 項、宅建業法の解釈・運用の考え方）。

プラスα　登記された権利の種類及び内容、登記名義人は、**貸借**の場合でも説明する必要があります（宅建業法 35 条 1 項 1 号）。

問 28 正解 1
重要度 ☆☆☆
難易度 ★★★

広告

ア　✕　宅建業者が**自ら貸借をする場合**は、宅建業に当たりません（宅建業法 2 条 2 号）。したがって、宅建業者は、自ら宅地又は建物の貸借に関する広告をする際には、取引態様の別を明示する必要はありません。

イ　✕　宅建業者は、宅地又は建物の売買に関する広告をする際に取引態様の別を明示した場合、当該広告を見た者から売買に関する注文を受けたときでも、**改めて取引態様の別を明示する必要があります**（34 条 2 項）。

ウ　✕　宅建業者は、宅地の造成又は建物の建築に関する工事の完

プラスα　取引態様の別とは、**自ら売買、交換**をするか、売買、交換、貸借の**媒介**あるいは**代理**をするかの別のことをいいます。

了前においては、当該工事に関し必要とされる**開発許可、建築確認等があった後**でなければ、宅地又は建物の売買その他の業務に関する広告をすることはできません（33条）。宅建業者は、建築確認申請中の建物について、建築確認申請中である旨を表示しても、建築確認が完了していない以上、当該建物を販売する旨の広告をすることはできません。

エ ○ 　宅建業者は、その業務に関して広告をするときは、著しく事実に相違する表示をし、又は実際のものよりも著しく優良であり、若しくは有利であると**人を誤認させるような表示をしてはなりません**（32条）。

以上より、**正しいものはエの一つ**であり、**正解は 1** となります。

問29　**正解　3**　重要度 ☆☆☆　難易度 ★★★

報酬

1 ○ 　宅建業者が賃借の媒介をした場合、**報酬の上限は貸主・借主合計で賃料 1 か月分の 1.1 倍以内**となります（報酬告示4）。したがって、建物を事務所（1か月の借賃12万円。消費税等相当額を含まない。）として貸借する契約の媒介について、Aは依頼者の双方から合計で12万円に消費税額1万2,000円を含めた13万2,000円を上限として報酬を受領することができます。

2 ○ 　**依頼者からの依頼によって行う広告料金や依頼者の特別の依頼による特別の費用**のほかは、報酬とは別に受領することはできません（同告示9、宅建業法の解釈・運用の考え方）。したがって、既存住宅の売買の媒介について、Aが売主Bに対して建物状況調査を実施する者をあっせんした場合、Aは売主Bから報酬とは別にあっせんに係る料金を受領することはできません。

3 ✕ 　Aは、売主CからC所有の宅地の売却について代理の依頼を受け、Dを買主として代金3,000万円で売買契約を成立させました。媒介であれば、報酬額は、速算法により売買代金の3％＋6万円となるので、96万円となります。さらに、代理であれば、媒介の場合の2倍である192万円に消費税額を加えた**211万2,000円を上限**として、依頼者から報酬を受領することができますので（同告示3）、Cから報酬として、126万円を受領することができます。

4 ○ 　宅建業者は、その事務所ごとに、公衆の見やすい場所に、**国土交通大臣が定めた報酬の額を掲示しなければなりません**

プラスα 　仮に報酬額が200万円超400万円以下であれば、速算式により売買代金の4％＋2万円、200万円以下であれば売買代金の5％になります。

（宅建業法46条4項）。したがって、Aは、その事務所ごとに、公衆の見やすい場所に、国土交通大臣が定めた報酬の額を掲示しなければなりません。

問30 ┃ **正解 2** ┃ 重要度 ☆☆☆
　　　　　　　　　　　　　 難易度 ★★★

免許の基準

1　○　宅建業法に違反したことにより、**罰金の刑**に処せられ、その刑の執行を終わり、又は執行を受けることがなくなった日から5年を経過しない者は免許を受けることができません（宅建業法5条1項6号）。

2　✕　**禁錮以上の刑**に処せられ、その刑の執行を終え、又は執行を受けることがなくなった日から5年を経過しない者は免許を受けることができません（同条項5号）。したがって、**禁錮より刑が軽い罰金はこれに含まれません**。また、道路交通法は、宅建業法第5条第1項第6号に規定される法律にも含まれていません。したがって、**道路交通法違反により罰金の刑に処せられた者でも免許を受けることができます**。

3　○　**破産手続開始の決定を受けて復権を得ない者**は免許を受けることができません（同条項1号）。

4　○　**禁錮以上の刑**に処せられ、その刑の執行を終え、又は執行を受けることがなくなった日から5年を経過しない者は免許を受けることができません（同条項5号）。また、**禁錮より刑が重い懲役はこれに含まれます**。そして、執行猶予が付されても免許を受けることができません。なお、猶予期間が満了すれば直ちに免許を受けることができます。

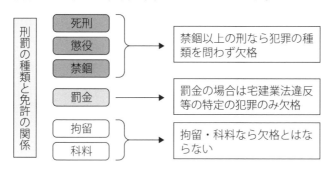

（問31）　**正解　2**　重要度 ☆☆☆／難易度 ★★★

アイウエ
□□□□

用語の定義等

ア ○　宅地とは、現に建物の敷地に供せられている土地に限らず、広く建物の敷地に供する目的で取引の対象とされた土地をいい、**地目が何であるかは問いません**（宅建業法2条1号、宅建業法の解釈・運用の考え方）。

イ ✕　建物の敷地に供せられる土地は、都市計画法に規定する用途地域の内外を問わず宅地です（同条同号）。また、建物の敷地に供される土地でなくても、用途地域内の土地は宅地ですが、**道路、公園、河川、広場、水路は、宅地から除かれます**（同条同号、同法施行令1条）。

ウ ○　建物（建築物）とは、土地に定着する工作物のうち、屋根及び柱若しくは壁を有するものをいいます（建基法2条1号）。また、建物には、**建物の一部も含まれます**（宅建業法2条2号）。

エ ✕　売主が国であっても、**転売目的で反復継続して宅地を購入する場合**は、宅建業に当たります（宅建業法の解釈・運用の考え方）。したがって、免許を受ける必要があります。なお、国自体は、宅建業法が適用されないので、免許を受ける必要がありません（宅建業法78条1項）。

以上より、**正しいものはア、ウの二つであり、正解は2**となります。

プラスα　宅建業の「業」とは、不特定かつ多数の者に対して、**反復継続**して取引を行うことをいいます。

（問32）　**正解　2**　重要度 ☆☆☆／難易度 ★★

1 2 3 4
□□□□

宅建士

1 ✕　宅建業に係る営業に関し、**成年者と同一の行為能力を有しない未成年者**は登録を受けることができません（宅建業法18条1項1号）。したがって、未成年者は、宅建業に係る営業に関し**成年者と同一の行為能力を有していれば、登録を受けることができます**。

2 ○　登録を受けた者が、心身の故障により宅建士の事務を適正に行うことができなくなった場合、**その日から30日以内に**、その旨を登録をしている都道府県知事に届け出なければなりません（21条3号、18条1項12号）。

3 ✕　宅建業者名簿と異なり、宅建士の氏名等が登載されている**宅建士資格登録簿は一般の閲覧に供されません**。

4 ✕　宅建士証の交付を受けた者でなければ宅建士ではないため（2条4号）、宅建士資格登録を受けても、**宅建士証を受けていなければ、37条書面に記名することはできません**。

1	2	3	4

問 33　**正解　3**　重要度　☆☆☆
難易度　★★

重要事項説明

1　✕　**建物の貸借**の場合、私道に関する負担に関する事項について、重要事項説明において説明する必要がありません（宅建業法 35 条 1 項 3 号）。

2　✕　重要事項説明書に石綿の使用の有無の調査の結果が記録されているときでも、宅建業者に、**石綿の使用の有無の調査を義務付けるものではありません**（同条項 14 号、同法施行規則 16 条の 4 の 3 第 4 号、宅建業法の解釈・運用の考え方）。

3　〇　宅建業者 A が売主として他の宅建業者 B に媒介を依頼して宅地の売買を行った場合でも、**A は売主として重要事項説明の義務を負います**。

4　✕　重要事項の説明にテレビ会議等の I T を活用する場合、重要事項説明書及び添付書類を、重要事項の説明を受けようとする者に**あらかじめ交付していなければなりません**（宅建業法 35 条 1 項、宅建業法の解釈・運用の考え方）。したがって、テレビ会議を用いた重要事項の説明をする場合、**事前に**、重要事項説明書及び添付書類を重要事項の説明を受けようとする者に交付しなければなりません。

プラスα　IT 重要説明については、細かい点も問われますので、テキストなどで確認しておきましょう。

1	2	3	4

問 34　**正解　3**　重要度　☆☆☆
難易度　★★★

宅建士証

1　✕　宅建士は、重要事項の説明をする際には**相手方から請求がなくても**、宅建士証を提示しなければなりません（宅建業法 35 条 4 項）。

2　✕　宅建士は、宅建士としてすべき事務の禁止の処分を受けたときは、速やかに、宅建士証を**その交付を受けた都道府県知事**に提出しなければなりません（22 条の 2 第 7 項）。したがって、処分をした都道府県知事に提出するわけではありません。

3　〇　旧姓使用を希望する場合、**宅地建物取引士証に旧姓を併記することができ**、旧姓が併記された宅地建物取引士証の交付を受ければ、**37 条書面の記名において旧姓を使用することができます**（同条、宅建業法の解釈・運用の考え方）。

4　✕　宅建士証が交付された後、登録の移転があったときは、当該宅建士証は、**その効力を失います**（宅建業法 22 条の 2 第 4 項）。したがって、登録を受けた後に他の都道府県知事に登録を移転したときには、移転前の都道府県知事から交付を

プラスα　37 条書面を交付する際は、買主から**請求**があったときに、宅建士証を提示することになります。

21

受けた宅地建物取引士証を用いて業務を行うことができません。なお、登録の移転後の都道府県知事に対して宅建士証の交付の申請をした場合には、移転前の宅建士証の有効期間が経過するまでの期間を有効期間とする宅建士証が交付されます（同条5項）。

問35　正解　2　重要度　☆☆　難易度　★★

保証協会

1 ○　宅建業者が保証協会の社員となった場合、**さらに他の保証協会の社員となることができません**（宅建業法64条の4第1項）。

2 ✕　**保証協会**は、宅建業者が保証協会に加入した場合は、直ちに、その旨を宅建業者が免許を受けた国土交通大臣又は都道府県知事に報告しなければなりません（同条2項）。**宅建業者が報告するのではありません。**

3 ○　保証協会は、宅建業者の相手方から社員の取り扱った宅建業に係る取引に関する苦情について解決の申出があったときは、**その相談に応じ**、申出人に必要な助言をし、当該苦情に係る事情を調査するとともに、当該社員に対し当該苦情の内容を通知してその迅速な処理を求めなければなりません（64条の5第1項）。

4 ○　宅建業者で保証協会に加入しようとする者は、**その加入しようとする日までに**、政令で定める額の弁済業務保証金分担金を当該保証協会に納付しなければなりません（64条の9第1項1号）。

問36　正解　4　重要度　☆☆　難易度　★★★

営業保証金

1 ✕　宅建業者は、主たる事務所につき1,000万円、従たる事務所につき事務所ごとに500万円の割合による金額の合計額を営業保証金として供託しなければなりません（宅建業法25条2項、同法施行令2条の4）。したがって、事業の開始後新たに従たる事務所を設置したときは、500万円を供託しなければなりません。もっとも、この場合でも、営業保証金は**主たる事務所の最寄りの供託所**に供託しなければなりません（宅建業法25条1項）。

2 ✕　営業保証金は、国債証券、地方債証券など有価証券をもっ

プラスα　国債証券で

22

て、これに充てることができます（同条3項）。もっとも、**地方債証券の評価額は額面金額の90％ですので**（同法施行規則15条1項2号）、1,000万円の金銭の供託の代わりに、有価証券として、**額面金額1,000万円の地方債証券を供託しても足りないことになります**。

は、**額面金額**通りの評価となります（宅建業法施行規則15条1項1号）。

3 ✕　宅建業者が、その主たる事務所を移転したためその最寄りの供託所が変更した場合において、営業保証金を供託している供託所に対し、移転後の主たる事務所の最寄りの供託所へ営業保証金の保管替えを請求することができるのは、**金銭のみをもって営業保証金を供託しているとき**に限られます（宅建業法29条1項）。

4 ◯　免許権者である国土交通大臣又は都道府県知事は、**免許をした日から3か月以内に宅建業者が営業保証金を供託した旨の届出をしないときは、その届出をすべき旨の催告をしなければなりません**（25条6項）。

| 問37 | 正解　4 | 重要度　☆☆☆ |
| | | 難易度　★★★ |

重要事項説明

出題意図　宅地、建物あるいは売買、貸借によって、重要事項の説明事項も異なってくるので、そういう視点から問題を解いていく必要があります。

ア ◯　宅地の売買の媒介を行う場合、**売買代金に関する金銭の貸借のあっせんの内容及び当該あっせんに係る金銭の貸借が成立しないときの措置**を説明しなければなりません（宅建業法35条1項12号）。

イ ◯　建物の貸借の媒介を行う場合、当該建物について、**石綿の使用の有無の調査の結果が記録されているときは、その内容**を説明しなければなりません（同条項14号、同法施行規則16条の4の3第4号）。

ウ ◯　宅地の売買の媒介を行う場合、当該宅地が宅地造成及び特定盛土等規制法第45条第1項により指定された**造成宅地防災区域内にあるときは、その旨**を説明しなければなりません（宅建業法35条1項14号、同法施行規則16条の4の3第1号）。

エ ◯　建物の売買の媒介を行う場合、当該建物が既存の**鉄筋コンクリート造の共同住宅**について、**調査を実施してから2年以内**のものであれば、建物状況調査を実施している旨及びこれを実施している場合におけるその結果の概要を説明しなければなりません（宅建業法35条1項6号の2イ、同法施行規則16条の2の2、宅建業法の解釈・運用の考え方）。

以上より、**正しいものはア、イ、ウ、エの四つ**であり、正解は4

となります。

問38 | **正解 3** | 重要度 ☆☆☆ / 難易度 ★★

37条書面

1 ✕ 宅建業者は、宅地の売買に関し、**契約の解除に関する定めがあるとき**は、その内容を37条書面に記載しなければなりませんが（宅建業法37条1項7号）、定めがなければ記載する必要はありません。

2 ✕ **37条書面を交付する相手方は契約の当事者**であり、当事者が宅建業者であっても変わりません（同条項）。したがって、売主が宅建業者である宅地の売買の媒介の場合でも、媒介する宅建業者は、**売主に対して37条書面を交付する必要があります**。

3 ◯ **37条に記載すべき事項が記載された契約書**であれば、当該契約書をもって37条書面の代わりとすることができます（同条、宅建業法の解釈・運用の考え方）。

4 ✕ 宅建業者は、宅建士をして、37条書面に**記名させる義務**はありますが（宅建業法37条3項）、宅建士によって37条書面の**内容を説明させる義務はありません**。

> **プラスα** 重要事項説明では、宅建士に説明させる義務がありますので、混同しないようにしましょう。

問39 | **正解 2** | 重要度 ☆☆☆ / 難易度 ★★★

媒介契約

ア ✕ 宅建業者は、専属専任媒介契約を締結したときは、**休業日を除いて5日以内**に、指定流通機構に登録しなければなりません（宅建業法34条の2第5項、同法施行規則15条の10）。したがって、Aは、Bとの間で専属専任媒介契約を締結したときは、媒介契約の日から休業日を除いて**5日以内**に、指定流通機構に登録しなければなりません。

イ ✕ 専任媒介契約や専属専任媒介契約と違い、**一般媒介契約**では、業務の処理状況を報告する義務がありません（宅建業法34条の2第9項参照）。したがって、Aは、Bとの間で一般媒介契約を締結したときは、Bに対し、**一般媒介契約に係る業務の処理状況を報告する必要はありません**。

ウ ◯ 専任媒介契約の有効期間は、**3か月を超えることができません**。また、これより長い期間を定めたときは、その期間は、**3か月となります**（同条3項）。したがって、Aは、Bとの間

> **プラスα** 専任媒介契約を締結したときは、休業日を除いて**7日以内**に、指定流通機構に登録しなければなりません（宅建業法34条の2第5項、同法施行規則15条の10）。

で専任媒介契約を締結したときは、その有効期間は**3か月**であり、それより長い期間を定めたときでも、**3か月**となります。

エ 〇 宅建業者は、媒介契約を締結したときは、遅滞なく、法第34条の2第1項の規定に基づき交付すべき書面を作成して**記名押印し、依頼者にこれを交付しなければなりません**（同条1項）。したがって、Aは、遅滞なく、法第34条の2第1項の規定に基づき交付すべき書面を作成して記名押印し、Bにこれを交付しなければなりません。

以上より、**正しいものはウ、エの二つ**であり、**正解は2**となります。

問40 **正解 2** 重要度 ☆☆☆ 難易度 ★★★

クーリング・オフ

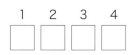

1 ✕ **事務所等において買受けの申込みをし、事務所等以外の場所において売買契約を締結した買主はクーリング・オフができません**（宅建業法37条の2第1項）。また、喫茶店は**事務所等以外の場所**に当たりますが、モデルルームは**事務所等**にあたります（同条項、宅建業法の解釈・運用の考え方）。したがって、**モデルルームでAに買受けの申込みをし、契約の締結をした場所が喫茶店であった場合、Bは契約の解除をすることができません**。

2 〇 **買主が事務所等以外の場所で買受けの申込みをした場合、**宅建業者から**クーリング・オフについて告げられた日から8日以内**であれば、申込みの撤回をすることができます（宅建業法37条の2第1項1号）。そして、仮設テント張りの案内所は**事務所等以外の場所**にあたります（同条項、宅建業法の解釈・運用の考え方）。したがって、Bは、仮設テント張りの案内所でAに買受けの申込みをした場合、Bは、**クーリング・オフについて告げられた日から8日以内**に当該申込みの撤回を申し出れば、申込みの撤回を行うことができます。

3 ✕ **宅地の引渡しを受け、かつ、その代金の全部を支払った場合は、クーリング・オフができません**（同条項2号）。したがって、Bは、喫茶店で売買契約を締結した場合でも、その後、**宅地の引渡しを受け、代金の全部を支払った場合**は、Aから書面でクーリング・オフについて告げられていても、Bは契約の解除をすることができません。

4 ✕ クーリング・オフは、**買主が書面によって契約の解除の意思表示をする**ことによって行使することができます（同条項）。したがって、Bは、喫茶店で売買契約を締結した場合、

25

Aから書面でクーリング・オフについて告げられていても、Bは書面で契約の解除をする必要があります。

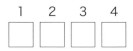

問 41 | **正解 3** | 重要度 ☆☆☆
難易度 ★

業務に関する規制

1　**違反する**　宅建業者の従業者は、宅建業に係る契約の締結の勧誘をするに際し、相手方に対し、**利益を生ずることが確実であると誤解させるべき断定的判断を提供してはなりません**（宅建業法47条の2第1項）。

2　**違反する**　宅建業者は、その業務に関して、宅建業者の相手方に対し**不当に高額の報酬を要求してはなりません**（47条2号）。実際に受領しなかったとしても宅建業法に違反します。

3　違反しない　宅建業者は、**正当な理由がある場合**でなければ、その業務上取り扱ったことについて知り得た秘密を他に漏らしてはなりません（45条）。もっとも、**裁判の証人として証言を求められたとき**は、正当な理由にあたるので、業務上知り得た秘密を証言しても宅建業法に違反しません（同条、宅建業法の解釈・運用の考え方）。

4　**違反する**　宅建業者は、**手付について貸付けその他信用の供与をすることにより契約の締結を誘引する行為をしてはなりません**（宅建業法47条3号）。**手付の分割払いは、手付についての信用の供与にあたります**。また、契約の締結を誘引すれば、契約が成立していなくても宅建業法に違反します。

プラスα　正当な理由には、そのほかに、依頼者の**承諾**を得た場合などが挙げられます（宅建業法45条、解釈・運用の考え方）。

問 42 | **正解 4** | 重要度 ☆☆☆
難易度 ★★

自ら売主となる場合の規制

1　✕　**建築工事の完了前**において自ら売主となって建物の売買をする場合、手付金等に対する保全措置を講じた後でなければ、買主から手付金等を受領することができません（宅建業法41条1項）。ただし、**手付金等の額が売買代金の額の100分の5以下であり、かつ、1,000万円以下の場合**は、手付金等の額が少額ですので、保全措置を講じる必要はありません（同条項、同法施行令3条の5）。したがって、売買代金が2,500万円であった場合、手付金120万円は、2,500万円の100分の5である125万円以下ですので、手付金120万円を受領するには、**手付金に対して保全措置を講じる必要はありません**。

プラスα　手付には、証約手付、解約手付、違約手付があります。

2　✕　宅建業者は、自己の所有に属しない宅地又は建物について、自ら売主となる売買契約を締結してはなりません（宅建業法33条の2）。ただし、**宅建業者が当該宅地又は建物を取得する契約を締結しているときは、自ら売主となる売買契約を締結することができます**（同条項ただし書）。したがって、Aは、自己の所有しないCの建物について、すでに**AがCとの間で当該建物を取得する契約を締結していた場合**には、Bと売買契約を締結することができます。

3　✕　宅建業者は、自ら売主となる宅地又は建物の売買契約の締結に際して、**売買代金の額の10分の2を超える額の手付を受領することができません**（39条1項）。これは、手付金に対する保全措置を講じても変わりません。したがって、建物の売買代金が2,500万円であった場合、手付金に対して保全措置を講じても、Aは、Bから売買代金の10分の2である**500万円を超える手付金700万円を受領することができません。**

4　○　宅建業者が、自ら売主となる売買契約の締結に際して手付を受領したときは、**その手付がいかなる性質のものであっても**、相手方が契約の履行に着手するまでは、買主はその手付を放棄して、契約の解除をすることができます（同条2項）。したがって、Aが、手付を受領した場合、**解約手付であることが明示されなくても**、Aが契約の履行に着手するまでの間、Bはその手付を放棄して契約の解除をすることができます。

問43　**正解　2**　重要度　☆☆☆
　　　　　　　　　　　　　難易度　★★

事務所

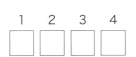

1　✕　事務所には、宅建業を営むかどうかにかかわらず本店は含まれますが、**宅建業を営まない支店は含まれません**（宅建業法3条1項、宅建業法の解釈・運用の考え方）。

2　○　宅建業者は、事務所ごとに、宅建業者の業務に従事する者の数に対して**5分の1以上**となる割合で成年者である専任の宅建士を置かなければなりません（宅建業法31条の3第1項、同法施行規則15条の5の3）。

3　✕　宅建業者は、事務所ごとに、従業者名簿を備えなければならず（48条3項）、取引の関係者から請求があったときには、**従業者名簿をその者の閲覧に供しなければなりません**（同条4項）。

4　✕　都道府県知事の免許を受けた者が2以上の都道府県の区

域内に事務所を有することとなったときは、**国土交通大臣**への免許換えが必要となります（7条1項3号）。したがって、甲県内に事務所を置いていた宅建業者が乙県内にも事務所を新設した場合、**国土交通大臣**への免許換えが必要となります。

問44 **正解 4** 重要度 ☆☆☆ 難易度 ★★★

廃業等の届出・免許の取消し

1 ✕ 宅建業者が死亡した場合、その相続人は、**死亡を知った日から30日以内**に、その旨をその免許権者に届け出なければなりません（宅建業法11条1項1号）。死亡の日から30日以内ではありません。

2 ✕ 法人である宅建業者が合併により消滅した場合、**その法人を代表する役員であった者**が、その旨をその免許権者に届け出なければなりません（同条項2号）。したがって、AがBとの合併により消滅した場合は、**Aを代表する役員**が、その旨を免許権者である都道府県知事に届け出なければなりません。

3 ✕ 免許換えにより、新たな免許を取得した場合の有効期間は、免許換え前の免許の有効期間とは関係なく、**免許換えの日から5年**となります（3条2項）。したがって、Aが、免許換えの申請を行い、その免許を受けたときは、免許換え前の免許の有効期間にかかわらず**5年を有効期間とする免許証**の交付を受けます。

4 ○ 宅建業者が**免許換えの申請を怠った**ときは、免許権者に免許を取り消されます（66条1項5号）。

プラスα 法人である宅建業者が合併により消滅した場合、合併の時から**30日以内**にその旨を届け出なければなりません（宅建業法11条1項）。

問45 **正解 3** 重要度 ☆☆ 難易度 ★★★

履行確保法

1 ✕ 新築住宅を引き渡した宅建業者は、**基準日から3週間以内**に、当該基準日に係る住宅販売瑕疵担保保証金の供託及び住宅販売瑕疵担保責任保険契約の締結の状況について、免許権者に届け出なければなりません（履行確保法12条1項、同法施行規則16条1項）。引き渡した日から2週間以内ではありません。

2 ✕ **買主が宅建業者である場合**は、住宅販売瑕疵担保保証金の供託又は住宅販売瑕疵担保責任保険契約の**締結を行う義務はありません**（履行確保法2条7項2号ロ）。

3 ○ 宅建業者は、自ら売主となる新築住宅の買主に対し、**当該新築住宅の売買契約を締結するまでに**、その住宅販売瑕疵担保保証金の供託をしている供託所の所在地等について、これらの事項を記載した書面を交付して説明しなければなりません（15条）。

4 ✕ 宅建業者が住宅販売瑕疵担保保証金を供託する場合、**当該宅建業者の主たる事務所の最寄りの供託所**にしなければなりません（11条6項）。

問 46	正解 **4**	重要度 ☆☆
		難易度 ★★

1　2　3　4

機構法

1 ○ 機構が証券化支援事業（買取型）により譲り受ける貸付債権は、**自ら居住する住宅又は自ら居住する住宅以外の親族の居住の用に供する住宅を建設し、又は購入する者に対する貸付けに係るもの**でなければなりません（機構法13条1項1号、業務方法書3条1号）。

2 ○ 機構は、住宅の建設又は購入に必要な資金だけではなく、**当該住宅の建設又は購入に付随する土地又は借地権の取得に**必要な資金の貸付けに係る金融機関の貸付債権の譲受けも行います（機構法13条1項1号、同法施行令5条1項1号）。

3 ○ 機構は、災害復興建築物の建設若しくは購入又は被災建築物の補修に必要な資金だけではなく、**災害復興建築物の建設に付随する土地若しくは借地権の取得又は堆積土砂の排除その他の宅地の整備**に必要な資金の貸付けも行います（機構法13条1項5号、同法施行令5条2項1号）。

4 ✕ 機構は、貸付けを受けた者が経済状況の悪化などにより元利金の支払が困難になった場合には、**貸付けの条件の変更及び延滞元利金の支払方法の変更**をすることはできますが（業務方法書26条）、元利金の支払の免除をすることはできません。

問 47	正解 **2**	重要度 ☆☆
		難易度 ★★★

1　2　3　4

景表法

1 ✕ 新築住宅を販売するに当たり、当該物件から最寄駅まで実際に歩いたときの所要時間を表示するには、道路距離80mにつき1分間を要するものとして算出した数値を表示し、1分未満の端数が生じたときは、**1分として算出しなければな**

りません（公正規約施行規則 9 条 9 号）。

2 ○ 新築分譲マンションの広告について、取引する全ての住戸の価格を表示する代わりに、パンフレット等の媒体を除き、**1 戸当たりの最低価格、最高価格及び最多価格帯並びにその価格帯に属する住戸の戸数のみ**で表示することができます（同条 39 号）。

3 × 宅地の販売広告において、地目の表示が、登記簿に記載されている地目と現況の地目が異なる場合には、登記簿上の地目のほか**現況の地目を併記しなければなりません**（同条 19 号）。

4 × 新築賃貸マンションの広告において、賃料を表示するに当たり、全ての住戸の賃料を表示する代わりに、パンフレット等の媒体を除き、**1 住戸当たりの最低賃料及び最高賃料のみで表示することができる**のであって（同条 40 号）、標準的な 1 住戸 1 か月当たりの賃料を表示することができるわけではありません。

問 48 **正解　3**　重要度 ☆☆☆　難易度 ★★★

統計

1 × 建築着工統計調査報告（令和 5 年計。令和 6 年 1 月公表）によれば、令和 5 年の新設住宅着工戸数は、持家、貸家及び分譲住宅が**減少**したため、全体で**減少**となりました。

2 × 令和 6 年地価公示（令和 6 年 3 月公表）によれば、令和 5 年 1 月以降の 1 年間の住宅地の地価は、三大都市圏平均では 2.8 ％、それ以外の地方圏平均でも 1.2 ％、**いずれも上昇**しました。

3 ○ 令和 4 年度宅地建物取引業法の施行状況調査（令和 5 年 10 月公表）によれば、令和 5 年 3 月末における宅建業者の全事業者数は 129,604 業者で、**9 年連続の増加**となりました。

4 × 年次別法人企業統計調査（令和 4 年度。令和 5 年 9 月公表）によれば、令和 4 年度における売上高営業利益率は 10.1 ％と前年度と比べ**下落**し、売上高経常利益率は 12.8 ％と **3 年連続**で前年度と比べ**上昇**しました。

| 1 | 2 | 3 | 4 |
| | | | |

問49 **正解 3** 重要度 ☆☆
難易度 ★

土地

1 **適当** 都市内の中小河川の氾濫被害が多発している原因は、急速な都市化・宅地化に伴い、**降雨時に雨水が短時間で急速に河川に流れ込む**からです。

2 **適当** 液状化の調査については、宅地の地盤条件について調べるとともに、過去の資料などで確認することが必要で、**地域にある液状化マップも有効**です。

3 **不適当** 台地は、水はけも良く、**自然災害に対する影響を受けにくい**ため、宅地として多く利用されており、宅地として好ましいといえます。

4 **適当** 自然堤防の背後で形成される後背湿地は、**河川の氾濫などで水が滞留しやすい軟弱な地盤**であるため、宅地としての利用は少ないです。

プラスα 台地の上の浅い谷は、豪雨時には一時的に浸水することがあり、住宅地としては注意を要します。

| 1 | 2 | 3 | 4 |
| | | | |

問50 **正解 2** 重要度 ☆☆
難易度 ★★★

建物

1 **適当** 構造耐力上主要な部分とは、**基礎、基礎ぐい、壁、柱、小屋組、土台など、建築物の自重若しくは積載荷重、積雪荷重、風圧、土圧若しくは水圧又は地震その他の震動若しくは衝撃を支えるもの**をいいます（建基法施行令1条3号）。

2 **不適当** 集成木材構造は、各板を接着させた集成木材で骨組を構成したもので、割れ、ソリなどが発生しにくく、**大規模な建物に使用されています**。

3 **適当** 鉄骨構造は、不燃構造ですが、高熱により鉄の耐力が低下するため、耐火構造にするためには、**耐火材料で被覆する必要があります**。

4 **適当** 鉄筋コンクリート構造は、耐火性、耐久性がありますが、**コンクリートの中性化を防止する必要があります**。

☆合格するためには、35問以上の正解が必要です。
（参考：令和元年度も同基準）（登録講習修了者は30問以上）

☆及び★印は次のような基準で付けました。

重　要　度	難　易　度
☆ ……… 注　意	★ ……… 易しい
☆☆ …… 重　要	★★ …… 普　通
☆☆☆ … 最重要	★★★ … 難しい

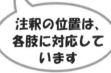
チェックBOXで、
各肢ごとの理解を
チェックしよう！

問1　　正解　4　　重要度　☆☆
　　　　　　　　　　難易度　★★

1　2　3　4
□　□　□　□

敷金関係

1　○　この判決文は、最判昭53.12.22のものです。建物の賃貸借契約の継続中に、賃借人が、賃貸人の承諾を得て、第三者に賃貸借の目的建物の賃借権を譲渡した場合は、賃貸借関係は**賃貸人と新賃借人たる第三者との間に成立**することとなり、賃借人（旧賃借人）は**賃貸借関係から離脱**することになります。判決文にもこのことを前提とする記述があります。

出題意図　判決文の読み取り問題では、提示された判決文の中から各選択肢の内容に関連した記述を読み取ることが求められます。判決文の内容を適切に理解することがポイントです。

2　○　判決文は、賃借権が移転した場合であっても、敷金契約は賃貸借に従たる契約ではあるものの、あくまで**別個の契約**であるとして、当事者間で敷金返還請求権を譲渡した場合や、新賃借人の賃料のための担保とする合意がなされた場合などの特段の事情がない限り、敷金に関する敷金交付者の権利義務関係は新賃借人に**移転しない**としています（民法622条の2第1項）。

3　○　建物の賃貸借契約の継続中に、賃貸借の目的建物が譲渡されその**所有者に変更があった場合**は、賃貸借関係は建物譲受人と賃借人との間に移転し、敷金関係も移転します（大判昭11.11.27）。これとは異なり、賃貸人の承諾を得て賃借人が変更された場合については、判決文は、敷金返還請求権が譲渡されるなどの特段の事情がない限り、**敷金関係は新賃借人との間には移転しない**としています。

注釈の位置は、
各肢に対応して
います

4　✕　判決文は、特段の事情のない限り、敷金に関する敷金交付者の権利義務関係は**新賃借人である第三者には承継されない**としています。

問2　　正解　3　　重要度　☆☆☆
　　　　　　　　　　難易度　★★★

1　2　3　4
□　□　□　□

代理

1　○　復代理人は、本人の代理人として、その権限内の行為につ

いて本人を代表します（民法106条1項）が、復代理人の代理権はあくまでも**原代理人の代理権の存在**を前提として認められるものですので、原代理人の代理権が消滅した場合には、復代理人の代理権も消滅します。

2 ○ 法定代理人は、**自己の責任**で復代理人を選任することができます（105条前段）ので、本人の許諾又はやむを得ない事由は必要ありません。

3 ✕ 代理人は、行為能力者でなくてもよいとされている（102条）ため、未成年者が代理人として行った行為は**完全に有効**であり、法定代理人が**取り消すことはできません。**

4 ○ 代理人が本人のためにすることを示さないでした意思表示は、相手方が、代理人が本人のためにすることを知り、又は知ることができたときを除き、代理人が自己（代理人自身）のためにしたものとみなされます（100条）。したがって、その契約の効果は**代理人に帰属**します。

プラスα 任意代理（委任による代理）の場合は、本人の許諾又はやむを得ない事由がある場合に限り、復代理人を選任することができます（民法104条）。

問3 **正解 2** | 重要度 ☆☆☆ | 難易度 ★★

不動産物権変動

1 ✕ Bの単独相続の登記は、Aの持分に関しては**無権利**の登記であり、登記に公信力が認められていない以上、Bから甲不動産を取得したCも、Aの持分に関する限りでは**無権利**であることになり、Cは「第三者」（民法177条）に当たらないこととなります（最判昭38.2.22）。したがって、Aは甲不動産について登記がなくとも、Cに対し、自己の持分について所有権移転登記の抹消を**請求することができます。**

2 ○ 相続放棄の遡及効（民法939条）は**絶対的**であり、何人に対しても、登記なくしてその効力が生じます（最判昭42.1.20）。本肢では、Aの相続放棄による遡及効はCにも生じ、Aは**初めから相続人とならなかったもの**とみなされるため、CによるA持分の差押えは実体上の権利に基づかないものです。したがって、Cは「第三者」（民法177条）に当たらず、BはCに対し、登記がなくても、甲土地について自己の権利を**対抗することができます。**

3 ✕ 不動産の共有者の1人が自己の持分を第三者に譲渡した場合、他の共有者は「第三者」（同条）に当たり、その持分の譲渡について**登記がなければ**、他の共有者に対して持分の取得を**対抗することはできません**（最判昭46.6.18）。

4 ✕ 第三者が不動産について**登記を備えた**後に、その不動産

プラスα 「登記に公信力が認められていない」とは、登記上の記載を信頼して不動産取引を行っても、その信頼は保護されないということです。

の取得時効が完成した者は、その第三者に対しては、登記がなくても時効取得を**対抗することができます**（最判昭41.11.22）。

プラスα 時効完成前にAがBに対して登記を請求することはできないからです。

1 2 3 4

□ □ □ □

（問4）　**正解　2**　重要度 ☆☆☆　難易度 ★★

時効

1 ✕　債務者は、時効完成後に債権者に対して**債務の承認**をした以上、時効完成の事実を**知らなかったとき**であっても、その後、その完成した消滅時効を援用することは許されません（最大判昭41.4.20）。

2 ◯　連帯保証には、主たる債務者又は保証人の一方について生じた事由の効力について連帯債務の規定が準用され（民法458条）、連帯保証人の債務の承認は**相対効**となり（同条、441条）、主たる債務者に**影響を及ぼさない**ため、主たる債務者の消滅時効は更新されません。

3 ✕　取得時効の完成時期については、**必ず時効の基礎となった事実が開始した時**を起算点として決定すべきであって、取得時効の援用権者が任意にその起算点を選択することはできません（最判昭35.7.27）。

4 ✕　抵当不動産の第三取得者は、時効によって直接に利益を受ける「**当事者**」（民法145条）として、消滅時効を援用することができます（最判昭48.12.14）。

ア イ ウ

（問5）　**正解　2**　重要度 ☆☆☆　難易度 ★★★

法定地上権

ア ✕　法定地上権が成立するためには、**抵当権設定当時**において土地上に建物が存在することが必要であり（民法388条）、更地に抵当権が設定された後に、更地上に建物が建設された場合は、原則として法定地上権は成立しないことになります。この場合、抵当権者が土地上に建物が築造されることをあら

プラスα　法定地上権の成立要件は、①抵当権設定当時、**土地上に建物が存在する**こと、②抵当権設定当時、土地と建物が**同一人の所有**であるこ

かじめ承認していたという事実があっても、**法定地上権は成立しないものとされています**（最判昭 36.2.10.）。

イ ○ 所有者が土地及び地上建物に共同抵当権を設定した後、建物が取り壊され、土地上に新たに建物が建築された場合には、**新建物の所有者が土地の所有者と同一であり、かつ、新建物が建築された時点での土地の抵当権者が新建物について土地の抵当権と同順位の共同抵当権の設定を受けた**等、特段の事情のない限り、新建物のために法定地上権は成立しません（最判平 9.2.14）。本肢では、D は丙建物について、甲土地の抵当権と同順位の共同抵当権の設定を受けていることから、特段の事情があるため、法定地上権が成立します。

ウ ○ 土地についての 1 番抵当権の設定時は土地と建物が別人の所有であったものの、2 番抵当権設定時には同一人の所有となっていたという場合において、1 番抵当権が実行されたときに、法定地上権の成立を肯定すると、法定地上権が成立しないことを前提として土地の担保価値を把握していた **1 番抵当権者を害する**ことになることから、法定地上権は成立しないものとされています（最判平 2.1.22）。

以上より、**正しいものはイとウの二つであり、2 が正解となります。**

と、③土地・建物の一方又は双方に抵当権が設定されること、④抵当権の実行により、土地・建物の所有者が異なるに至ることです。

問6  **正解 3** 重要度 ☆☆☆ 難易度 ★★★

1	2	3	4
□	□	□	□

売主の担保責任

1 ✕ 瑕疵担保責任における「瑕疵」には、物理的欠陥だけでなく**法律上の欠陥**も含まれるため、都市計画法上の制約も「瑕疵」に該当します（最判昭 41.4.14）。そのため、B は、都市計画法上の制限を知っていた場合を除き、A に対して瑕疵担保責任を**追及することができます**（民法 562 ～ 564 条）。

2 ✕ 数量指示売買では、指示数量が**不足する場合**における代金の**減額請求**が認められています（563 条）が、指示数量を超過する場合、たとえ売主が数量超過の事実を知らなかったときであっても、**代金増額請求は認められません**（最判平 13.11.27）。

3 ○ 他人物売買において、売主は所有権を取得して買主に移転する義務を負います（民法 561 条）。所有権を取得して買主に移転することができないときは、買主の**善意悪意にかかわらず**、債務不履行・損害賠償の規定に従うことになります（542 条、415 条）。

4 ✕ 契約不適合を理由とした損害賠償請求権の行使は、**売買**

契約の解除の可否にかかわりなくすることができます（564条）。

1　2　3　4

問7　**正解　1**　重要度　☆☆
　　　　　　　　　　難易度　★★★

委任

1　✕　受任者は、委任事務を処理するに当たって受け取った金銭その他の物を委任者に引き渡さなければなりません（民法646条1項）が、**引き渡すべき時期までは民法に定められていないため、直ちに引き渡す必要はありません**。

2　〇　受任者は、委任者に引き渡すべき金額又はその利益のために用いるべき金額を自己のために消費した場合は、委任者に対して、**その消費した日以後の利息を支払う義務を負います**（647条前段）。

3　〇　受任者は、委任事務を履行した後でなければ、報酬を請求することができません（648条2項本文）。しかし、受任者は、委任事務を処理するに当たって受け取った金銭その他の物や収取した果実を委任者に**引き渡す義務**を負います（646条1項）。この引渡義務は、委任事務の履行に含まれるものであることから、受任者は、委任者から約定の報酬が支払われない場合であっても、**受領物の引渡義務を負うこととなります**。

4　〇　受任者は、委任事務を処理するために**必要と認められる債務を負担した場合**は、委任者に対し、**自己に代わってその弁済をすること**を請求することができます（650条2項）。

> **プラスα**　受任者は、委任者に引き渡すべき金額等を自己のために消費したことにより、委任者に損害が発生した場合には、**その損害を賠償する責任**を負うことになります（民法647条後段）。

1　2　3　4

問8　**正解　3**　重要度　☆☆
　　　　　　　　　　難易度　★★

共有

1　〇　共有物を使用する共有者は、別段の合意がある場合を除き、他の共有者に対し、**自己の持分を超える使用の対価を償還する義務を負います**（民法249条2項）。

2　〇　各共有者の持分は、**相等しいものと推定されます**（250条）。

3　✕　共有物の管理者は、共有物の管理に関する行為をすることがですが、**共有者の全員の同意を得なければ、共有物に変更**（その形状又は効用の著しい変更を伴わないものを除く。）**を加えることができません**（252条の2第1項）。

4　〇　各共有者は、その持分に応じ、**管理の費用を支払い、その他共有物に関する負担を負います**（253条1項）。

> **プラスα**　**共有物の保存の行為**については、各共有者が単独ですることができます（民法252条5項）。

問9 **正解 4** 重要度 ☆☆☆
難易度 ★★

不法行為

1 ○ 注文者は、請負人がその仕事について第三者に加えた損害を賠償する責任を負わないのが原則ですが（民法716条本文）、例外的に、**注文者の注文又は指図について注文者に過失があったときは**、請負人がその仕事について第三者に加えた損害を賠償する責任を負います（同条ただし書）。

2 ○ 使用者に代わって事業を監督する者は、使用者と同様に、被用者がその事業の執行について第三者に加えた損害を賠償する責任を負います（715条2項、1項本文）。ただし、事業を監督する者が**被用者の選任及びその事業の監督について相当の注意をしたとき、又は相当の注意をしても損害が生ずべきであったとき**には、この損害賠償責任を負いません（同条2項、1項ただし書）。

3 ○ 動物の占有者に代わって動物を管理する者は、**動物の種類及び性質に従い相当の注意をもってその管理をしたとき**には、その動物が他人に加えた損害賠償責任を負いません（718条2項、1項）。

4 ✕ 土地の工作物の設置又は保存に瑕疵があることによって他人に損害が生じた場合は、その工作物の**占有者**は、被害者に対してその損害を賠償する責任を負います（717条1項本文）。ただし、**占有者が損害の発生を防止するのに必要な注意をしたときは、所有者**がその損害を賠償しなければなりません（同条項ただし書）。

プラスα 民法717条1項の規定は、工作物の占有者については一定の場合に免責を認めていますが、**所有者については免責を認めていない**ことから、同法717条1項により所有者が負う損害賠償責任は**無過失責任**であることになります。

問10 **正解 4** 重要度 ☆☆☆
難易度 ★★

相続人

1 ✕ 被相続人が遺言で推定相続人（相続開始時に相続人となるべき者）を廃除する意思を表示した場合は、遺言執行者が、**その遺言が効力を生じた後に遅滞なくその推定相続人の廃除**を家庭裁判所に請求しなければなりません（民法893条前段）。そして、廃除の審判が確定すれば、**被相続人の死亡の時にさかのぼって廃除の効力が生じます**（同条後段）。

審判が確定しないうちに、オレに相続させろ！

とにかく、家庭裁判所の審判があるまでは、手をつけないよ。

2　✕　　胎児は、相続については、**既に生まれたものとみなされます**（886条1項）。したがって、Aの子Bは、Aの死亡時に胎児であれば、Aの相続人となり得ます。

3　✕　　被相続人が廃除を請求することができる推定相続人は、**遺留分を有する推定相続人**に限られます（892条）。兄弟姉妹は遺留分を有しないことから（1042条）、廃除の対象とはなりません。

4　〇　　被相続人に子がいないときなど、887条の規定により相続人となるべき者がいない場合においては、まず、被相続人の**直系尊属のうち親等の最も近い者**が相続人となります（889条1項1号）。直系尊属がいないときは、被相続人の兄弟姉妹が相続人となります（同条項2号）。本肢では、Aの死亡時にはAの直系尊属である母Dが生存しているので、Aの相続人となるのはDのみとなります。

問11　　**正解　4**　重要度　☆☆☆　難易度　★★★

借地

1　✕　　借地借家法第2章第1節（借地権の存続期間等）の規定に反する特約で、**借地権者に不利なもの**は、無効とされます（借地借家法9条）。しかし、本肢のように、借地契約において**賃料不払いがあったとき**は賃貸人の催告を要せず解除することができる旨の**無催告解除の特約**は、借地借家法9条に反せず、**有効**とされています（最判昭40.7.2）。

2　✕　　更新を拒絶する場合に、正当事由の存在のほか、契約期間の満了の1年前から6か月前までの間に賃借人に対して更新をしない旨の通知が必要なのは、土地賃貸借契約ではなく、**期間の定めのある建物賃貸借契約**です（借地借家法26条1項）。

3　✕　　借地権の存続期間が満了する前に、取壊し等による建物の滅失があった場合において、**借地権者が残存期間を超えて存**

プラスα　存続期間や更新などについて借地借家法の定めよりも**借り手に不利になる特約**を結ぶ場合は、借地借家法9条により**無効**となります。

1 2 3 4

続すべき建物を築造したときは、その建物を築造するについて借地権設定者の承諾がある場合に限り、借地権は、**承諾があった日又は建物が築造された日のいずれか早い日から20年間存続する**こととされています（7条1項）。しかし、本肢では、Aは甲土地上に建物を築造しておらず、借地借家法7条1項の要件を満たさないため、甲土地の賃貸借契約は更新されたものとはみなされません。

4 ○ 期間の定めのない土地の賃貸借契約について、**民法**上は、各当事者は**1年前に解約の申入れ**をすることにより賃貸借契約を終了させることができます（民法617条1項1号）。しかし、**借地借家法**の適用を受ける**期間の定めのない土地の賃貸借契約**の場合、その存続期間は、契約でこれより長い期間を定めない限り、**一律30年**とされます（借地借家法3条）ので、1年前に解約の申入れをして賃貸借契約を終了させることはできません。

1　2　3　4

問12　**正解　2**　重要度 ☆☆☆　難易度 ★★★

借家

1 × 建物の**転貸借**が行われている場合、建物の賃貸借が期間の満了又は解約の申入れによって終了するときは、賃貸人はその旨を**転借人に通知**しなければ、賃貸借契約の終了を転貸人に対抗することができません（借地借家法34条1項）。

2 ○ 期間の定めがある建物の賃貸借をする場合においては、公正証書による等**書面によって契約**をするときに限り、契約の更新がないこと（**定期建物賃貸借**）とする旨を定めることができます（38条1項）。

3 × 期間の定めがある建物賃貸借においては、当事者が期間の満了の1年前から6か月前までの間に相手方に対して**更新をしない旨の通知又は条件を変更しなければ更新をしない旨の通知**をしなかったときは、従前の契約と同一の条件で契約を更新したものとみなされますが、**期間については定めがないものとされます**（26条1項）。

4 × 建物の**賃貸借**は、賃貸借の登記がなくても、建物の**引渡し**があれば、その後その建物について物権を取得した者に対し、**その効力が生じます**（31条1項）。したがって、Bは甲建物の引渡しを受けている以上、賃借権の登記を備えていなくても、Cに対して甲建物の賃借権を主張することができます。

プラスα 定期建物賃貸借をしようとするときは、賃貸人は、**あらかじめ**、賃借人に対して、契約の更新がなく、期間の満了により当該建物の賃貸借は終了する旨を記載した**書面を交付**して説明する義務を負い、この説明をしなかったときは、契約の更新がないこととする旨の定めは**無効**となります（借地借家法38条1項、2項、3項）。

39

問13　**正解 2**　重要度 ☆☆☆／難易度 ★★★

区分所有法

1　×　公正証書による規約の設定を行うことができるのは、**最初に建物の専有部分の全部を所有する者のみ**です（区分所有法32条）。

2　○　集会の議事録の保管場所は、規約の保管場所と同様に、**建物内の見やすい場所に掲示**する必要があります（42条5項、33条3項）。

3　×　共用部分の変更（その形状又は効用の著しい変更を伴わないものを除く。）は、区分所有者及び議決権の各**4分の3以上の多数**による集会の決議で決します（17条1項本文）。この区分所有者の**定数**は、規約でその過半数まで減ずることができます（同条項ただし書）が、**集会の決議以外の方法によることができる旨を規約で定めることはできません**。

4　×　招集の手続を経て集会が開かれた場合においては、その招集通知により**あらかじめ通知した事項についてのみ**、決議をすることができます（37条1項、35条）。区分所有者の全員の同意による例外は認められていません。

> **プラスα**　規約の設定、変更、廃止は、重大な事項であることから、区分所有者及び議決権の各**4分の3以上の多数**による集会の決議が必要となります（区分所有法31条1項）。

問14　**正解 2**　重要度 ☆☆／難易度 ★★

不登法

1　○　土地の分筆の登記申請は、その土地の**表題部所有者又は所有権の登記名義人**以外の者はすることができません（不登法39条1項）。

2　×　仮登記であっても、その申請は**共同申請**が原則となります（60条）。

3　○　区分建物である建物を新築した場合において、その所有者について**相続その他の一般承継**があったときは、相続人その他の一般承継人も、被承継人を表題部所有者とする当該建物についての**表題登記**を申請することができます（47条2項）。

4　○　仮登記の抹消は、仮登記の登記名義人が**単独**で申請することができ、仮登記の**登記名義人の承諾がある場合**における当該仮登記の登記上の利害関係人も、同様に**単独**で申請することができます（110条）。

> **プラスα**　仮登記の共同申請の例外として、**登記義務者の承諾**がある場合や、裁判所による**仮登記を命じる処分**がある場合には、仮登記権利者が単独で申請することができます（不登法107条1項、108条1項）。

問 15　**正解 4**　重要度 ☆☆☆
　　　　　　　　　　難易度 ★★

国土法（事後届出）

1　○　事後届出をしなかった場合、**6 月以下の懲役又は 100 万円以下の罰金**の対象となります（国土法 47 条 1 号）が、土地の売買等の契約が無効となるわけではありません。

2　○　売買予約の契約を締結した場合は、権利取得者は、契約締結日から起算して **2 週間以内に事後届出が必要**です（23 条 1 項）。しかし、予約完結権、取消権、解除権、買戻権等の**形成権の行使**については、**一方的意思表示**であり、契約によるものではないため、**事後届出は不要**です。なお、**形成権の譲渡**の場合は、契約によるものですので、**事後届出が必要**です。

3　○　**市街化区域内**に所在する土地の売買契約を締結する場合、当該土地の面積が **2,000 m² 以上**であるときは、事後届出の対象となります（同条 2 項 1 号イ）。

4　✕　**市街化調整区域**のような、市街化区域以外の都市計画区域内に所在する土地の事後届出面積は、**5,000 m² 以上**です（同条項 1 号ロ）。なお、農地法 5 条 1 項の許可を要する場合であっても、**事後届出が必要**となります（国土法 23 条 2 項 3 号、同法施行令 17 条 1 項 1 号、6 条 7 号参照）。

ウラ技!!

国土法の数値攻略テクニック！
事後届出が必要かどうかという問題は、取引される土地の面積要件を覚えておけば正解できる！　以下のポイントを押さえておけば、正解率をかなり up できるぞ！

> **大前提：契約の相手方が、国又は地方公共団体の場合は、とにかく事後届出が不要。**
> 事後届出が必要となる面積は、
> 原　則：都市計画区域外（市街化区域・市街化調整区域外）
> 　　　　⇒ **10,000m²（1 ヘクタール）以上**
> 例外①：市街化区域内
> 　　　　⇒ **2,000m² 以上**
> 例外②：市街化調整区域・区域区分の定めのない都市計画区域内
> 　　　　⇒ **5,000m² 以上**

プラスα　農地法 3 条 1 項の許可を要する場合には、事後届出を行う必要はありません（国土法 23 条 2 項 3 号、同法施行令 17 条 1 項 1 号、6 条 7 号）。

完全予想模試─②／正解・解説

問16　**正解　1**　重要度　☆☆☆
難易度　★★

都計法（地域地区）

1　〇　**特定用途制限地域**とは、その良好な環境の形成又は保持のためその地域の特性に応じて合理的な土地利用が行われるように、特定の用途の建物を制限する地域であって、**用途地域が定められていない土地の区域**に定められます。ただし、市街化調整区域には定めることはできません（都計法9条15項）。

2　✕　特別用途地区は、**用途地域内においてのみ**定めることができます（同条14項）。

3　✕　都市計画区域は、2以上の都府県にわたって指定することができます。この場合、指定権者は**国土交通大臣**です（5条4項）。

4　✕　都市計画の決定又は変更の提案は、土地所有者等の**3分の2以上の同意**を得れば、地方公共団体に対してすることができます（21条の2第1項、3項2号）。

プラスα　特定用途制限地域は、**市街化区域**にも定めることができません。市街化区域には必ず**用途地域**が定められるからです（都計法13条1項7号）。

問17　**正解　3**　重要度　☆☆☆
難易度　★★

開発許可

1　✕　市街化調整区域や区域区分が定められていない都市計画区域等では、**農林漁業の用**又はこれらの業務を営む者の**居住の用**に供する建築物の建築を目的とした開発行為であれば開発許可は不要ですが、**市街化区域内**の場合は開発許可が**必要**です（都計法29条1項2号）。

2　✕　開発許可申請書には、開発区域の**位置や区域**のほか、**予定建築物等の用途**を記載する必要がありますが、その構造、設備等は記載する必要はありません（30条1項1号、2号）。

3　〇　国又は都道府県、指定都市等若しくは事務処理市町村若しくは都道府県、指定都市等が行う都市計画区域若しくは準都市計画区域内における開発行為については、原則として、当該国の機関又は都道府県等と**都道府県知事との協議の成立**により、開発許可があったものとみなされます（34条の2第1項）。

4　✕　**市街地再開発事業**の施行として行う開発行為には、開発許可は必要ありません（29条1項6号）。

プラスα　開発許可申請書にはこのほかに、開発行為に関する**設計**、**工事施行者**等を記載する必要があります（都計法30条1項3号、4号）。

問 18　**正解　4**　重要度　☆☆☆　難易度　★★

建築確認

1　○　共同住宅は**特殊建築物**に該当します（建基法別表第一い欄）。そして、建築物の用途を変更して特殊建築物にする場合であって、その用途に供する部分の床面積の合計が**200 m²を超える場合**は、建築確認が**必要**です（6条1項1号）。

2　○　**都市計画区域**、**準都市計画区域**、**準景観地区内**における建築物の新築は、建築物の用途、構造又は規模に関係なく、建築確認が**必要**です（同条項4号）。

3　○　建築主は、工事完了の日から**4日以内**に建築主事に**到達**するように、建築主事の検査を申請する必要があります（7条1項、2項）。

4　✕　**防火地域内**において建築物を**増築**する場合は、その増築に係る部分の**床面積に関係なく**、建築確認が**必要**です（6条2項）。

> **プラスα**　防火地域・準防火地域以外における建築物の増築・改築・移転の場合は、その増築・改築・移転に係る部分の床面積の合計が**10 m²以内**であれば、建築確認は**不要**です（建基法6条2項）。

問 19　**正解　2**　重要度　☆☆　難易度　★★

建基法（道路制限）

1　✕　道路の境界線とみなされる線と道との間の部分が私有地である場合でも、**敷地面積には算入されません**（建基法42条2項、同法施行令2条1項1号）。

2　○　地方公共団体は、一定の場合、条例によって、建築物の敷地と道路との関係について**必要な制限**を付加することができますが（建基法43条の2）、条例によって**緩和することはできません**。

3　✕　前面道路が2以上ある場合、**幅員が最大のもの**をもとに、容積率を算定します（52条2項）。

4　✕　敷地が道路に2 m以上接していない場合であっても、特定行政庁が**建築審査会の同意**を得て許可した場合、当該敷地上に建築物を建築することができます（43条2項）。利害関係者の同意ではありません。

> **プラスα**　前面道路が**1つのみの場合**で、その幅が**12 m未満**のときは、都市計画法で定められている容積率と、道路の幅員に一定の数値を乗じて得た数値による容積率とを比較し、そのうち**最も小さい数値**をその容積率

プラスα 宅地造成工事規制区域の指定については、都市計画区域の内外を問いません（盛土法 10 条 1 項）。

問 20

正解　4	重要度　☆☆
	難易度　★★

盛土法

1　○　宅地造成工事規制区域内の土地は、造成宅地防災区域として指定することはできません（盛土法 45 条 1 項）。

2　○　宅地造成工事に着手した後に、宅地造成工事規制区域に指定された場合、当該工事の造成主は、指定から **21 日以内**に、当該工事について都道府県知事に対し**届出**をする必要があります（21 条 1 項）。

3　○　宅地造成工事規制区域内において行われる宅地造成に関する工事の許可（12 条 1 項）を受けた造成主は、当該許可に係る工事を完了した場合には、その工事が**宅地造成に関する工事の技術的基準等**（13 条 1 項）に適合しているかどうかについて、都道府県知事の**検査**を受ける必要があります（17 条 1 項）。

4　✕　宅地造成工事規制区域内の宅地において、擁壁等に関する工事を行おうとする者は、許可を受けた場合等を除き、工事に着手する日の **14 日前**までに、都道府県知事に対しその旨の**届出**を行う必要があります（21 条 3 項）。

問 21

正解　1	重要度　☆☆
	難易度　★★

1	2	3	4

区画法

1　○　土地区画整理組合が土地区画整理事業の施行者である場合、**都市計画に定められた施行区域外（市街化調整区域）**でも、土地区画整理事業を施行することができます（区画法 3 条 2 項）。

2　✕　**所有権者及び借地権者のそれぞれの 3 分の 2 以上の同意**を得る必要があります（18 条）。

3　✕　仮換地となるべき土地の**使用収益権者**に対して通知する必要があります（98 条 6 項）。抵当権者には使用収益権がないので、**通知は不要**です。

4　✕　施行地区内の宅地の**所有者及び借地権者**は全てその組合員になりますが、借家人は組合員にはなりません（25 条 1 項）。

問22 | **正解 3** | 重要度 ☆☆
難易度 ★★

1	2	3	4

農地法

1 ✕ 　現に耕作の用に供されている土地は、土地登記簿上の地目にかかわらず農地に当たり、農地法の適用を受けます（農地法2条1項）。したがって、当該土地を**住宅の建設目的で取得する場合**は、転用のための権利移動として農地法5条の許可が必要です。

2 ✕ 　不動産質権の設定は、不動産質権者が当該不動産を支配し、原則として**使用及び収益をすることができる**ことになるため、農地法3条の**許可が必要**です（3条1項）。

3 〇 　遺産分割により農地の権利が移転する場合は、農地法3条の許可は**不要**ですが、農業委員会に**届出をする必要**があります（同条項12号、3条の3）。

4 ✕ 　市街化区域内の農地であっても、耕作目的で取得する場合には、農地法3条の**許可が必要**です（3条1項）。

> **プラスα** 　農地法3条と異なり、農地の転用が行われることになる農地法**4条・5条には市街化区域内における特例**があり、農業委員会への**届出**をすれば農地法4条・5条の許可を受ける必要はありません（農地法4条1項7号、5条1項6号）。

問23 | **正解 4** | 重要度 ☆☆
難易度 ★★★

1	2	3	4

登録免許税

1 ✕ 　登録免許税は、**不動産の登記を受ける者**が納税義務を負います。土地の売買では、売主が**登記義務者**、買主が**登記権利者**であり、両者が共同して登記申請を行うため、**両者が「登記を受ける者」**に当たります（登録免許税法3条後段）。

2 ✕ 　不動産登記の登録免許税の納税地は、**納税義務者が受ける登記等の事務をつかさどる登記所その他の官署又は団体の所在地**です（8条1項）。つまり、売主の住所を管轄する登記所等ではなく、**当該不動産の所在地**を管轄する登記所等が納税地となります。

3 ✕ 　土地の上に**所有権以外の権利その他処分の制限**が存するときは、当該権利その他処分の**制限がないものとした場合の価額**によることとなります（10条1項後段）。本肢の場合、土地については**地上権等の権利が存在しない更地**として、登

> **プラスα** 　本肢のように、登記等を受ける者が**2人以上あるとき**は、これらの者の納税義務は**連帯債務**となります（登録免許税法3条後段）。

録免許税額が決定されます。

4　○　課税標準となる不動産の価額は、**固定資産課税台帳登録価額**とされています（同条項前段、附則7条）。売買契約書に記載されている実際の取引価格ではありません。

1　2　3　4

問24　**正解　2**　重要度　☆☆☆／難易度　★★

固定資産税

1　×　国や地方公共団体（都道府県、市町村、特別区など）には、固定資産税を課することができません（地方税法348条1項）が、**独立行政法人**は原則として**課税対象**となります。

2　○　固定資産課税台帳に記載された価格に不服がある固定資産税の納税者は、原則として、**固定資産評価審査委員会に対して審査の申出**をすることができます（432条1項本文）。

3　×　**200 m² を超える住宅用地の課税標準については、200 m² 以下の部分**は固定資産税の課税標準となるべき価格の**6分の1の額、200 m² を超える部分は3分の1の額**です（349条の3の2第1項、2項）。

4　×　**100年より永い存続期間の定めのある地上権が設定されている土地**については、その地上権者に固定資産税が課されます（343条1項）。全ての地上権者に課されるわけではありません。

1　2　3　4

問25　**正解　2**　重要度　☆☆／難易度　★★

地価公示

1　○　土地の取引を行う者は、取引の対象土地に類似する利用価値を有すると認められる標準地について公示された価格を指標として取引を行うよう**努めなければならない**とされます（地価公示法1条の2）。すなわち、土地の取引を行う者は**努力義務**を負うのみであって、法的義務までを負うものではありません。

2　×　土地鑑定委員**7人**のうち、**6人を非常勤**とする必要があります（14条1項、2項）。

3　○　土地鑑定委員会は、標準地について、**毎年1回、2人以上の不動産鑑定士**の鑑定評価を求め、その結果を審査し、必要な調整を行って、一定の基準日における当該標準地の単位面積当たりの正常な価格を**判定し、公示する**ものとされています（2条1項）。この公示は**官報**によって行われ、標準地の

プラスα　土地鑑定委員会は、両議院の同意を得て、国土交通大臣が任命した土地鑑定委員で構成されます（地価公示法15条1項）。

単位面積当たりの価格や価格判定の基準日、標準地の地積及び形状等が公示されます（6条）。

4 ○ 土地鑑定委員会の求めに応じて標準地の鑑定評価を行った不動産鑑定士は、正当な理由がなく、その鑑定評価に際して知ることのできた**秘密を漏らしてはならない**とされています（24条）。

問26 正解 **2** 重要度 ☆☆
難易度 ★

免許

1 × 免許の有効期間は5年であり（宅建業法3条2項）、免許の更新の申請は、有効期間満了の日の**90日前から30日前までの間**にする必要があります（同条3項、同法施行規則3条）。

2 ○ 2つ以上の都道府県の区域内に事務所を設置してその事業を営もうとする場合は、都道府県知事の免許ではなく、**国土交通大臣**の免許を受ける必要があります（宅建業法3条1項）。

3 × 宅建業の**免許を受けていない者**は、宅建業を営む旨の表示や、宅建業を営む目的で広告をすることは**禁止**されています（12条2項）。

4 × 免許権者は、宅建業の免許に**条件を付す**ことや、**条件を変更**することができ、**免許の更新**の場合についても同様です（3条の2第1項）。

> **プラスα** 1つの都道府県の区域内にのみ複数の事務所を設置して事業を営もうとする場合は、事務所の所在地を管轄する**都道府県知事**の免許を受けることとなります（宅建業法3条1項）。

問27 正解 **3** 重要度 ☆☆
難易度 ★★

宅建業者名簿

1 ○ 宅建業者名簿の登載事項（宅建業法8条2項）のうち、一定の事項に変更があった場合、宅建業者は、**30日以内**に免許権者に届出をする必要があります（9条）。

2 ○ 事務所ごとに置かれる**専任の宅建士の氏名**は、宅建業者名簿の登載事項です（8条2項6号）ので、専任の宅建士の変更があった場合、宅建業者は、**30日以内**に免許権者に届出をする必要があります（9条）。

3 × 宅建業以外の事業を行っている場合における、**その事業の種類**は、宅建業者名簿の登載事項です（8条2項8号、同法施行規則5条2号）が、**変更**の際に届出が必要な事項（宅建業法9条）の中には**含まれていません**。したがって、Aが

> **プラスα** 専任の宅建士の退職等により、事務所に置かれる宅建士の数が法定数に満たなくなった場合には、宅建業者は**2週間以内**に必要な措置をとらなければなりません（宅建業法31条の3第3項）。

新たな宅建業以外の事業を開始する場合には、届出をする必要はありません。

4 ○ **役員の氏名**は、宅建業者名簿の登載事項です（8条2項3号）。監査役も役員である以上、宅建士であるか否かにかかわらず、**免許権者への届出が必要**です（9条）。

問28 **正解 3** 重要度 ☆☆ / 難易度 ★★

1 2 3 4

廃業等の届出

1 × 法人である宅建業者が**合併**により消滅した場合、その旨の届出をしなければならず（宅建業法11条1項2号）、届出があったときには、届出の時ではなく、**合併の時**に免許が失効します（同条2項参照）。

2 × 宅地建物取引業者が死亡した場合、相続人は、**死亡の事実を知った日から30日以内**に、その旨を免許権者に届け出る必要があります（同条1項1号）。

3 ○ 法人である宅建業者が**合併及び破産手続開始の決定以外の理由により解散した場合**、その旨の届出をしなければならず（同条項4号）、届出があったときには、**届出の時**に免許が失効します（同条2項）。

4 × 法人である宅建業者が**合併**により消滅した場合、**消滅した法人を代表する役員であった者**が、その日から30日以内に、その旨をその免許を受けた国土交通大臣又は都道府県知事に届け出る必要があります（同条1項2号）。本肢では、Eを代表する役員であった者が、甲県知事に届け出なければなりません。

プラスα 死亡・合併はその時から、破産・解散・廃業は届出の時から免許が失効することになります。混同しないように注意しましょう。

問29 **正解 1** 重要度 ☆☆☆ / 難易度 ★★

1 2 3 4

営業保証金

1 ○ 供託した旨の届出の催告（宅建業法25条6項）後、**1か月以内**に宅建業者が供託した旨の届出をしない場合は、免許権者はその免許を**取り消すことができます**（同条7項）。任意的な免許取消しであるため、必ず取り消されるわけではありません。

2 × 宅建業者は、保証協会の社員になったことにより、営業保証金を供託する必要がなくなったときは、**公告手続（30条2項本文）を経ることなく**、供託した営業保証金を取り戻すことができます（64条の14第1項）。

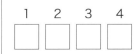 **プラスα** 公告手続（宅建業法30条2項本文）なしで直ちに営業保証金を取り戻すことがで

3 ✕ 営業保証金は、**主たる事務所の最寄りの供託所に供託する**必要があります（25条1項）。本店分及び支店分をそれぞれの最寄りの供託所に供託するのではありません。

4 ✕ 宅建業者と**宅建業に関し取引をした者**であって、**その取引により生じた債権を有する者**は、宅建業者が供託した営業保証金からその債権の弁済を受ける権利、すなわち**還付を受ける権利**を有します（27条1項）。B銀行が取得した融資金の返還請求権は、宅建業に関する取引から生じた債権ではないため、還付請求の対象にはなりません。

きるのは、以下の3つの場合です。
①主たる事務所の**移転**により**最寄りの供託所が変更**した場合（同条項かっこ書）
②営業保証金の取戻事由の発生から**10年が経過**した場合（同条項ただし書）
③**保証協会の社員**となった場合（64条の14第1項）

ア　イ　ウ
□　□　□

（問30）　**正解　1**　重要度　☆☆
　　　　　　　　　　　難易度　★★

宅建士登録の欠格事由

ア ◯ 「宅地建物取引業に係る営業に関し**成年者と同一の行為能力を有しない未成年者**」は、宅建士の登録を受けることができません（宅建業法18条1項1号）。逆にいうと、**成年者と同一の行為能力を有している未成年者**は、成年に達する前であっても宅建士の登録が可能となります。

宅建士試験に受かったから、登録してよ！（未）

お父さんから、営業の許可もらったらね。（知）

イ ◯ 不正の手段により宅建士証の交付を受けたとして、登録消除処分の聴聞の期日・場所が公示された日から処分・不処分を決定する日までの間に登録消除の申請をした者は、消除の申請について**相当の理由がある場合**を除いて、登録消除の日から5年経過しない限りは、宅建士の登録を受けることができませんが、登録の消除の申請について**相当の理由がある者**は除外されています（同条項10号、68条の2第1項3号）。

ウ ✕ 宅建士が脅迫罪等の罪により罰金刑に処せられた場合、宅建士として登録を受けることができないのは、**刑の執行を終わり、又は執行を受けることがなくなった日から5年を経過しない者**です（18条1項7号）。

以上より、**正しいものの組合せはア、イ**であり、**1が正解**となります。

49

問31 　**正解　2**　重要度 ☆☆ / 難易度 ★★

事務所等

1 ✕ 　専任の宅建士を設置する必要があるのは、**契約の締結又は申込みを受ける場所**に限られます（宅建業法31条の3第1項、同法施行規則15条の5の2）。

2 ◯ 　案内所等の届出が必要となるのは、国土交通省令で定める**契約の締結又は申込みを受けることが予定される場所**を設置する場合です（宅建業法50条2項）。単に現地案内等だけを行うような案内所等では、届出は必要ありません。

3 ✕ 　宅建業者は、事務所ごとに業務に関する帳簿を備え、取引のあった都度、宅建業法第49条所定の事項を記載しなければなりません。この帳簿の保存期間は、**各事業年度の末日における閉鎖後5年間**、宅建業者が**自ら売主となる新築住宅に係るものについては10年間**とされています（同法施行規則18条3項）。つまり、帳簿の内容によって保存期間が5年間又は10年間とされます。

4 ✕ 　報酬の額を掲示する必要がある場所は**事務所**であり（宅建業法46条4項）、案内所には報酬の額を掲示する必要はありません。

> **プラスα**　案内所における標識の掲示義務（宅建業法50条1項、同法施行規則19条1項）については、**契約の締結又は申込みを受けるかどうかを問いません**。混同しないようにしましょう。

問32 　**正解　3**　重要度 ☆☆☆ / 難易度 ★★

広告の規制

1 ◯ 　「著しく事実に相違する表示をし、又は実際のものよりも著しく優良であり、若しくは有利であると人を誤認させるような表示」をすることは**誇大広告**として禁止されています（宅建業法32条）。32条違反の場合、**監督処分**の対象となるほか、**罰則**の対象となります（81条1号）。

2 ◯ 　宅建業者が宅地又は建物の売買、交換、貸借に関する広告をするときは、自ら当事者となる売買若しくは交換か、媒介か、代理か、という**取引態様の別**を明示する必要があります（34条1項）。取引態様の別は、**広告の都度**明示する必要がありますので、数回に分けて広告する場合は、それぞれの広告ごとに逐一、取引態様の別を明示する必要があります。

3 ✕ 　宅地又は建物の**貸借**の場合には、建築確認を受ける前であっても、**契約の締結を媒介することができます**（36条）。

4 ◯ 　宅建業者は、広告時のみならず、**取引の注文を受けた際にも**遅滞なく、取引態様の別を明示する必要があります（34

> **プラスα**　貸借の場合は、**広告の開始時期**については制限があります（宅建業法33条）が、売

条1項、2項）。

買・交換と異なり、**契約の締結時期**については制限がないことに注意しましょう。

問33 **正解 1** 重要度 ☆☆ / 難易度 ★★

報酬

1 ✕ 依頼者の特別の依頼に基づき行った遠隔地への現地調査に要した特別の費用については、その負担について**事前に依頼者の承諾**があれば、当該費用相当額を依頼者から受領することができます（宅建業法の解釈・運用の考え方）。

2 ◯ **不当に高額な報酬の要求行為をすること自体**が宅建業法違反となり、実際に報酬を受け取ったか否かは問いません（宅建業法47条2号）。

3 ◯ 宅建業法第46条第4項の規定どおりです。

4 ◯ **依頼者の依頼**によって行う広告の料金に相当する額については、報酬とは別に受け取ることができます（国土交通省告示平成16年第100号）。これは、契約の成否とは無関係であるとされています。

問34 **正解 4** 重要度 ☆☆ / 難易度 ★★

業務に関する規制

1 違反する 宅建業者は、取引の相手方に対して、**契約が成立するまでの間**に、供託所等に関する説明をしなければなりません（宅建業法35条の2）。

2 違反する 宅地・建物の登記、宅地・建物の引渡し、取引に係る対価の支払を不当に遅延している場合、**不当な履行遅延の禁止**（44条）に違反します。

3 違反する 宅建業者は、正当な理由がないにもかかわらず、その業務上取り扱ったことについて知り得た秘密を他に漏らしてはならず、宅建業の**廃業後**であってもこの**守秘義務**を負います（45条）。

4 違反しない 重要な事実の不告知について**故意**であることが必要です（47条1号）ので、**過失**によって説明をしなかった場合は宅建業法第47条違反とはなりません。

プラスα 相手方等が宅建業者である場合には、供託所等に関する説明義務を負いません（宅建業法35条の2柱書かっこ書）。

問35　**正解　3**　重要度 ☆☆☆　難易度 ★★

媒介・代理契約

1 ✕　専任媒介契約を締結した宅建業者の報告義務には、**宅建業者の休業日を除く**とする規定はありません（宅建業法34条の2第9項）。

2 ✕　専任媒介契約の有効期間が**3か月を超える**特約を結んだ場合は、有効期間は**3か月に短縮**されます（同条3項）。特約や契約が無効となるのではありません。

3 ◯　意見を述べる方法やその根拠を明らかにする方法については、特に定められていないため、**口頭でもかまいません**（同条2項）。

4 ✕　専任媒介契約に基づいて売買契約が成立したときは、宅建業者は、**登録番号**、**取引価格**、**契約成立年月日**を指定流通機構に通知する必要があります（同条7項、同法施行規則15条の13）。

プラスα　指定流通機構への登録期間（宅建業法34条の2第5項、同法施行規則15条の10）については、**宅建業者の休業日**は除かれます。区別しておきましょう。

問36　**正解　1**　重要度 ☆☆☆　難易度 ★★

ア　イ　ウ　エ

重要事項説明

ア ✕　代金額や支払時期、支払方法、建物の引渡し時期は、契約の締結段階で交付する**37条書面の必要的記載事項**です（宅建業法37条1項3号、4号）が、重要事項の説明の対象ではありません。

イ ✕　建物の貸借の場合、**私道負担**に関する事項の説明義務はありません（35条1項3号）。建物の借主にとって、私道として土地を提供しなければならないか否かという点は無関係だからです。

ウ ✕　買主に対して重要事項説明書を**交付する義務**は、**買主が宅建業者**であっても適用されます（同条項柱書、78条2項参照）。

エ ◯　宅地建物の貸借契約では、飲用水・電気・ガスの**供給状況**、排水施設の**整備状況**だけでなく、施設が整備されていない場合には、**整備の見通し**、整備についての**特別の負担**に関する事項を重要事項として説明する必要があります（35条1項4号）。

以上より、**正しいものはエの一つ**であり、**1が正解**となります。

プラスα　なお、相手方等が宅建業者である場合は、重要事項説明書の交付のみが義務付けられ、説明の必要はありません（宅建業法35条6項）。

問37　**正解　2**　重要度 ☆☆☆　難易度 ★★

37条書面

ア ○　建物の売買契約の媒介では、当該建物の**所在**、**代金の額**、**引渡しの時期及び方法**、**移転登記の申請の時期**は、いずれも37条書面の記載事項です（宅建業法37条1項2号、3号、4号、5号）。

イ ×　売買・交換の場合と異なり、**貸借契約の媒介**の場合には、**租税等の公課の負担**に関する定めは37条書面の記載事項ではありません（同条2項）。

ウ ×　契約の解除に関する定めは**任意的記載事項**であり、定めがある場合はその内容を37条書面に記載しなければなりませんが、**定めがない場合**は37条書面には何も**記載しなくてよい**ことになります（同条1項7号）。

エ ○　貸借契約の媒介では、**借賃以外の金銭の授受に関する定め**がある場合における**その金銭の額**、**授受の時期**及び**授受の目的**は、37条書面の記載事項です（同条2項3号）。

　以上より、**誤っているものはイとウの二つ**であり、**2が正解**となります。

問38　**正解　1**　重要度 ☆☆　難易度 ★★★

自ら売主となる場合の規制

ア 違反しない　宅建業者は、自己の所有に属しない宅地又は建物について、自ら売主となる売買契約（予約も含む）を締結してはなりませんが（宅建業法33条の2）、**相手方が宅建業者である場合**には、この規定は適用されません（78条2項）。

イ 違反しない　宅建業者は、宅地の造成又は建物の建築に関する工事の完了前においては、当該工事に関し必要とされる都計法の開発許可、建基法の建築確認等があった後でなければ、当該工事に係る宅地又は建物につき、自ら当事者として、若しくは当事者を代理してその売買若しくは交換の契約を締結し、又はその売買若しくは交換の媒介をしてはなりませんが、**貸借については対象となりません**（36条）。

ウ 違反する　宅建業者は、自己の所有に属しない宅地又は建物について、自ら売主となる売買契約（予約を含む。）を締結してはなりません（33条の2柱書）。また、当該宅地又は建物を取得する契約（予約を含む。）を締結している場合は、

自ら売主となる売買契約を締結することができますが、その契約に**停止条件が付されている場合**は除外されます（同条１号）。本肢は、農地法５条の許可という停止条件を付しているので、自ら売主となる売買契約を締結することはできません。

　以上より、**違反しないものの組合せはア、イであり、1が正解**となります。

問39　**正解　3**　重要度　☆☆☆
　　　　　　　　　　　　　難易度　★★

保証協会

1　○　弁済業務保証金分担金の納付（宅建業法64条の９第１項１号）は、**現金のみ**で行う必要があります。なお、保証協会による弁済業務保証金の供託の場合は、金銭のほか有価証券で行うことができます（64条の７第３項、25条３項）。

2　○　保証協会は、社員が社員となる前の宅建業に関する取引によって生じた債務に関して、**弁済業務の円滑な運営に支障を生ずるおそれがある**と認めるときは、当該社員に対し、**担保の提供を求めることができます**（64条の４第３項）。

3　✕　保証協会の社員と宅建業に関し取引をした者は、その取引により生じた債権に関し、当該社員が社員でないとしたならばその者が供託すべき**営業保証金の額**に相当する額の範囲内で、保証協会が供託した弁済業務保証金について弁済を受ける権利を有します（64条の８第１項）。

4　○　新たに事務所を設置又は増設したときは、その日から**2週間以内**に、弁済業務保証金分担金を保証協会に納付する必要があります（64条の９第２項）。

> **プラスα**　なお、弁済業務保証金の還付対象から宅建業者は除かれています（宅建業法64条の8第1項）。

> **プラスα**　営業保証金の場合は、**あらかじめ**営業保証金を供託し免許権者にその届出をしなければ、増設した事務所において業務を開始できません（宅建業法26条）。混同しないようにしましょう。

問40　**正解　4**　重要度　☆☆☆
　　　　　　　　　　　　　難易度　★★

重要事項説明と37条書面

1　✕　登記された権利の種類、内容、登記名義人は、**重要事項説明書の記載事項です**（宅建業法35条１項１号）が、37条書面の記載事項ではありません。

2　✕　重要事項説明書及び37条書面には宅建士が**記名押印**する必要がありますが、**同一の宅建士である必要はなく**、重要事

項を説明した宅建士とは別の宅建士が37条書面に記名押印することができます（35条5項、37条3項）。

3 ✕ 宅地又は建物の引渡しの時期は、**37条書面の記載事項**です（同条1項4号）が、重要事項説明書の記載事項ではありません。

4 〇 重要事項説明書及び37条書面の**交付**は、いずれも宅建士が行うべき事務ではなく、宅建業者やその従業者が交付すれば足ります（35条、37条参照）。

（問41） **正解 2**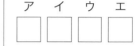
重要度 ☆☆☆
難易度 ★★

業務に関する規制

ア 〇 宅建業法上、**他人物売買**は原則として認められていません（宅建業法33条の2柱書）。ただし、例外として、自ら売主となる宅建業者と所有者との間で当該宅地又は当該建物の**取得契約が締結されている場合**は、自ら売主となる宅建業者は買主との間で売買契約を締結することができます。この取得契約は、**予約契約**でもかまいません（同条1号）。

イ ✕ 自ら売主となる宅建業者と所有者との間で宅地又は建物の取得契約が締結されている場合であっても、当該契約に代替宅地又は代替物を取得することなどの**停止条件**が付いている場合、自ら売主となる宅建業者は、宅建業者でない買主との間で売買契約を**締結してはならない**とされています。しかし、**買主が宅建業者**であるならばこのような**制限はなく**、売買契約を締結することができます（同条号、78条2項）。

ウ 〇 未完成物件の売買の場合において、自ら売主となる宅建業者が**手付金等の保全措置を講じた**ときは、所有者との間に取得契約が締結されていなくとも、買主との間で売買契約を締結することができます（33条の2第2号）。

エ ✕ 宅地又は建物の**取得契約を締結**すれば、**引渡しがなくても**売買契約をすることができます（同条1号）。

以上より、**正しいものはアとウの二つ**であり、**2が正解**となります。

アイウエ

プラスα 宅建業者と所有者との取得契約が**停止条件付**である場合は、その停止条件が成就するかどうかは不明であり、宅建業者でない買主の立場が不安定になることから、宅建業者と買主との間の他人物売買契約は**認められません**。

| 問 42 | **正解 2** | 重要度 ☆☆☆ |
| | | 難易度 ★★ |

クーリング・オフ

ア ○ 買受けの**申込みが事務所**で行われれば、契約締結が事務所等以外の場所で行われた場合であっても、契約を解除することはできません（宅建業法 37 条の 2 第 1 項）。

イ ✕ 申込みの撤回は書面により行う必要があり、**書面を発した時**に撤回の効力が生じます（同条項、2 項）。

ウ ○ 消費者保護の観点から、宅建業法が定めているクーリング・オフ制度の規定に反する、**申込者に不利な特約は無効**となります（同条 4 項）。逆にいうと、申込者に有利な特約であれば有効です。契約を解除できる期間を、売買契約の解除ができる旨及びその方法について告げられた日から起算して 8 日間（同条 1 項 1 号）から **10 日間に延長する特約**は、申込者に有利になるため、**有効**です。

以上より、**正しいものはアとウの二つ**であり、**2 が正解**となります。

プラスα 買受けの申込みをした場所が「**事務所等**」**以外**である場合は、契約締結の場所が「事務所等」であるか否かにかかわらず、クーリング・オフが可能です（宅建業法 37 条の 2 第 1 項）。

ア イ ウ エ
☐ ☐ ☐ ☐

| 問 43 | **正解 2** | 重要度 ☆☆☆ |
| | | 難易度 ★★★ |

監督処分

ア ○ 免許換え手続を怠っていることが判明した場合は、**必要的免許取消事由**に該当します（宅建業法 66 条 1 項 5 号）。

イ ✕ 金宅建業者の事務所の所在地が確知できないときで、**公告後 30 日を経過**しても当該宅建業者から申出がない場合は、**任意的免許取消事由**に該当します（67 条 1 項）。したがって、免許を取り消すか否かは、免許権者等の裁量によって決定されることになります。

ウ ✕ 免許の条件に違反した場合は、**任意的免許取消事由**に該当します（66 条 2 項）。したがって、免許を取り消すか否かは、免許権者等の裁量によって決定されることになります。

エ ○ 免許を受けてから **1 年以内に事業を開始しない**場合や、引き続いて **1 年以上事業を休止**した場合は、**必要的免許取消**

事由に該当します（同条1項6号）。1年の休業については正当な理由の有無を問いません。

　以上より、**誤っているものはイとウの二つであり、2が正解**となります。

問44　**正解 3**　重要度 ☆☆
難易度 ★★

ア イ ウ
□ □ □

罰則

ア ○　不正の手段によって免許を受けた場合は、**3年以下の懲役若しくは300万円以下の罰金**、又はこれらが**併科**される可能性があります。これらは宅建業法上、**最も重い罰則**となります（宅建業法79条1号、3条1項）。

イ ✕　従業者名簿の設置義務に違反した場合、**監督処分の対象**となることに加えて、**罰則（50万円以下の罰金）の対象**にもなります（83条1項3号の2、48条3項）。

ウ ○　法人業者の従業者が、取引の関係者の資力若しくは信用に関する事項であって売主の判断に重要な影響を及ぼすものを**故意に告げなかった行為**は、宅建業法第47条第1号ニに違反します。この場合、違法行為をした従業者に対して**2年以下の懲役**若しくは**300万円以下の罰金**、又はこれらの**併科**が科される（79条の2）ほか、さらに**法人業者**に対して**1億円以下の罰金**が科される可能性があります（84条1号）。

以上より、**正しいものの組合せはア、ウであり、3が正解**となります。

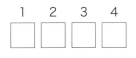

> **プラスα**　宅建業法で最も重い罰則が科されるのは、**不正の手段**により免許を受けること、**無免許**で宅建業を営むこと、**名義貸し**の禁止規定に違反して他人に宅建業を営ませること、**業務停止処分**に違反して営業をすることの4つです。

問45　**正解 3**　重要度 ☆☆☆
難易度 ★★

1 2 3 4
□ □ □ □

履行確保法

1 ✕　宅建業者が**基準日から3週間以内**に履行確保措置の状況の届出を行わないときは、**基準日の翌日から起算して50日を経過した日以後**は、新たに自ら売主となる新築住宅の売買契約の締結ができなくなります（履行確保法13条）。

2 ✕　「新築住宅」とは、新たに建設された住宅で、建設工事の完了日から起算して1年を経過しないもので、**人の居住の用に供したことのないもの**をいいます（2条1項、住宅の品質確保の促進等に関する法律2条2項）。

3 ○　住宅販売瑕疵担保保証金の供託は、宅建業法上の営業保証金と同様に、**主たる事務所の最寄りの供託所へ供託する必要**があります（履行確保法11条6項）。また、供託は金銭のほか、国土交通省令で定める**有価証券**でもすることができます

（同条5項）。

4 ✕ 　住宅販売瑕疵担保責任保険契約は、新築住宅を自ら売主として販売する**宅建業者**が住宅瑕疵担保責任保険法人と締結する保険契約です。したがって、当該新築住宅の隠れた瑕疵によって購入者に損害が生じた場合については、宅建業者が**瑕疵担保責任を履行したとき**に、当該**宅建業者が保険金を請求**することとなります（2条6項2号イ）。

プラスα　購入者が直接保険金を請求できるのは、宅建業者の倒産等により、**相当の期間を経過しても宅建業者が瑕疵担保責任を履行しない場合**です（履行確保法2条6項2号ロ）。

1　2　3　4

| 問46 | **正解　1** | 重要度　☆☆☆ |
| | | 難易度　★★ |

機構法（機構の業務）

1 ✕ 　機構は、本肢の記述のような、いわゆる**災害予防融資業務**を行っています（機構法13条1項6号）。

2 ○ 　機構は、本肢の記述のような、いわゆる**団体信用生命保険業務**を行っています（同条項11号）。

3 ○ 　機構は、経済情勢の著しい変動により、元利金の支払が著しく困難となった場合に、**貸付条件や元利金の支払方法**を変更することができます。

4 ○ 　機構は、本肢の記述のような、いわゆる**保証型の証券化支援業務**を行っています（同条項2号）。

プラスα　機構が行う証券化支援業務は、本肢のほかに、機構が一般金融機関の住宅ローン債権を買い取り証券化するという**買取型**があります（機構法13条1項1号）。

1　2　3　4

| 問47 | **正解　2** | 重要度　☆☆☆ |
| | | 難易度　★★ |

景表法

1 ✕ 　「最高級」のような最上級を意味する用語を用いて広告を表示するときは、当該表示内容を裏付ける合理的な根拠を示す資料を現に有していることのほか、当該表示内容の**根拠となる事実を併せて表示すること**が必要です（公正規約18条2項4号）。

2 ○ 　一団の団地と最寄駅との所要時間の算出は、**当該駅から最も近い**当該団地内の地点を起点又は着点として算出した所要時間を表示する必要があります（公正規約施行規則10条(9)本文）。

3 ✕ 　「新築」という用語は、**建築後1年未満**であって、**居住の用に供されたことがないもの**という意味でのみ使用できます（公正規約18条1項1号）。一度居住の用に供されてしまえ

プラスα　当該団地を数区に区分して取引する場合には、**各区分ごとに**距離又は所有時間を算出する必要があります（公正規約施行規則10条(9)ただし書）。

ば、建築後 1 年未満であってももはや「新築」と表示することはできません。

4 ✕ 徒歩による所要時間は、**道路距離** 80 メートルにつき 1 分間を要するものとして算出した数値を表示する必要があります（同規約施行規則 10 条 10 号）。直線距離ではありません。

問 48 　**正解 4** 　重要度 ☆☆ ／ 難易度 ★★

統計

1 ◯ 建築着工統計調査報告（令和 5 年計。令和 6 年 1 月公表）によれば、令和 5 年の新設住宅着工戸数のうち、持家は前年比 11.4 ％減で **2 年連続の減少**となり、貸家は前年比 0.3 ％減、分譲住宅は前年比 3.6 ％減で、いずれも **3 年ぶりの減少**となりました。

2 ◯ 令和 6 年地価公示（令和 6 年 3 月公表）によれば、令和 5 年 1 月以降の 1 年間の地価について、三大都市圏では、全用途平均が前年比 3.5 ％増、住宅地が前年比 2.8 ％増、商業地が前年比 5.2 ％増で、いずれも **3 年連続で上昇**し、上昇率が**拡大**しました。

3 ◯ 令和 4 年度宅地建物取引業法の施行状況調査（令和 5 年 10 月公表）によれば、宅建業法の規定に基づき国土交通大臣又は都道府県知事が行った宅建業者に対する免許取消や業務停止などの監督処分件数は 14.2 ％**減**、行政指導件数は 15.8 ％**減**となりました。

4 ✕ 年次別法人企業統計調査（令和 4 年度。令和 5 年 9 月公表）によれば、令和 4 年度における不動産業の営業利益は約 4 兆 6,600 億円で、前年度の約 5 兆 3,700 億円を**下回り**ました。

問 49 　**正解 3** 　重要度 ☆☆☆ ／ 難易度 ★★

土地の知識

1 **適当** 切土した崖面に湧水がある場合、その地点より上部に帯水層があると考えられるため、**湧水地点から上の部分**の方が崖崩れを起こしやすいことになります。

2 **適当** 低地部であっても、**扇状地**は、山地から河川によって運ばれてきた砂礫等が堆積して地盤となっているため**地盤は良好**であり、特に扇端部は洪水や地震に対する**安全度が比較的高い**ことから、比較的宅地に適しています。

3 **不適当** 丘陵地を切土と盛土によって造成した地盤の場合は、

59

切土と盛土の**境目では地盤の強度が異なる**ことから、**不同沈下**が起こりやすいといわれています。

4　適当　液状化現象は、比較的粒径のそろった砂地盤で、**地下水位の高い**、**地表から浅い地域**で発生しやすいといわれています。本肢のように地下水位が深ければ、液状化する可能性は低いこととなります。

問50　**正解　2**　重要度　☆☆
　　　　　　　　　　難易度　★★

建築物の構造及び材料

1　適当　木材は、**湿潤状態**（含水率が大きい状態）の方が強度が小さくなります。

2　不適当　真壁造とは、柱を外にむき出しにする壁の工法であり、主に和風住宅等に用いられています。大壁造とは、柱や間柱、筋かい等を仕上材で隠す壁の工法であり、主に洋風住宅に用いられています。**大壁造**の方が、真壁造よりも**耐震性に優れており**、**遮音性や断熱性の面でも優れて**います。

3　適当　集成材とは、単板等を積層して接着したものをいいます。集成材は、**軽量で断熱性に優れており**、**伸縮や変形**、**割れなどが生じにくい**ため、体育館等の大規模な木造建築物に使用されます。

4　適当　枠組壁工法は、枠組と構造用合板による壁・床・天井等の「面」により建物を支える工法であるため、**耐震性が高い**という特徴があります。

プラスα　枠組には、2インチ×4インチの木材が使われることが多いことから、枠組壁工法は「**ツーバイフォー工法**」とも言います。

☆合格するためには、34問以上の正解が必要です。
（参考：令和3年度試験も同基準）（登録講習修了者は29問以上）

☆及び★印は次のような基準で付けました。

重要度	難易度
☆ ……… 注　意	★ ……… 易しい
☆☆ …… 重　要	★★ …… 普　通
☆☆☆ … 最重要	★★★ … 難しい

チェックBOXで、各肢ごとの理解をチェックしよう！

1	2	3	4
□	□	□	□

問1　正解　2

重要度	☆☆
難易度	★★★

共同相続

1　✕　この判決文は、最判平元.2.9のものです。判決文1行目以下より、「共同相続人間において遺産分割協議が成立した場合に、相続人の一人が他の相続人に対して右協議において負担した債務を履行しないときであっても、他の相続人は民法541条（債務不履行による解除）によって右遺産分割協議を解除することができないと解するのが相当である。」としていることから、**AがCの扶養義務を負担しないときでも、Bは債務不履行により遺産分割協議を解除することができません。**

2　〇　判決文4行目以下より、「**遺産分割はその性質上協議の成立とともに終了し、**」さらに、**遺産分割は、相続開始の時にさかのぼってその効力を生ずるので**（民法909条）、本肢は正しい選択肢となります。

3　✕　債務不履行による解除と異なり、**共同相続人全員の合意により、すでに成立した遺産分割協議の解除はすることができます**（最判平2.9.27）。

4　✕　判決文5行目以下より、「その後は右協議において右債務を負担した相続人とその債権を取得した相続人間の債権債務関係が残る」としていることから、遺産分割協議が終了しても、**AC間には扶養義務の債権債務関係が残っていますので、CはAに扶養義務を履行するよう請求することができます。**

出題意図　重要な判例ですので、遺産分割の要点を押さえましょう。

問2　正解　4

重要度	☆☆
難易度	★★★

同時履行の抗弁権

1　✕　債務不履行を理由に解除された場合、**売主の代金返還債務と、買主の目的物返還債務は同時履行の関係に立ちます**（民法546条、533条）。

2 × 　不動産売買において、**買主の売買代金支払債務と、売主の所有権移転登記に協力する債務は、同時履行の関係に立ちます**（大判大 7.8.14）。

3 × 　敷金は、**賃貸借が終了し、かつ、賃貸物の返還を受けたとき**に、賃借人に対し、返還すべきものです（民法 622 条の 2 第 1 項 1 号）。したがって、**賃借人の明渡債務が先に履行されなければなりません。**

4 ○ 　売買代金債権を譲渡したとしても、契約当事者である限り、**売主は同時履行の抗弁権を有します。**

問3　**正解 3**　重要度 ☆☆☆／難易度 ★★★

1　2　3　4

成年後見

1 × 　成年被後見人の法律行為は、取り消すことができますが、**日用品の購入その他日常生活に関する行為については、取り消すことができません**（民法 9 条）。

2 × 　営業を許された成年被後見人は、その営業に関しては、行為能力を有するものとみなされるとする規定はありません。なお、営業を許された**未成年者**は、その営業に関しては、成年者と同一の行為能力を有します（6 条 1 項）。

3 ○ 　後見開始の審判をする場合において、本人が被保佐人であるときは、家庭裁判所は、その本人に係る**保佐開始の審判を取り消さなければなりません**（19 条 1 項）。

4 × 　制限行為能力者が行為能力者であることを信じさせるため**詐術を用いたときは、その行為を取り消すことができません**（21 条）。したがって、成年被後見人が行為能力者であることを信じさせるため詐術を用いたときは、その行為を取り消すことはできません。

> **プラスα**　成年被後見人とは、精神上の障害により**事理を弁識する能力**を欠く常況にある者をいいます（民法 7 条）。

問4　**正解 4**　重要度 ☆☆／難易度 ★★

1　2　3　4

条件

1 ○ 　解除条件付法律行為は、**解除条件が成就した時からその効力を失います**（民法 127 条 2 項）。

2 ○ 　条件が成就することによって不利益を受ける当事者が**故意にその条件の成就を妨げたときは、相手方は、その条件が成就したものとみなすことができます**（130 条 1 項）。

3 ○ 　条件が成就することによって利益を受ける当事者が**不正にその条件を成就させたときは、相手方は、その条件が成就し**

なかったものとみなすことができます（同条2項）。

4 ✕ 不法な条件を付した法律行為も、不法な行為をしないことを条件とするものも、**いずれも無効です**（132条）。

プラスα 不法な条件を付した法律行為も、不法な行為をしないことを条件とするものも、いずれも法律で保護すべきものではないからです。

問5 **正解 1** 重要度 ☆☆
難易度 ★★

時効

1 ✕ 債務者は、**消滅時効が完成した後に債務の承認をした場合**、もはや時効の援用をしないものと考える相手方の信頼保護の観点から、信義則上、**その後に消滅時効を援用することはできません**（最大判昭41.4.20）。**債務者が時効完成の事実を知らなくても同様です。**

2 〇 催告があったときは、**その時から6か月を経過するまでの間は、時効は、完成しません**（民法150条1項）。

3 〇 書面による権利についての協議を行う旨の合意によって時効の完成が猶予されている間に、**再度なされた書面による権利についての協議を行う旨の合意は、時効の完成猶予の効力を有します**（151条2項）。

4 〇 時効は、**債務の承認があったときは、その時から新たにその進行を始めます**（152条1項）。

プラスα なお、催告によって時効の完成が猶予されている間にされた再度の催告は、時効の完成猶予の効力を有しません（民放150条2項）。

問6 **正解 3** 重要度 ☆☆
難易度 ★★★

物権変動

1 〇 **詐欺又は強迫によって登記の申請を妨げた第三者は、その登記がないことを主張することができません**（不登法5条1項）。したがって、Bに強迫して登記の申請を妨げたCに対して、Bは登記がなくても、所有権を主張することができます。

2 〇 権原なく不法に占有している者に対しては、**登記なくして所有権を主張して明渡請求をすることができます**。したがって、不法占有しているDに対して、Bは登記がなくても、所有権を主張して明渡請求をすることができます。

3 ✕ **差し押さえた債権者に対しては、登記なくして所有権を主張することができません**。したがって、BはEに対して所有権を主張するには、登記を備える必要があります。

4 ○ 不動産の譲受人は、所有権の移転の登記をしなければ、所有権を取得したことを賃借人に対して主張することができません（民法605条の2第3項参照）。したがって、甲土地を賃借し、その旨の登記を有するFに対して、Bは自らが甲土地の所有者であることを主張するには登記をする必要があります。

プラスα 不動産の賃貸借は、これを登記したときは、その不動産について物権を取得した者その他の**第三者に対抗することができます**（民法605条）。

問7 　正解 **2** 　重要度 ☆☆／難易度 ★★★

抵当権

抵当権の順位の放棄（民法376条1項）の場合、**放棄者の優先配当額と受益者の優先配当額の合計から放棄者と受益者の各被担保債権額の割合に按分**して配当を受けることになります。

本問では、Bの優先配当額1,000万円とDの優先配当額500万円の合計1,500万円をBの被担保債権額1,000万円とDの被担保債権額1,000万円の割合で按分した750万円、750万円がB、Dにそれぞれ配分されることになります。

したがって、**Bの配当額は750万円**となり、**正解は2**となります。

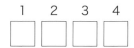

プラスα 抵当権の順位は、各抵当権者の**合意**によって変更することができます（民法374条1項）。

問8 　正解 **3** 　重要度 ☆☆☆／難易度 ★★★

地上権・賃借権

1 ○ 賃借権は**必ず賃料を定めなければなりません**（民法601条参照）。一方で、地上権は**必ずしも地代を定める必要はありません**（266条1項参照）。

2 ○ 地上権も賃借権も、**建物所有目的**で設定することができます（借地借家法2条1号参照）。

3 ✕ 不法占拠者に対して地上権者は物権的請求権として**妨害排除請求をすることができます**。一方、賃借権者も対抗要件を備えている場合は**妨害排除請求をすることができます**（民法605条の4第1号）。

4 ○ 賃借権には**存続期間の制限があります**が（604条1項）、地上権には**存続期間の制限がありません**。

プラスα 地上権とは、他人の土地において工作物又は竹木を所有するため、その土地を使用する権利をいいます（民法265条）。

問9　**正解　3**　| 重要度　☆☆ | 難易度　★★★ |

売買契約

1　✕　債務の全部の履行が不能である場合には、債権者は、契約の解除をすることができます（民法542条1項1号）。この場合、**債務者の責めに帰すべき事由は要件とされません**。したがって、不履行がAの責めに帰することができない事由によるものであるときでも、Bは解除することができます。

2　✕　引き渡された目的物が種類、品質又は数量に関して契約の内容に適合しないものであるときは、買主は、売主に対し、**目的物の修補、代替物の引渡し又は不足分の引渡しによる履行の追完を請求することができます**（562条1項）。したがって、Bは雨漏りの修復をAに請求できるほかに、**代替物引渡請求**として、甲建物の代わりに乙建物の引き渡しをAに請求をすることができます。

3　〇　売主が種類又は品質に関して契約の内容に適合しない目的物を買主に引き渡した場合において、買主が**その不適合を知った時から1年以内にその旨を売主に通知しないとき**は、買主は、その不適合を理由として、履行の追完の請求、代金の減額の請求、損害賠償の請求及び契約の解除をすることができません（566条）。したがって、甲建物に雨漏りが発生した場合、Bはその雨漏りがあることを**知った時から1年以内にその旨をAに通知しないとき**は、雨漏りの修復をAに請求することができません。

4　✕　本肢の売買代金債務のような金銭債務の不履行に対して損害賠償請求する場合は、債権者は、**損害の証明をすることを要しません**（419条2項）。したがって、BがAに売買代金を支払わなかったために、Aに損害が生じたときは、**Aは損害を証明しなくても、Bに対して損害賠償請求をすることができます**。

> **プラスα**　金銭債務の不履行の損害賠償額は、原則、債務者が遅滞の責任を負った**最初の時点**における法定利率によって定まります（民法419条1項）。

問10　**正解　2**　| 重要度　☆☆ | 難易度　★★ |

不法行為

1　〇　故意又は過失によって他人の財産権を侵害した者は、財産上の損害のほか、**精神上の損害などの財産以外の損害に対しても、その賠償をしなければなりません**（民法709条）。

2　✕　未成年者は、他人に損害を加えた場合において、自己の行為の責任を弁識するに足りる能力を備えていなかったとき

は、その行為について賠償の責任を負いませんが、**自己の行為の責任を弁識するに足りる能力を備えていれば、賠償の責任を負います**（712条）。したがって、親権者が、未成年者の行為について常に賠償の責任を負うわけではありません。

3 ○ 他人の生命を侵害した者は、被害者の父母、配偶者及び子に対しては、**その財産権が侵害されなかった場合においても、損害の賠償をしなければなりません**（711条）。

4 ○ 被用者が使用者の事業の執行について第三者に損害を加え、その損害を賠償した場合には、被用者は、諸般の事情に照らし、**損害の公平な分担という見地から相当と認められる額について、使用者に対して求償することができます**（最判令2.2.28）。

プラスα　使用者は、被用者がその事業の執行について第三者に加えた損害を**賠償する責任を負います**（民法715条1項）。

問11　**正解　3**　重要度　☆☆／難易度　★★★

1	2	3	4

借地

1 × 借地権は、**その登記がなくても、土地の上に借地権者が登記されている建物を所有するときは、これをもって第三者に対抗することができます**（借地借家法10条1項）。したがって、Bが甲土地に乙建物を建て、乙建物に建物の登記をした以上、AがCに甲土地を売却していた場合でも、BはCに借地権を主張することができます。

2 × **建物所有目的の借地権の存続期間は30年以上です**（3条）。本肢では、資材置場にする目的であって、**建物所有目的ではありませんので、借地借家法が適用されません**。したがって、借地権の存続期間は30年未満でも問題ありません。

3 ○ 存続期間を50年以上として借地権を設定する場合においては、**契約の更新及び建物の築造による存続期間の延長がなく、並びに建物買取請求をしないこととする旨を定めること**ができます（22条1項）。

4 × 専ら事業の用に供する建物の所有を目的とし、かつ、存続期間を30年以上50年未満として借地権を設定する場合には、その契約は、**公正証書によらなければなりません**（23条3項）。**公正証書等の書面**ではありません。

プラスα　選択肢3は一般定期借地権、選択肢4は事業用定期借地権の説明です。

問12　**正解　4**　重要度　☆☆／難易度　★★★

1	2	3	4

借家

1 × 賃借人が賃貸人に無断で転貸した場合でも、**背信的行為と**

認めるに足りない特段の事情があるときは、**解除権は発生しません**（最判昭 28.9.25）。したがって、B が A に無断で C に当該建物を転貸した場合でも、**A は直ちに賃貸借契約を解除することはできません**。

2　✕　建物の賃貸借について期間の定めがある場合において、当事者が期間の満了の 1 年前から 6 か月前までの間に相手方に対して更新をしない旨の通知又は条件を変更しなければ更新をしない旨の通知をしなかったときは、従前の契約と同一の条件で契約を更新したものとみなされますが（借地借家法 26 条 1 項）、**その期間は、定めがないものとされます**（同条項ただし書）。10 年になるわけではありません。

3　✕　建物の賃貸借は、**その登記がなくても、建物の引渡しがあったときは、第三者に対する対抗力が生じます**（31 条）。そして、本肢の場合でも、登記があったときと同様に、不法に占有している第三者に対して返還請求することができます（民法 605 条の 4 第 2 号）。

4　○　期間を 1 年未満とする建物の賃貸借は、**期間の定めがない建物の賃貸借**とみなされます（借地借家法 29 条 1 項）。

プラスα　なお、定期建物賃貸借契約を締結する場合、賃貸人は、あらかじめ、賃借人に対し、契約の更新がなく、期間の満了により賃貸借が終了する旨を記載した**書面を交付**し、説明しなければなりません（借地借家法 38 条 3 項）。

問 13	**正解　1**	重要度　☆☆ 難易度　★★★

1	2	3	4

区分所有法

1　○　敷地利用権が数人で有する所有権その他の権利である場合、**規約に別段の定めがあれば**、区分所有者は、その有する専有部分とその専有部分に係る敷地利用権とを分離して処分することができます（区分所有法 22 条 1 項ただし書）。

2　✕　各共有者の持分は、その有する専有部分の床面積の割合によりますが（14 条 1 項）、その床面積は、壁その他の区画の**内側線**で囲まれた部分の水平投影面積によります（同条 3 項）。壁その他の区画の中心線ではありません。

3　✕　集会の議決において、専有部分が数人の共有に属するときは、共有者は、**議決権を行使すべき者 1 人を定めなければなりません**（40 条）。

4　✕　区分所有者の承諾を得て専有部分を占有する者は、会議の目的たる事項につき利害関係を有する場合には、集会に出席して**意見を述べることができる**のであって（44 条 1 項）、議決権を行使することができるわけではありません。

プラスα　床面積は、壁その他の区画の内側線で囲まれた部分の水平投影面積によりますが、規約で**別段の定め**をすることもできます（区分所有法 14 条 4 項）。

問14　**正解　3**　重要度　☆☆
　　　　　　　　　難易度　★★★

不登法

1　○　表示に関する登記は、当事者の申請のほか、**登記官が、職権ですることができます**（不登法28条）。

2　○　**表題部所有者が表示に関する登記の申請人となることができる場合**において、当該表題部所有者について相続その他の一般承継があったときは、相続人その他の一般承継人は、当該表示に関する登記を申請することができます（30条）。

3　✕　表題部所有者の氏名若しくは名称又は住所についての変更の登記又は更正の登記は、**表題部所有者以外の者は、申請することができません**（31条）。

4　○　土地の表示に関する登記の登記事項には、不登法27条各号に掲げるもののほかに、**土地の所在、地番、地目、地積が**あります（34条）。

> **プラスα**　なお、**建物の表示に関する登記の登記事項**には、不登法27条各号に掲げるもののほかに、建物の所在、家屋番号、種類、構造、床面積などがあります（同法44条1項）。

問15　**正解　2**　重要度　☆☆☆
　　　　　　　　　難易度　★★★

都計法

1　○　田園住居地域は、農業の利便の増進を図りつつ、これと調和した**低層住宅**に係る良好な住居の環境を保護するため定める地域をいいます（都計法9条8項）。

2　✕　特定用途制限地域は、**用途地域が定められていない土地の**区域内において、その良好な環境の形成又は保持のため当該地域の特性に応じて合理的な土地利用が行われるよう、**制限すべき特定の建築物等の用途の概要を定める地域**をいいます（同条15項）。本肢は、**特別用途地区**に関する記述です（同条14項）。

3　○　高度地区は、用途地域内において市街地の環境を維持し、又は土地利用の増進を図るため、**建築物の高さの最高限度又は最低限度を定める地区**をいいます（同条18項）。

4　○　特定街区は、市街地の整備改善を図るため街区の整備又は造成が行われる地区について、その街区内における**建築物の容積率並びに建築物の高さの最高限度及び壁面の位置の制限を定める街区**をいいます（同条20項）。

> **プラスα**　田園住居地域内の農地の区域内において、土地の形質の変更、建築物の建築その他工作物の建設又は土石その他の政令で定める物件の堆積を行おうとする者は、**市町村長の許可を受けなければなりません**（都計法52条1項）。

問 16　**正解　1**　重要度 ☆☆☆
　　　　　　　　　　　　難易度 ★★★

開発許可

1 ○　市街化調整区域では、農林漁業を営む者の居住の用に供する建築物の建築のために行う開発行為は、開発許可が必要ありませんが、**市街化区域では、開発許可が必要**となります（都計法 29 条 1 項 2 号）。また、市街化区域内では、開発行為の規模が **1,000 m² 以上であれば、開発許可が必要**となります（同条項 1 号、同法施行令 19 条 1 項）。したがって、市街化区域において、農業を営む者の居住の用に供する建築物の建築を目的とした 1,500 m² の土地の区画形質の変更を行おうとする者は、**都道府県知事の許可を受ける必要があります**。

2 ×　**公益上必要な建築物の建築**を目的とした土地の区画形質の変更を行おうとする者は、都道府県知事の許可を受ける必要がありませんが（都計法 29 条 1 項 3 号、2 項 2 号）、**学校教育法における学校はこれには含まれません**。

3 ×　市街化区域内では、開発行為の規模が 1,000 m² 未満であれば、開発許可が必要ありません（同条 1 項 1 号、同法施行令 19 条 1 項）。一方、**市街化調整区域**では、このような規模の大きさによる例外はありません。したがって、店舗の建設を目的とした 500 m² の土地の区画形質の変更であっても、**市街化調整区域では、都道府県知事の許可を受ける必要があります**。

4 ×　準都市計画区域内では、開発行為の規模が **3,000 m² 未満**であれば、開発許可が必要ありません（都計法 29 条 1 項 1 号、同法施行令 19 条 1 項）。したがって、準都市計画区域内において、工場の建築の用に供する目的で 1,000 m² の土地の区画形質の変更を行おうとする者は、あらかじめ、**都道府県知事の許可を受ける必要がありません**。

プラスα　区画形質の変更とは、土地の造成のことをいいます。

問 17　**正解　2**　重要度 ☆☆
　　　　　　　　　　　　難易度 ★★★

建基法

1 ○　階数が 3 以上で延べ面積が 500 m² を超える建築物の居室には、非常用の照明装置を設けなければなりません（建基法施行令 126 条の 4）。

2 ×　**高さ 20 m を超える建築物**には、周囲の状況によって安全上支障がない場合を除いて、有効に避雷設備を設けなければ

完全予想模試─③／正解・解説

なりません（建基法33条）。高さ31mを超える建築物ではありません。

3 ○ 建築物は、石綿その他の物質の建築材料からの飛散又は発散による衛生上の支障がないよう、**建築材料に石綿その他の著しく衛生上有害なものを添加してはなりません**（28条の2第1号）。

4 ○ 居室の天井の高さは、**2.1m以上**でなければならず、その高さは室の床面から測り、一室で天井の高さの異なる部分がある場合は、**その平均の高さ**によります（同法施行令21条1項、2項）。

1 2 3 4

問18　**正解 3**　重要度 ☆☆　難易度 ★★★

建基法

1 × 前面道路の幅員が**12m未満**である場合は、前面道路の幅員により容積率が定まります（建基法52条2項）。12m以上ではありません。

2 × 都市計画において定められた建蔽率の限度が10分の8とされている地域を除く防火地域内にある**耐火建築物**の建蔽率については、都市計画において定められた建蔽率の数値に10分の1を加えた数値が限度となります（53条3項1号イ）。防火地域内にある準耐火建築物の建蔽率ではありません。

3 ○ 隣地境界線から後退して壁面線の指定がある場合、当該壁面線を越えない建築物で、**特定行政庁が安全上、防火上及び衛生上支障がないと認めて許可したもの**の建蔽率は、その許可の範囲内において、緩和されます（同条4項）。

4 × 街区の角にある敷地又はこれに準ずる敷地で特定行政庁が指定するものの内にある建築物については、**都市計画において定められた建蔽率の数値に10分の1を加えた数値が限度となります**（同条3項2号）。建蔽率の適用がないわけではありません。

1 2 3 4

> **プラスα**　**商業地域**内の建築物の建蔽率の上限は10分の8です（建基法53条1項4号）。

問19　**正解 3**　重要度 ☆☆☆　難易度 ★★

盛土法

1 ○ 宅地造成とは、宅地以外の土地を宅地にするために行う盛土その他の土地の形質の変更をいい、切土の場合、切土をした土地の部分に**高さが2mを超える崖**が生じれば、これに該当します（盛土法2条2号、同法施行令3条2号）。したがっ

> **プラスα**　「崖」とは地表面が水平面に対し**30度を超える角度**をなす土地で硬岩盤（風化の著しいものを除く。）以

て、宅地を造成するために切土をする場合、切土をした土地の部分に**高さが2mを超える崖**が生ずるのであれば、**都道府県知事による工事の許可を受ける必要があります**（盛土法12条1項）。

2 ○ 盛土の場合、盛土をした土地の部分に**高さが1mを超える崖**が生じれば、宅地造成に該当します（2条2号、同法施行令3条1号）。したがって、宅地を造成するために盛土をする場合、盛土をした土地の部分に**高さが1mを超える崖**が生ずるのであれば、**都道府県知事による工事の許可を受ける必要があります**（盛土法12条1項）。

3 ✕ 盛土の場合、盛土をした土地の面積が**500㎡を超えるもの**であれば、宅地造成に該当します（2条2号、同法施行令3条5号）。200㎡ではありません。

4 ○ 盛土と切土とを同時にする場合、盛土及び切土をした土地の部分に**高さが2mを超える崖**が生ずるのであれば、宅地造成に該当します（盛土法2条2号、同法施行令3条3号）。したがって、宅地を造成するために盛土と切土とを同時にする場合、盛土及び切土をした土地の部分に**高さが2mを超える崖**が生ずるのであれば、**都道府県知事による工事の許可を受ける必要があります**（盛土法12条1項）。

外のものをいいます（盛土法施行令1条1項）。

問20　**正解　1**　重要度 ☆☆／難易度 ★★

1	2	3	4
□	□	□	□

区画法

1 ○ 換地計画において換地を定める場合においては、**換地及び従前の宅地の位置、地積、土質、水利、利用状況、環境等が照応する**ように定めなければなりません（区画法89条1項、換地照応の原則）。

2 ✕ 換地計画において定められた清算金は、**換地処分の公告があった日の翌日**において確定し（104条8項）、施行者は、確定した清算金を徴収し、又は交付しなければなりません（110条1項）。したがって、施行者は、換地処分の公告後に、清算金の徴収及び交付することになります。

3 ✕ **施行者**は、換地処分の公告があった場合において、施行地区内の土地について土地区画整理事業の施行により変動があったときは、遅滞なく、その変動に係る登記を申請し、又は嘱託しなければなりません（107条2項）。**所有者**が登記を申請するわけではありません。

4 ✕ 換地計画において定められた保留地は、換地処分の公告が

プラスα 換地計画において定められた換地は、換地処分の公告があった日の翌日から**従前の宅地**とみなされます（区画法104条1項）。

あった日の翌日において、**施行者**が取得するのであって、都道府県が取得するわけではありません（104条11項）。

問21　正解　4　重要度 ☆☆　難易度 ★★

農地法

1　✕　農地所有適格法人以外の法人が農地の所有権を取得しようとすることはできませんが（農地法3条2項4号）、農地法第3条1項の許可を得れば、**農地を借り入れることはできます**。

2　✕　農地であるか否かは**現況**によって判断されます。したがって、登記簿の地目が宅地であっても、現況が**農地**（耕作の目的に供される土地）であれば、**農地法の許可を必要とします**。

3　✕　農地を**相続**する場合には、農地法の許可を要しません（3条1項12号）。しかし、**贈与**の場合は、たとえ親から子どもに対するものであっても、**農地法の許可を必要とします**。

4　○　農地を農地以外のものに転用目的で移転する場合には、**たとえ一時的であっても、農地法の許可を受けなければなりません**（5条1項）。

> **プラスα**　一時的に耕作をしなくても、耕作の目的に供される土地であれば、農地に当たります。

問22　正解　2　重要度 ☆☆　難易度 ★★

国土法

1　✕　都道府県知事は、事後届出に係る土地の**利用目的**について必要な変更をすべきことを勧告することができますが（国土法24条1項）、対価の額については勧告の対象となっていません。

2　○　都市計画区域外の場合、**10,000 m² 未満**であれば、事後届出をする必要はありません（23条2項1号ハ）。したがって、都市計画区域外の 15,000 m² の土地については事後届出の対象となります。また、土地に関する権利について対価を得て行われる移転又は設定をする契約には、対価を支払って**地上権設定契約**を締結した場合も含まれます（14条1項）。

3　✕　事後届出が必要にもかかわらず、土地売買等の契約により権利取得者となった者が事後届出を行わなかった場合でも、**契約は無効となるわけではありません**。ただし、罰則は適用されます（47条1号）。

4　✕　市街化区域内の場合、**2,000 m² 以上**であれば、事後届出をする必要があります（23条2項1号イ）。もっとも、**当事者の一方又は双方が国や地方公共団体である場合**には、事

> **プラスα**　都道府県知事は、勧告をした場合において、その勧告を受けた者がその勧告に従わないときは、その旨及びその勧告の内容を**公表**することができます（国土法26条）。

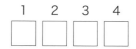

後届出は必要ありません（同条項3号）。したがって、市が所有する場合には、市から購入した権利取得者は**事後届出を行う必要がありません。**

問23　**正解　4**　重要度　☆☆
　　　　　　　　　難易度　★★

不動産取得税

1　×　不動産取得税は、**不動産の取得**に対し、課されるものです（地方税法73条の2第1項）。中古住宅でも、不動産を取得していることに変わりはありませんので、不動産取得税は課されます。

2　×　**一定金額未満**の不動産には、不動産取得税は課税されませんが（73条の15の2第1項）、一定面積未満の不動産に、不動産取得税が課税されないとする措置は設けられていません。

3　×　不動産取得税の徴収については、**普通徴収**の方法によるので（73条の17第1項）、申告納付ではありません。

4　○　家屋が新築された場合には、**家屋の取得**があったものとみなし、当該家屋の所有者又は譲受人を取得者とみなして、これに対して不動産取得税が課されます（73条の2第2項）。

> **プラスα**　家屋を**改築**したことにより、当該家屋の価格が増加した場合には、当該改築をもって家屋の取得とみなされて、不動産取得税が課されます（地方税法73条の2第3項）。

問24　**正解　2**　重要度　☆☆
　　　　　　　　　難易度　★★★

所得税

1　×　**営利を目的として継続的に行われる資産の譲渡**による所得は、事業所得に当たり、譲渡所得に含まれません（所得税法33条2項1号）。

2　○　建物の所有を目的とする土地の賃借権の設定の対価として支払を受ける権利金の金額が、**その土地の価額の10分の5に相当する金額を超える**ときは、譲渡所得として課税されます（同法施行令79条1項1号）。

3　×　居住の用に供していた家屋をその者が居住の用に供しなくなった日から**3年経過する日の属する年の12月31日まで**に譲渡した場合には、その譲渡について、居住用財産の譲渡所得の特別控除の適用を受けることができます（租特法35条2項）。したがって、居住の用に供さなくなった日から1

> **プラスα**　譲渡所得とは、土地や建物などの資産を譲渡したことによる所得をいいます（所得税法33条1項）。

年を経過する日の翌日に譲渡した場合でも、居住の用に供しなくなった日から**3年経過する日の属する年の12月31日**までに譲渡すれば特別控除の適用を受けます。

4 ✕ 居住の用に供している家屋を**その者の配偶者に譲渡した場合**は、その譲渡について、居住用財産の譲渡所得の特別控除の適用を受けることができません（同条項1号かっこ書）。

問25 **正解 1** 重要度 ☆☆ 難易度 ★★

不動産鑑定評価

1 ○ 不動産の価格は、その不動産の効用が最高度に発揮される可能性に最も富む使用を前提として把握される価格を標準として形成され、これを**最有効使用の原則**といいます（不動産鑑定評価基準総論4章Ⅳ）。

2 ✕ 不動産の鑑定評価によって求める価格は、基本的には正常価格ですが、市場性を有しない不動産については、限定価格ではなく、**特殊価格**です（同基準総論5章3節Ⅰ）。

3 ✕ 収益還元法は、賃貸用不動産又は賃貸以外の事業の用に供する不動産の価格を求める場合に特に有効です。しかし、自用の不動産についても、**賃貸を想定することにより適用が可能**となります（同基準総論7章1節Ⅳ）。

4 ✕ 鑑定評価の基本的な手法は、原価法、取引事例比較法及び収益還元法に大別されますが、鑑定評価の手法の適用に当たっては、地域分析及び個別分析により把握した対象不動産に係る市場の特性等を適切に反映した**複数**の鑑定評価の手法を適用すべきとされています（同基準総論8章7節）。

> **プラスα** 文化財の指定を受けた建造物、宗教建築物又は現況による管理を継続する公共公益施設の用に供されている不動産について、その保存等に主眼をおいた鑑定評価を行う場合に**特殊価格**が用いられます（不動産鑑定評価基準5章3節Ⅰ）。

問26 **正解 3** 重要度 ☆☆ 難易度 ★★★

37条書面

1 ✕ **建物の賃貸**の場合、移転登記の申請の時期は、37条書面の記載事項ではありません（宅建業法37条2項参照）。

2 ✕ **代金以外の金銭の授受に関する定めがあるとき**は、その額並びに当該金銭の授受の時期及び目的を37条書面に記載しなければなりませんが（同条1項6号）、定めがないときは、記載を要しません。

3 ○ 宅建業者は、その媒介により建物の売買の契約を成立させた場合において、建物が種類若しくは品質に関して契約の内容に適合しない場合におけるその**不適合を担保すべき責任又**

> **プラスα** 37条書面は、契約当事者に交付しなければならないので、

は当該責任の履行に関して講ずべき保証保険契約の締結その他の措置についての定めがあるときは、その内容を 37 条書面に記載し、当該契約の各当事者に交付しなければなりません（同条項 11 号）。

4 ✕ **宅地の賃貸**の場合、租税その他の公課の負担に関する内容は、37 条書面の記載事項ではありません（同条 2 項参照）。

売主や貸主に対しても交付する必要があります。

問 27　**正解 3**　重要度 ☆☆☆　難易度 ★★★

報酬

1 ◯　建物が住宅など居住用建物である場合、貸借の媒介に関して依頼者の一方から受けることのできる報酬の額は、**依頼者の承諾を得ている場合を除き、借賃の 1 か月分の 2 分の 1 以内**となります（報酬告示第 4）。したがって、C 社が D から受領できるのは、借賃の 2 分の 1 である 50,000 円に消費税額を含んだ 55,000 円までです。もっとも、C 社は、D から**承諾を得ていれば、55,000 円を超える報酬を D から受領することができます。

2 ◯　建物が店舗など**居住用以外の建物**である場合、**権利金の授受があるもの**の媒介に関して依頼者から受ける報酬の額は、権利金の額を売買代金の額とみなして売買の媒介として処理します（同告示第 6）。したがって、速算法により売買代金の 4 ％＋ 2 万円である 14 万円に消費税額を含んだ **154,000 円**が C 社が受領できる報酬額の上限です。また、複数の宅建業者が関与する場合、各宅建業者が受領できる報酬の合計額は売買の媒介の上限額の **2 倍以内**となります（宅建業法 46 条、宅建業法の解釈・運用の考え方）。したがって、154,000 円の 2 倍である **308,000 円**が A 社及び C 社が受領できる報酬の額の合計額の上限です。

3 ✕　建物状況調査を実施する者のあっせんは、媒介業務の一環であるため、宅建業者は、依頼者に対し建物状況調査を実施する者をあっせんした場合において、**報酬とは別にあっせん料を受領することはできません**（34 条の 2、宅建業法の解釈・運用の考え方）。したがって、C 社は、D から媒介報酬の限度額まで受領できるほかに、建物状況調査を実施する者をあっせんした対価として、あっせん料を受領することができません。

4 ◯　貸借の代理に関して依頼者の一方から受けることのできる報酬の額は、**借賃の 1 か月分**となります（報酬告示第 5）。

プラスα　賃料による算定のほうが**高い場合**は、賃料による算定によりますが、本問では、賃料による算定では 10 万円に消費税が加算された 11 万円ですので、**権利金**による算定方法によることになります。

そして、複数の宅建業者が関与する場合でも、**合計として借賃の1か月分**になります（宅建業法46条、宅建業法の解釈・運用の考え方）。したがって、A社がBから借賃の1か月分である100,000万円に消費税額を含んだ110,000円の報酬を受領するときは、C社はDから報酬を受領することはできません。

問28 　　**正解　4**　　重要度　☆☆☆
　　　　　　　　　　　　難易度　★★

1	2	3	4

宅建士

1 ✗ 　登録の消除の処分の聴聞の期日及び場所が公示された日から当該処分をするかしないか決定される日までの間に登録の消除の申請をした者で当該**登録が消除された日から5年を経過しない者**は、宅建士の登録を受けることができません（宅建業法18条1項10号）。したがって、Aは、不正の手段により登録を受けたとして、登録の消除の処分の聴聞の期日及び場所が公示された後、自らの申請により、登録が消除された場合、Aは、**登録が消除された日から5年を経過せずに新たに登録を受けることができません**。

2 ✗ 　宅建士が、登録をしている都道府県知事の管轄する都道府県以外の都道府県に所在する宅地建物取引業者の事務所の業務に従事し、又は従事しようとするときは、当該事務所の所在地を管轄する都道府県知事に対し、**登録の移転の申請をすることができます**（19条の2）。**登録の移転を申請しなければならないわけではありません**。

3 ✗ 　宅建士は、事務の禁止の処分を受けたときは、速やかに、宅建士証を**その交付を受けた都道府県知事**に提出しなければなりません（22条の2第7項）。したがって、Aが、乙県知事から事務の禁止の処分を受けた場合は、速やかに、宅建士証を乙県知事ではなく、**甲県知事**に提出しなければなりません。

4 ◯ 　宅建士の氏名や住所など宅建士資格登録簿の**登録事項に変更**があったときは、遅滞なく、**変更の登録を申請しなければなりません**（20条、18条2項）。したがって、Aが住所を変更した場合、遅滞なく、甲県知事に変更の登録を申請しなければなりません。

プラスα こ登録の移転の申請をする場合は、**登録をしている都道府県知事**を経由して、**事務所の所在地を管轄**する都道府県知事に対し行います（宅建業法19条の2）。

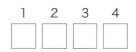

| 1 | 2 | 3 | 4 |
| | | | |

問 29　**正解 3**　重要度 ☆☆☆
難易度 ★★

免許の取消し

1　✕　宅建業者が法人で、**その政令で定める使用人が禁錮以上の刑に処せられた場合**、免許が取り消されます（宅建業法 66 条 1 項 1 号、5 条 1 項 5 号、12 号）。政令で定める使用人には、支店長も含まれるので、支店長が禁錮の刑に処せられれば、宅建業者の免許は取り消されます。

2　✕　不正な手段によって免許を取得したとして免許の取消処分の聴聞の期日及び場所が公示された日から当該処分をする日までの間に**廃業の届出**があった者は、宅建業者の免許が取り消されます（66 条 1 項 8 号、5 条 1 項 3 号）。

3　〇　宅建業者は、その事務所ごとに、その業務に従事する者の数に対して**5 分の 1 以上**の割合で、成年者である専任の宅建士を置かなければなりません（31 条の 3 第 1 項、同法施行規則 15 条の 5 の 3）。その規定に抵触するに至ったときは、**2 週間以内**に、規定に適合させるため必要な措置を執らなければならず（宅建業法 31 条の 3 第 3 項）、それを怠った場合は、1 年以内の期間を定めて、その**業務の全部又は一部の停止**が命ぜられる場合があります（65 条 2 項 2 号）。当然に免許が取り消される訳ではありません。

4　✕　宅建業者が法人で、**その役員が傷害罪により罰金以上の刑に処せられた場合**、免許が取り消されます（66 条 1 項 1 号、5 条 1 項 6 号、12 号、刑法 204 条）。役員には、取締役も含まれるので、代表取締役が傷害罪により罰金の刑に処せられれば、宅建業者の免許は取り消されます。

| 1 | 2 | 3 | 4 |
| | | | |

問 30　**正解 4**　重要度 ☆☆☆
難易度 ★★

免許

1　✕　**自ら貸借する場合**は、宅地建物取引業に当たりません（宅建業法 2 条 2 号）。これは、転貸であっても変わりません。したがって、宅建業者（都道府県知事免許）が、自ら所有する 1 棟のマンション（20 戸）を、貸主として不特定多数の者に反復継続して転貸する場合でも、都道府県知事の**免許を受ける必要はありません**。

2　✕　宅建業を営もうとする者は、2 以上の都道府県の区域内に事務所を設置してその事業を営もうとする場合には**国土交通大臣**の、1 の都道府県の区域内にのみ事務所を設置してその

事業を営もうとする場合には当該事務所の所在地を管轄する**都道府県知事**の免許を受けなければなりません（3条1項）。したがって、宅建業を営もうとする者が、同一県内に2以上の事務所を設置してその事業を営もうとする場合であっても、1の都道府県の区域内にのみ事務所があるので、国土交通大臣の免許ではなく、**都道府県知事**の免許を受けなければなりません。

3　✕　免許の有効期間は、国土交通大臣から免許を受けたときであっても、都道府県知事から免許を受けたときであっても、いずれも**5年**です（同条2項）。

4　○　宅建業を営もうとする者が、免許を受ける場合、免許権者である国土交通大臣又は都道府県知事は、本肢のような**条件を付すことができます**（3条の2第1項）。

プラスα　付すことができる条件は、宅建業の適正な運営並びに宅地及び建物の取引の公正を確保するため必要な**最小限度**のものに限り、かつ、当該免許を受ける者に不当な義務を課することとならないものでなければなりません（宅建業法3条の2第2項）。

1	2	3	4
□	□	□	□

問31　**正解　1**　重要度 ☆☆☆　難易度 ★★★

重要事項説明

1　○　売買代金以外に授受される金銭の額だけではなく、当該**金銭の授受の目的**についても重要事項説明の説明事項です（宅建業法35条1項7号）。

2　✕　**建物の貸借**の媒介の場合、建基法に基づき容積率又は建蔽率に関する制限があるときでも、その概要については重要事項説明の説明事項ではありません（同条項2号、同法施行令3条3項）。

3　✕　損害賠償額の予定に関する事項は、**その事項の有無にかかわらず**、重要事項説明の説明事項です（宅建業法35条1項9号）。

4　✕　建物の売買の媒介を行う場合、当該建物が建築士による耐震診断を受けたものであれば、その内容については重要事項説明の説明事項です。もっとも、**昭和56年6月1日以降に新築の工事に着手した建物は除かれます**（同条項14号、同法施行規則16条の4の3第5号）。

プラスα　なお、相手方が**宅建業者**である場合は、重要事項の説明をする必要はありません（宅建業法35条6項）。

問 32　**正解　4**　重要度　☆☆☆
難易度　★★

重要事項説明

1　×　宅建業者が、重要事項の説明をするには、宅建士をして説明させればよく、必ずしも**専任の宅建士に限られているわけではありません**（宅建業法 35 条 1 項）。

2　×　宅建士は、**重要事項を記載した書面を交付して説明しなければなりません**（同条項）。したがって、重要事項の説明をする際に、必ず重要事項が記載された書面を交付する必要があります。

3　×　重要事項の説明をする場所に**制限はありません**。

4　○　重要事項の説明は、**契約成立の前**に行う必要があります（同条項）。また、媒介による売買契約を行う場合、**買主に対して重要事項を説明させなければなりません**。なお、売主に対して説明させる必要はありません。

問 33　**正解　1**　重要度　☆☆☆
難易度　★★

37 条書面

ア　×　相手方が宅建業者であっても、37 条書面を交付しなければなりません。したがって、**買主が宅建業者であるときでも、**37 条書面を交付しなければなりません。

イ　○　宅建業者は、媒介により契約が成立したときは、**契約の各当事者**に 37 条書面を交付しなければなりません（宅建業法 37 条 1 項）。したがって、A は借主だけではなく、**貸主に対しても**、37 条書面を交付しなければなりません。

ウ　×　宅地の上に存する登記された権利の種類及び内容については、**重要事項説明の説明事項**ですが、37 条書面の記載事項ではありません（同条項参照）。したがって、A が売主を代理して賃借権の登記が設定されている土地を売却する場合でも、当該賃借権の内容について 37 条書面に記載する必要はありません。

エ　×　宅建業者は、37 条書面を作成したときは、宅建士をして、当該書面に**記名**させなければなりませんが、説明させる義務はありません（同条 3 項）。したがって、A が 37 条書面を交付する際には、宅建士 B をして、37 条書面の記載事項を**説明させる必要はありません**。

以上より、**正しいものはイの一つ**であり、**正解は 1** となります。

プラスα　37 条書面は、契約後、**遅滞なく交付する必要があります。**

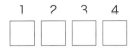

問34 **正解 3** 重要度 ☆☆☆
難易度 ★★★

37条書面

1 ✕ 　宅建業者が土地の売買契約を媒介する場合、土地を特定するために必要な表示として、37条書面には、土地の所在だけでなく、**地番、地目、地積**などを記載する必要があります（宅建業37条1項2号）。

2 ✕ 　37条書面には、売買契約の場合、**代金の額並びにその支払の時期及び方法を記載しなければなりません**（同条項3号）。したがって、37条書面には、売買代金の額のみならず、「現金で支払う。」など支払方法についても記載しなければなりません。

3 〇 　37条書面には、**宅地又は建物の引渡しの時期**を記載しなければなりません（同条項4号）。したがって、宅建業者が建物の売買契約を媒介する場合、37条書面に、「売買代金の支払と同時に引き渡す。」など建物の引渡しの時期について記載しなければなりません。

4 ✕ 　宅建業者が建物の賃貸借契約を媒介する場合、37条書面に、借賃以外の金銭の定めとして、敷金の定めがあれば、**敷金の額や支払時期**について記載しなければなりません（同条2項3号）。

問35 **正解 2** 重要度 ☆☆☆
難易度 ★★

クーリング・オフ

1 ✕ 　宅建業者がクーリング・オフを告げるときは**書面**でしなければなりません（宅建業法37条の2第1項、同法施行規則16条の6）。したがって、Aは、Bの承諾を得たとしても、口頭でクーリング・オフについて伝えることができません。

2 〇 　**相手方がその自宅において売買契約に関する説明を受ける旨を申し出た場合**は、自宅で買受けの申込みをした相手方はクーリング・オフを行使することができません（16条の5第2号）。したがって、Bからの申出なく、A自らBの自宅に訪問した場合は、Bは、申込みの撤回を行うことができます。

3 ✕ 　**事務所**で買受けの申込みをした相手方はクーリング・オフを行使することができません（宅建業法37条の2第1項）。したがって、事務所で買受けの申込みをしたBは、申込みの撤回を行うことができません。

プラスα 　クーリング・オフによる申込みの撤回等は、申込者等が**書面を発した時**に、その効力が生じます（宅建業法37条の2第2項）。

4　×　買受けの申込みをした者は、**書面によってクーリング・オ**
フを行使しなければなりません（宅建業法 37 条の 2 第 1 項）。
したがって、A が、ファミリーレストランで B から買受けの
申込みを受けた場合、B は、クーリング・オフについて**電磁**
的方法により当該申込みの撤回を申し出ても、申込みの撤回
を行うことができません。

<table>
<tr><td>問 36</td><td colspan="2">**正解　2**</td><td>重要度　☆☆
難易度　★★★</td></tr>
</table>

手付金等の保全

ア　違反する　工事完了前において行う宅地又は建物の売買で宅
建業者自ら売主となるものに関しては、宅建業者が受領しよ
うとする手付金等の額が代金の額の **5 ％又は 1,000 万円を超**
えている場合は、手付金等の保全措置を取らなければなりま
せん（宅建業法 41 条 1 項ただし書、同法施行令 3 条の 5）。
また、手付金等には、中間金も含まれます。したがって、工
事完了前の建物の売買契約において、売買代金の額の 10 ％
に相当する額の中間金を支払う旨の定めをした場合、A は保
全措置を講じなければなりません。

イ　違反しない　工事完了後において行う宅地又は建物の売買で宅
建業者自ら売主となるものに関しては、宅建業者が受領しよ
うとする手付金等の額が代金の額の **10%又は 1,000 万円を**
超えている場合は、手付金等の保全措置を取らなければなり
ません（宅建業法 41 条の 2 第 1 項ただし書、同法施行令 3
条の 5）。もっとも、**買主への所有権移転の登記がされたと**
きは保存措置をとる必要はありません。したがって、A は、
売買代金の額の 15%に相当する 450 万円を受領しても、既
に当該建物について A から B への所有権移転の登記を完了
しているため、保全措置を講じる必要はありません。

ウ　違反する　工事完了後において行う宅地又は建物の売買で宅
建業者自ら売主となるものに関しては、宅建業者が受領しよ
うとする手付金等の額が代金の額の **10%又は 1,000 万円を**
超えている場合は、手付金等の保全措置を取らなければなり
ません（宅建業法 41 条の 2 第 1 項ただし書、同法施行令 3
条の 5）。そして、**既に受領した手付金等があるときは、そ**
の額も加えなければなりません（宅建業法 41 条の 2 第 1 項
ただし書）。したがって、A は、既に売買代金の 10%に相当
する 300 万円を受領しているのですから、その分も合わせ
た 450 万円を受領しているので、A は保全措置を講じなけ

プラスα　なお、宅建
業者が、手付金等の保全
措置を講じないときは、
買主は、手付金等を支払
わないことができます
（宅建業法 41 条 4 項）。

れればなりません。

以上より、**違反するものはア、ウの二つ**であり、**正解は 2** となります。

（問37） **正解 4** | 重要度 ☆☆ | 難易度 ★★★

業務に関する規制

1 ✕　宅建業者は、従業者に、その**従業者であることを証する証明書を携帯させなければ**、その者をその業務に従事させてはなりません（宅建業法 48 条 1 項）。したがって、従業者を業務に従事させるには従業者であることを証する証明書を携帯させる必要があり、従業者が専任の宅建士である場合でも、**宅建士証でこれに代えることはできません。**

2 ✕　宅建業者は、その**事務所ごとに**、従業者名簿を備え置かなければなりませんが（同条 3 項）、**事務所以外で継続的に業務を行うことができる施設**を有する場所に、備え置かなければならないとする規定はありません。

3 ✕　宅建業者は、従業者名簿に、従業者の氏名、生年月日のほかに、**宅建士であるか否かの別**を記載しなければいけないのであって（同条項、同法施行規則 17 条の 2 第 1 項）、専任の宅地建物取引士であるか否かの別ではありません。

4 ⭕　従業者名簿の記載事項が、電子計算機に備えられたファイル又は電磁的記録媒体に記録され、**必要に応じ事務所において電子計算機その他の機器を用いて明確に紙面に表示されるとき**は、当該記録をもって従業者名簿への記載に代えることができます（同条 3 項）。

プラスα　従業者証明書を携帯させるべき者の範囲は、**代表者**（いわゆる社長）を含みます（宅建業法の解釈・運用の考え方、宅建業法 48 条 1 項）。

（問38） **正解 2** | 重要度 ☆☆ | 難易度 ★★

業務に関する規制

1 ✕　宅建業者は、その事務所ごとに一定の数の成年者である専任の宅建士を置かなければなりませんが、既存の事務所がこれを満たさなくなった場合は、**2 週間以内**に、適合させるための必要な措置を執らなければなりません（宅建業法 31 条の 3 第 3 項）。したがって、宅建業者は、事務所ごとに一定の数に満たなくなった場合でも、**直ちに宅建業法違反となり、業務停止処分を受けるわけではありません。**

2 ⭕　宅建業者は、業務に関し展示会を実施する場合には、その場所の公衆の見やすい場所に、国土交通省令で定める**標識**を掲げなければなりません（50 条 1 項、同法施行規則 19 条

1項5号)。

3 ✕　宅建業者が案内所を設置して契約の締結業務を行う場合、免許権者である都道府県知事と当該案内所の所在地を管轄する都道府県知事の**双方**に対して、法第50条第2項の規定に基づく届出をしなければなりません（同条項）。

4 ✕　宅建業者は、帳簿を各事業年度の末日をもって閉鎖するものとし、閉鎖後**5年間**当該帳簿を保存しなければなりません（同法施行規則18条3項）。本肢は、従業者名簿に関する記載です。

プラスα　宅建業者が自ら売主となる新築住宅に係るものにあっては、閉鎖後**10年間**当該帳簿を保存しなければなりません（宅建業法施行規則18条3項）。

1　2　3　4

(問39)　**正解　1**　重要度　☆☆
　　　　　　　　　　難易度　★★

営業保証金

1 〇　宅建業者と宅建業に関し取引をした**相手方が宅建業者に該当する場合**は、その取引により生じた債権に関し、当該宅建業者が供託した営業保証金について、**その債権の弁済を受ける権利を有しません**（宅建業法27条1項）。

2 ✕　営業保証金の額は、**本店で1,000万円、支店ごとに500万円の割合の合計額**を供託しなければなりません（25条2項、同法施行令2条の4）。したがって、宅建業者が甲県内に本店及び2つの支店を設置して宅建業を営もうとする場合、本店分1,000万円と支店ごとに500万の合計額**2,000万円**を供託しなければなりません。

3 ✕　営業保証金は、金銭による供託のほか、有価証券をもって供託することもでき（宅建業法25条3項）、**金銭と有価証券とを併用して供託することもできます**。

4 ✕　宅建業者は、新たに従たる事務所を設置したときは、その**主たる事務所**の最寄りの供託所に営業保証金を供託しなければならず、その従たる事務所の最寄りの供託所に営業保証金を供託するわけではありません（26条2項、25条1項）。

プラスα　なお、宅建業者は、営業保証金を供託したときは、その供託物受入れの記載のある**供託書の写し**を添付して、その旨を免許権者である国土交通大臣又は都道府県知事に**届け出なければなりません**（宅建業法25条4項）。

1　2　3　4

(問40)　**正解　1**　重要度　☆☆
　　　　　　　　　　難易度　★★

保証協会

1 〇　保証協会は、**一般社団法人**でなければならず、**宅建業者以外の者**が社員になることはできません（宅建業法64条の2第1項）。

2 ✕　保証協会は、その名称、住所又は事務所の所在地を変更し

83

ようとするときは、あらかじめ、その旨をその所在地を管轄
する都道府県知事ではなく、**国土交通大臣**に届け出なければ
なりません（同条 3 項）。

3 ✗ 　宅建業者で保証協会に加入した者は、**その加入しようとす
る日までに**弁済業務保証金分担金を保証協会に納付しなけれ
ばなりません（64 条の 9 第 1 項 1 号）。その加入の日から 2
週間以内ではありません。

4 ✗ 　保証協会は、弁済業務保証金の還付があったときは、還付
に係る社員に対し、還付充当金を保証協会に納付すべきこと
を通知し（64 条の 10 第 1 項）、通知を受けた社員は、その
通知を受けた日から 2 週間以内に、その通知された額の還付
充当金を**保証協会に納付**しなければなりません（同条 2 項）。
したがって、通知を受けた社員自身が、還付充当金を主たる
事務所の最寄りの供託所に供託するわけではありません。

プラスα 保証協会の
社員は、通知を受けた日
から 2 週間以内に、その
通知された額の還付充当
金を納付しないときは、
社員の**地位を失います**
（宅建業法 64 条の 10 第
3 項）。

問 41　**正解 1**　重要度 ☆☆☆
　　　　　　　　　　難易度 ★★★

ア　イ　ウ　エ
☐　☐　☐　☐

媒介契約

ア ✗ 　専任媒介契約を締結した宅建業者は、依頼者に対し、当
該専任媒介契約に係る業務の処理状況を **2 週間**に 1 回以上
報告しなければなりません（宅建業法 34 条の 2 第 9 項）。
1 週間に 1 回以上の報告は、専属専任媒介契約の場合です。
また、報告は必ずしも書面に限っているわけではありません。

イ ✗ 　宅建業者は、専任媒介契約を締結したときは、休日を除い
て契約締結日から 7 日以内に、指定流通機構に登録しなけ
ればなりません（同条 5 項、同法施行規則 15 条の 10）。ま
た、**指定流通機構に登録しない旨の特約は、依頼者に不利な
ものとして無効となります**（宅建業法 34 条の 2 第 10 項）。

ウ ✗ 　媒介契約を締結した宅建業者は、当該媒介契約の目的物で
ある宅地、建物の売買の申込みがあったときは、**遅滞なく、
その旨を依頼者に報告しなければなりません**（同条 8 項）。
この報告義務は、媒介契約の種類を問いません。したがって、
A が B との間で一般媒介契約を締結した場合、A は、B 所有
の宅地の売買の申込みがあったときは、その旨を B に報告
する必要があります。

エ 〇 　専任媒介契約の有効期間は、**3 か月を超えることができま
せん**。これより長い期間を定めたときは、その期間は、**3 か
月**となります（同条 3 項）。

以上より、**正しいものはエの一つ**であり、**正解は 1** となります。

プラスα 専任媒介契
約の有効期間は、3 か月
を超えることができませ
んが、依頼者の申出によ
り、**更新**することができ

84

問 42	**正解　2**	重要度　☆☆
		難易度　★

業務に関する規制

1　✕　宅建業者は、**正当な理由がある場合**でなければ、その業務上取り扱ったことについて知り得た秘密を他に漏らしてはなりません（宅建業法 45 条）。もっとも、**依頼者本人の承諾があった場合**は、正当な理由に当たります。

2　○　宅地建物取引業者だけではなく、**その従業員も**業務を補助したことについて知り得た秘密を他に漏らしてはなりません（75 条の 3）。

3　✕　宅建業者は、相手方等が契約の申込みの撤回を行うに際し、**既に受領した預り金を返還することを拒むことができません**（47 条の 2 第 3 項、同法施行規則 16 条の 11 第 2 号）。たとえ、申込みの際に受領した預り金を既に売主に交付していた場合でも、買主に返還しなければなりません。

4　✕　宅建業者は、手付金の分割払いなど、**手付について貸付けその他信用の供与をする**ことにより契約の締結を誘引する行為をしてはなりません（47 条 3 号）。したがって、買主が手付金を持ち合わせていなかった場合でも、**手付金の分割払いを提案することはできません**。

プラスα　宅建業を営まなくなった**後**であっても、宅建業者は守秘義務を負います（宅建業法 45 条）。

問 43	**正解　1**	重要度　☆☆
		難易度　★★★

自ら売主となる場合の規制

1　○　宅建業者は、自己の所有に属しない宅地又は建物について、自ら売主となる売買契約を締結してはいけません（宅建業法 33 条の 2 第 1 項）。もっとも、宅建業者が当該宅地又は建物を**取得する契約（予約を含みます。）**を締結しているときは除かれます（同条項 1 号）。したがって、B の所有する宅地について、A は B と売買契約の予約をしていれば、A は当該宅地を C に転売することができます。

2　✕　宅建業者が自己の所有に属しない宅地又は建物を取得する契約を締結しているときは、当該宅地又は建物について、自ら売主となる売買契約を締結することができますが、**停止条件付で取得する場合**は、条件が成就しないと取得できないことから、自ら売主となる売買契約を締結することができません（同条項同号）。したがって、A は C と売買契約を締結す

プラスα　民法では、自己の所有に属しない物の売買でも**有効**となります（民法 561 条）。

ることができません。

3 **×** 宅建業者が自己の所有に属しない宅地又は建物を取得する
契約を締結しているときは、当該宅地又は建物について、自
ら売主となる売買契約を締結することができます（同条項同
号）。売買代金が支払われていなくても、**契約が締結されて
いれば**問題ありません。したがって、Aは当該宅地をCに転
売することができます。

4 **×** 抵当権が設定されても、**自己の所有に属する宅地**ですので、
宅建業者は自ら売主となる売買契約を締結することができま
す。したがって、Aの所有する宅地について、Bの抵当権が
設定されていても、Aは当該宅地をCに転売することができ
ます。

問44 | **正解 2** | 重要度 ☆☆ / 難易度 ★★

| 1 | 2 | 3 | 4 |

広告

1 **×** 宅建業者は、建物の工事完了前においては、**建築確認があっ
た後**でなければ、建物の売買その他の業務に関する広告をす
ることができません（宅建業法33条）。したがって、建物
の売買の媒介だけではなく、建物の**貸借の媒介**の場合でも、
建築確認を申請中の工事完了前の建物については、広告をす
ることができません。

2 **○** 宅建業者は、広告に関して、著しく事実に相違する表示を
し、又は実際のものよりも著しく優良であり、若しくは有利
であると人を誤認させるような表示をしてはなりません（32
条）。したがって、これに違反すれば、免許権者である国土
交通大臣又は都道府県知事は、**その業務の全部又は一部の停
止を命ずることができます**（65条2項2号）。

3 **×** インターネットを利用して行う広告であっても、一般の広
告と同様に、広告の規制を受けます。また、売買契約が成立
していたにもかかわらず広告を掲載したままである場合は、
誇大広告等の禁止（32条）に該当します。

プラスα 誇大広告等
の禁止に違反すれば、さ
らに**罰金**に処せられるこ
ともあります（宅建業法
81条1号）。

4 ✕ 　宅建業者が行う広告については、実際のものよりも著しく優良又は有利であると人を誤認させるような表示をした場合は、**相手方が誤認したか否かにかかわらず**、宅建業法に違反します（同条）。

問45 **正解 3** 重要度 ☆☆ 難易度 ★★

履行確保法

1 ◯ 　自ら売主として新築住宅を販売する宅建業者は、住宅販売瑕疵担保保証金の供託をしている場合、当該住宅の**売買契約を締結するまでに**、当該住宅の買主に対し、供託所の所在地等について、それらの事項を記載した**書面**を交付して説明しなければなりません（履行確保法15条1項）。

2 ◯ 　宅建業者は、当該住宅の**買主が宅建業者である場合**は、住宅販売瑕疵担保保証金の供託又は住宅販売瑕疵担保責任保険契約の締結を行う義務を負いません（2条7項2号ロ）。

3 ✕ 　宅建業者が、住宅販売瑕疵担保保証金の供託又は住宅販売瑕疵担保責任保険契約の締結を行う義務を負うのは、**自ら売主として新築住宅を販売する場合に限ります**（11条1項）。

4 ◯ 　新築住宅の構造耐力上主要な部分に瑕疵があった場合、宅建業者が瑕疵担保責任を負わない旨の特約は買主に不利な特約として**無効**ですので、このような特約があっても、住宅販売瑕疵担保保証金の供託又は住宅販売瑕疵担保責任保険契約の締結を行う義務があります（2条5項、品確法95条2項）。

プラスα 　書面の交付に代えて、**買主の承諾を得て**、当該書面に記載すべき事項を**電磁的方法**により提供することができます（履行確保法15条2項、10条2項）。

問46 **正解 4** 重要度 ☆☆ 難易度 ★★

機構法

1 ◯ 　機構は、証券化支援事業（買取型）において、**MBS（資産担保証券）**を発行することにより、債券市場（投資家）から資金を調達しています。

2 ◯ 　機構は、**高齢者の家庭**に適した良好な居住性能及び居住環境を有する住宅とすることを主たる目的とする**住宅の改良**（高齢者が自ら居住する住宅について行うものに限る。）に必要な資金の貸付けを業務として行っています（機構法13条1項9号）。

3 ◯ 　機構は、民間金融機関が貸し付けた住宅ローンについて、**住宅融資保険**を引き受けることにより、民間金融機関による住宅資金の供給を支援しています（同条項3号）。

プラスα 　また、機構は、合理的土地利用建築物の建設若しくは合理的土地利用建築物で人の居住の用その他その本来の用途に供したことのないものの購入に必要な資金又は**マンションの共用部分の改良**に必要な資金の

4 ✗ 　機構は、災害により住宅が滅失した場合におけるその住宅に代わるべき住宅の建設又は購入に係る貸付金について、**一定の元金返済の据置期間を設けることができます**（業務方法書24条2項）。

貸付けを行うことを業務として行っています（機構法13条1項7号）。

（問47）　**正解　4**　重要度　☆☆／難易度　★★

景表法

1 ✗ 　新築とは、建築工事完了後1年未満であって、**居住の用に供されたことがないもの**をいいます（公正規約18条1号）。したがって、すでに居住の用に供されたものであれば、完成後1年未満の分譲住宅であっても、新築分譲住宅と表示することはできません。

2 ✗ 　徒歩による所要時間は、道路距離80mにつき1分間を要するものとして算出した数値を表示し、1分未満の端数が生じたときは、切り上げて**1分として算出しなければなりません**（同規約施行規則9条9号）。したがって、1分未満の端数が生じたときは、端数を切り捨てるわけではありません。

3 ✗ 　過去の販売価格を比較対照価格とする二重価格表示は、原則、**不当な二重価格表示**に該当します（公正規約20条、同規約施行規則12条）。中古住宅を販売する場合であっても不当な二重価格表示に該当し、そのような広告表示をしてはなりません。

4 ○ 　宅地又は建物のコンピュータグラフィックス、見取図、完成図又は完成予想図は、その旨を明示して用い、当該物件の周囲の状況について表示するときは、**現況に反する表示**をしてはなりません（9条23号）。

プラスα　自動車による所要時間は、**道路距離**を明示して、走行に通常要する時間を表示しなければなりません（公正規約施行規則9条10号）。

（問48）　**正解　1**　重要度　☆☆／難易度　★★

統計

1 ✗ 　建築着工統計調査報告（令和5年計。令和6年1月公表）によれば、民間非居住建築物の着工床面積は、前年と比較すると、事務所は**増加**しましたが、店舗、工場及び倉庫が**減少**したため、全体で**減少**となりました。

2 ○ 　令和6年地価公示（令和6年3月公表）によれば、令和5年1月以降の1年間の地価について、地方圏では、全用途平均・住宅地・商業地のいずれも**3年連続で上昇**し、全用途平均・商業地は上昇率が拡大し、住宅地は前年と同じ上

昇率となりました。

3 〇 令和4年度宅地建物取引業法の施行状況調査（令和5年10月公表）によれば、宅建士の新規登録者数は近年**増加傾向**で、総登録者数は 1,154,979 人となりました。

4 〇 年次別法人企業統計調査（令和4年度。令和5年9月公表）によれば、不動産業の売上高経常利益率は、平成30年度から令和4年度までの5年間は、いずれも **10 %を超えています**。

問49 | **正解 4** | 重要度 ☆☆
難易度 ★★

土地

1 **適当** 三角州は、河川の河口付近に見られる**軟弱な地盤**であるため、宅地には適していません。

2 **適当** 扇状地は、山地から河川により運ばれてきた砂礫等が堆積して形成された地盤であり、地形図では等高線が**同心円状**に見えます。

プラスα 扇状地は水はけがよく、地下水位が**深い**ため、一般的に宅地に適しています。

3 **適当** 干拓地は、海抜以下であることが多いため、**洪水や高潮などの影響**を受けやすくなります。

4 **不適当** 台地は、水はけも良く、**自然災害を受けにくいため**、宅地として積極的に利用されています。

問50 | **正解 2** | 重要度 ☆☆
難易度 ★★

建物

1 **適当** 含水率が高いほど、木材の強度は**低く**なります。

2 **不適当** 木材の圧縮に対する強度は、繊維方向と直交する方向からの圧縮に対して**弱く**、繊維方向からの圧縮に対して**強く**なります。

プラスα 含水率とは、木材に含まれる**水分**の割合のことをいいます。

3 **適当** 木の周辺部である辺材は、木の中心部である心材より**腐朽しやすい**部分です。

4 **適当** 構造耐力上主要な部分に使用する木材の品質は、節、腐れ、繊維の傾斜、丸身等による**耐力上の欠点がないもの**でなければなりません（建基法施行令41条）。

☆合格するためには、35問以上の正解が必要です。
（参考：令和元年度も同基準）（登録講習修了者は30問以上）

☆及び★印は次のような基準で付けました。

重要度	難易度
☆ ……… 注 意	★ ……… 易しい
☆☆ …… 重 要	★★ …… 普 通
☆☆☆ … 最重要	★★★ … 難しい

チェックBOXで、各肢ごとの理解をチェックしよう！

1　2　3　4
□ □ □ □

問1

正解	**2**	重要度 ☆☆
		難易度 ★★

相殺

1 ✕ この判決文は、最大判昭45.6.24のものです。判決文は、「第三債務者は、その債権が**差押後に取得されたものでないかぎり**」と言っています。BのAに対する債権は、Cの**差押え後に取得したもの**ですから、これを自働債権として相殺を主張することはできません。

2 ○ 本肢の場合、BのAに対する債権は、Cの差押え前に取得された債権ですので、Bはこれを自働債権として相殺をすることができます（民法511条1項）。判決文の「第三債務者が債務者に対して有する債権をもって差押債権者に対し相殺をなしうることを**当然の前提としたうえ**」という記述からしても、この場合には問題なくBは相殺することができます。

3 ✕ BのAに対する債権は、AのBに対する債権の**差押え後**に譲渡を受けたものです。この場合には、BはAに対する債権を自働債権とする相殺をもって、差押債権者Dに対抗することはできません（同条項）。これを認めると、Aに対する差押えを受けた債権の第三債務者であるBは、差押え後にもかかわらず反対債権を得て差押えの効果を否定することができ、差押えの実効性が失われてしまうからです。

4 ✕ 判決文は、「**相殺適状に達しさえすれば**」と言っています。相殺適状にない債権（本肢の場合、自働債権が弁済期に達していないため、相殺適状にありません。）は、そもそも相殺することができません（505条1項本文）。

プラスα なお、民事執行法に関する知識のため宅建士試験とは関係ありませんが、債権が差し押さえられている場合、債権者は、債権の取立てその他の処分が禁止されます。これを自働債権として、相殺することもできないと解されています。

注釈の位置は、各肢に対応しています

問2

正解	**2**	重要度 ☆☆
		難易度 ★★

相隣関係

ア ○ 境界線上に設けた境界標、囲障、障壁、溝及び堀は、相隣者の**共有に属するもの**と推定されます（民法229条）。

ア　イ　ウ　エ
□ □ □ □

プラスα 境界標の設置及び保存の費用は、相

イ ○ 隣地の竹木の根が境界線を越えて侵入してきたときは、自分で切り取ることができます（233条4項）。また、隣地の竹木の枝が境界線を越えるときは、その竹木の**所有者**に、その枝を切除させることができる（同条1項）だけでなく、竹木の所有者に枝を切除するよう催告したにもかかわらず、相当期間内に切除しないとき等は、自分で切り取ることができます（同条3項）。

隣者が**等しい割合**で負担し、その際に行った測量の費用はその土地の広**狭に応じて**分担すること（民法224条）も記憶しておきましょう。

ウ × 境界線から**1 m未満**の距離において他人の宅地を見通すことのできる窓又は縁側（ベランダを含む。）を設ける者は、目隠しを付けなければなりません（235条1項）。

エ × 本肢のような場合は、**必要な範囲で**隣地を使用することができます（209条1項1号）。ただし、住家については、その居住者の承諾がなければ、立ち入ることはできません。

以上より、**正しいものはアとイの二つ**であり、**2が正解**となります。

問3 **正解 3** 重要度 ☆☆☆ 難易度 ★★★

占有

1 × 所有の意思の有無は、占有者の内心の意思によってではなく、占有取得の**原因である権原又は占有に関する事情**により外形的客観的に定められるべきものであるとされています（最判昭47.9.8）。

2 × 善意の占有者は、占有物から生じる果実を取得します。そして、善意占有者が本権の訴えによって敗訴したときは、「**その訴え提起の時から**」悪意の占有者だったものとみなされます（民法189条1項、2項）。

3 ○ 建物はその敷地を離れて存在することはできないことから、建物を占有使用する者は、その占有を通じて**その敷地である土地も占有している**ものと解されます（最判昭34.4.15）。

4 × 敷地の占有権原を有しない建物所有者から、その建物を借

過去問 占有が出題される場合は、ほとんどが**取得時効**と関連しての出題です。しかし、占有自体に関する出題も今後はあり得ると思われます。最低限選択肢1、選択肢2程度は理解しておきましょう。

り受けて占有している者は、その建物を占有することにより、当該敷地を「**不法**」に占有するものと解されます（最判昭 34.6.25）。

問4 ┃ **正解 4** ┃ 重要度 ☆☆☆ ┃ 難易度 ★★

保証

1 ✕ 主たる債務が条件の不成就により成立しなかったときは、保証債務の付従性により**保証債務も成立しない**こととなります。

2 ✕ 保証人の負担が債務の目的又は態様において主たる債務よりも重いときは、保証人の負担は**主たる債務の限度に減縮**されます（民法 448 条 1 項）。したがって、主たる債務よりも保証人の負担が重い内容の保証契約は存在しないこととなります。

3 ✕ 保証契約は**債権者と保証人となる者で締結**する契約です。債務者の合意はなくても成立します。

4 **○** 判例は、特定物の売買契約において、売主のために保証人となった者は、特に反対の意思表示がない限り、売主の債務不履行により契約が解除された場合における**原状回復義務**についても、保証する責任を負うとしています（最大判昭 40.6.30）。

1	2	3	4

プラスα 主たる債務の目的又は態様が保証契約の**締結後**に加重されたとしても、保証人の負担は加重されません（民法 488 条 2 項）。

問5 ┃ **正解 4** ┃ 重要度 ☆ ┃ 難易度 ★★

親族

1 ✕ 離婚をした者の一方は、相手方に対して財産の分与を**請求することができます**（民法 768 条 1 項）。相手方に有責不法の行為があるなしにかかわりません。

2 ✕ 親権は、父母の婚姻中は、父母が共同して行い、父母の一方が親権を行うことができないときは、他の**一方**が行います（818 条 1 項）。現行法では、離婚をするときは、父母の一方を親権者と定めなければなりませんが（819 条）、双方を親権者と定める「共同親権」を導入するための民法改正案が、2024 年 3 月 8 日に閣議決定されました。

3 ✕ 未成年者に対して親権を行うものがないときは、後見が開始されますが（838 条 1 号）、未成年後見人となるべき者がないとき又は未成年後見人が欠けたとき、家庭裁判所は、**未成年被後見人**又はその親族その他の**利害関係人**の請求によっ

1	2	3	4

て、未成年後見人を選任します（840条1項）。

4 ○ 成年被後見人が婚姻をするには、その成年後見人の同意を**必要としません**（738条）。

問6 　**正解　3**　重要度 ☆☆☆
　　　　　　　　　　　難易度 ★★

1	2	3	4
□	□	□	□

意思表示

1 ○ 表意者が真意でないと知りながら行った意思表示を**心裡留保**といいます。心裡留保は原則として**有効**ですが（民法93条1項本文）、意思表示の相手方がその真意を知っている場合や、普通に注意すれば知ることができたときには**無効**です（同条項ただし書）。

2 ○ 通謀虚偽表示による意思表示は無効です（94条1項）。この無効は、**善意**の第三者には対抗することができませんが、本肢のCは**悪意**ですから、AはCに対し、AB間の譲渡契約が**無効**であることを対抗することができます（同条2項）。その結果、Cは甲土地についての無権利者であるBから譲渡を受けたことになるため甲土地の所有権を取得することはできず、甲土地の所有権はAが有することになりますので、AはCに対し、**自己の所有権**を主張して甲土地の返還を請求することができます。

3 ✕ AB間の譲渡契約は、覚せい剤の譲渡契約と引換えに行われており、**公序良俗に反する契約**ということができます（90条）。公序良俗に反する意思表示は**無効**であり、この無効は意思表示の当事者であっても主張することができ、また誰に対しても主張することができます。

4 ○ 制限行為能力者が能力に関して**詐術**を用いたときは、取消権を行使することはできません（21条）。Aは、Bに対して自分は成年者であると積極的に称してBを誤信させているため、「**詐術**」を用いたということができるので、法定代理人の同意を得ていなくとも、譲渡契約を取り消すことはできません。

> **プラスα** 一見すると、公序良俗違反の行為を行ったAが、善意の第三者に無効を主張することができるのはおかしいと思うかもしれません。しかし、公序良俗違反の意思表示は**絶対的に無効**であり、善意の第三者に対する関係でも、この意思表示が有効であると扱うことはできないのです。

問7 　**正解　1**　重要度 ☆☆☆
　　　　　　　　　　　難易度 ★★

1	2	3	4
□	□	□	□

無権代理・日常家事代理

1 ○ Aによる賃貸借契約の締結が、夫婦であるAB間の「**日常の家事**」の範囲内でなされた法律行為であるといえるならば、民法761条によりBに効果帰属することとなり、当該賃貸

93

借契約は有効となり得ます。判例によれば、761条は、「日常の家事」の範囲内における法律行為については、**夫婦がお互いに他方を代理する権限を有していることをも規定したもの**であると解されています（最判昭44.12.18）。そして、同判例によれば、761条にいう「日常の家事」に関する法律行為に該当するか否かは、その法律行為の種類・性質等の**客観的事情**を考慮するほか、その法律行為をした夫婦の共同生活の**内部的な事情**やその行為の**個別的な目的**も考慮して決定されることとなります。本肢では、Aは、ABによる**共同居住目的**で、C所有の家屋を借り受ける契約を締結しており、AB間の夫婦としての共同生活に必要な事務であるといい得ることから、「日常の家事」の範囲内における法律行為であるとして、当該賃貸借契約は**有効となる可能性**があります。

2　✗　Aは、Bの死亡により、Bが有していた**追認拒絶権**も相続しています。しかし判例は、**無権代理人**が単独で本人を相続した場合は、無権代理行為は**当然に有効**となり、無権代理人が本人から相続した追認拒絶権を行使することは**信義則に反し許されない**としています（最判昭40.6.18）。

3　✗　Aが行った行為は**無権代理行為**であり、その効果はBに帰属せず**無効**となります（民法113条1項）。本肢の場合には相手方Cには過失があることから、代理権授与表示による**表見代理は成立しません**（109条1項）。

4　✗　本肢は無権代理の相手方の取消権に関するものです（115条）。Aの行為は**無権代理行為**であり、無権代理行為の相手方は、**善意でありさえすれば**、**過失があっても本人が追認するまでの間は、無権代理行為によって締結された契約を取り消すことができます。

プラスα　被相続人の所有物であった時点では、「売り払って儲けよう。」と思って勝手に売却しておきながら、その後に被相続人を相続して自分の所有物になった途端に、**被相続人の追認拒絶権**を行使して「やっぱり返してくれ。」と主張することは、都合が良すぎるということです。

問8　**正解　3**　重要度　☆☆　難易度　★★

連帯債務

1　✗　免除は**相対効**であり、債権者が、連帯債務者の1人に対して債務を免除したとしても、他の連帯債務者が債務を免れることにはなりません（民法441条）。

2　✗　破産者と連帯して債務を負っている者は、民法439条2項により、破産者の負担部分の限度において、債務の履行を拒むことができますが、相殺に**用いることはできません**。

3　○　連帯債務者の1人について法律行為の無効又は取消しの原因があっても、他の連帯債務者の債務は**その効力を妨げられ**

過去問　連帯債務の絶対的効力事由には、弁済その他債権を消滅させる事由、更改、相殺、混同の4つがあります。

ません（民法437条）。

4 × 　時効は**相対効**であるため、連帯債務者の1人のために時効が完成しても、他の連帯債務者に影響はなく、債務は消滅しません。

問9　　**正解　4**　重要度　☆☆
　　　　　　　　　　　難易度　★★

1　2　3　4

遺言

1 × 　遺言に停止条件を付した場合において、その条件が遺言者の死亡後に成就したときは、遺言は、**条件が成就した時から**その効力を生じます（民法985条2項）。

2 × 　遺言者は、その遺言を撤回する権利を**放棄することはできません**（1026条）。

3 × 　第三の遺言書の記載に照らし、遺言者の意思が第一の遺言の復活を希望するものであることが明らかなときは、**遺言者の真意を尊重して第一の遺言の効力の復活が認められます**（最判平9.11.13）。

4 ○ 　遺言者が故意に遺言書を破棄したときは、その破棄した部分については、遺言を**撤回したもの**とみなされます（民法1024条）。遺言者が故意に遺贈の目的物を破棄したときも同様です。

問10　　**正解　4**　重要度　☆☆
　　　　　　　　　　　難易度　★★

1　2　3　4

各種の契約の性質

1 × 　消費貸借契約とは、当事者の一方が種類、品質及び数量の同じ物をもって返還をすることを約して、相手方から「**金銭その他の物**」を受け取ることによって、その効力を生ずる要物契約です（民法587条）。金銭は消費貸借契約の目的物の典型例です。なお、借主がいつでも返還することができるとする点は正しい記述です（591条2項）。

2 × 　和解契約は、当事者が互いに**譲歩（互譲）**をしてその間に存する争いをやめることを約することによって、その効力を生ずる契約です（695条）。一方だけが譲歩するのではありません。なお、示談は、民法上の和解と同様に互譲がある場合のほか、互譲ではなく**当事者の一方だけ**がその主張を放棄・減殺して、裁判によらないで事を完結する場合も含みます（大判明41.1.20）。

3 × 　寄託契約とは、受寄者が寄託者のために物を保管すること

出題意図　選択肢2は宅建士のテキスト類にはあまり記述がない事項です。しかし、正解肢である選択肢4は宅建士試験で何度も出題されているものですので、本問は確実に正解しなければならない問題です。

を約し、**相手方がこれを承諾する**ことで効力を生ずる**諾成契約**です（民法657条）。有償の場合には双務契約、無償の場合には片務契約となる点は正しい記述です。

4 ○ 請負契約では、仕事が完成する前であれば、**注文者はいつでも請負人の損害を賠償して契約を解除できます**（641条）。これに対して**請負人からの契約解除は原則として認められません**。請負人はいったん仕事の完成を約束した以上、途中で放り出すことはできないのです。

問11 **正解 3** | 重要度 ☆☆☆ / 難易度 ★★

借地契約

1 ○ 建物買取請求権（借地借家法13条）は**強行規定**とされています（16条）が、借地権が**事業用定期借地権**である場合は、13条の建物買取請求権は排除されるため、本肢の特約は**有効**です（23条2項）。

2 ○ 借地権を設定する場合（存続期間を10年以上30年未満とする事業用定期借地権を除く。）においては、「借地権の設定後30年以上を経過した日に借地権の目的である土地上の建物を借地権設定者に相当の対価で譲渡する。」旨の特約を付けることができ、これを**建物譲渡特約付借地権**といいます（24条1項）。本肢は建物譲渡特約付借地権を内容とする特約ですので、有効です。

3 ✕ 判例は、建物所有目的の借地契約の更新拒絶のための正当事由の有無の判断については、特段の事情がない限り、**建物賃借人の事情を借地人側の事情として斟酌することは許されない**としています（最判昭58.1.20）。

4 ○ 土地賃借人は、自己と氏を同じくし、かつ同居している未成年の長男名義で保存登記をした建物を借地上に所有していても**土地の新取得者に対して借地権を対抗することはできません**（最大判昭41.4.27）。

プラスα 事業用借地権の場合と**居住目的の借地権**の違いを整理しておきましょう。なお、借地借家法23条は、14条の第三者の**建物買取請求権**を排除していませんので、事業用定期借地権の場合でも、第三者が借地上の建物等を取得した場合には、借地権設定者が賃借権の譲渡や転貸を承諾しないときに、その第三者は借地権者に対して建物買取請求権を行使することができることに注意しましょう。

問12 **正解 1** | 重要度 ☆☆ / 難易度 ★★★

普通借家契約と定期借家契約

1 ○ ケース①で期間の定めがない場合には、建物の賃貸人が正当事由のある賃貸借の解約の申入れをすれば、建物の賃貸借は、**解約の申入れの日から6か月を経過**することによって終了します（借地借家法27条1項）。これに対してケース

プラスα 期間の定めがない普通借家契約の場合、賃貸人からも賃借人からも、**いつでも解約申**

②は事業用の定期建物賃貸借契約であり、この場合、**中途解約は認められません**。定期建物賃貸借契約で中途解約が認められるのは、居住用建物の賃貸借において、一定の事由により、**賃借人**から解約申入れが行われた場合に限られています（38条7項）。

2　×　ケース①の普通借家契約は**諾成不要式**の契約であり、口頭でも契約は成立します。しかし、ケース②の定期建物賃貸借契約は**書面**によって締結することが要求されています。しかし、書面は**必ずしも公正証書による必要はありません**（同条1項）。38条1項は「公正証書による等書面によって」としていますが、ここでいう「公正証書等」とは例示であって、必ずしも公正証書によらなければならないという意味ではありません。

3　×　ケース①に関する記述は正しい記述です（29条1項）。しかし、ケース②については、**定期建物賃貸借契約**には29条1項は適用されず、他に期間の定めを制限する規定もないことから、1年未満の期間の定めは、定期建物賃貸借契約の期間の定めとして**有効**です。

4　×　強行規定について定めた37条では、造作買取請求権（33条)は**除外**されており任意規定であるとされていることから、普通借家契約の場合でも定期建物賃貸借契約の場合でも、**特約により排除できます**。

入れをすることができます（民法617条1項本文）。そして解約の効果は**賃貸人**からの解約申入れは**6か月経過後**、**賃借人**からの解約申入れは**3か月経過後**に生じます（借地借家法27条1項、民法617条1項2号）。

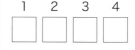

オタクから借りたこの建物、業績不振で解約したいんだけど。

事業用の定期建物賃貸借契約だぞ、中途解約はできないよ。宅建業者のくせに知らないのか？

○×不動産

借

貸

問13　**正解　4**　重要度　☆☆　難易度　★★

不登法（区分所有建物の登記）

1　×　規約共用部分と異なり、**法定共用部分**については登記をする対象とはされていません（区分所有法4条2項）。

2　×　区分所有建物の規約共用部分の登記は、所有権の共有登記ではあっても、甲区欄ではなく、**表題部**に記載されます（不登法58条1項、不動産登記事務取扱手続準則103条1項）。

1　2　3　4

プラスα　区分所有建物については、その特殊性から特別の登記手続が採用されています。

3 ✕ 所有者として表題部に記載された者から**所有権を取得した者**も申請することができます（不登法74条2項）。

4 ○ こ区分建物の表題登記は、その1棟に属する他の全ての区分建物の表題登記と同時に申請します（48条1項）。

問14 | **正解 4** | 重要度 ☆☆ / 難易度 ★★

区分所有法（共用部分）

1 ○ 各共有者は、共用部分を**その用方に従って**使用することができます（区分所有法13条）。

2 ○ 本肢の記述は、法律上当然に共用部分とされる部分、つまり**法定共用部分**についての記述です（4条1項）。

3 ○ 各共有者の持分は、**その有する専有部分の床面積の割合**によりますが、この共用部分の持分の割合については、**規約で別段の定め**をすることが認められています（14条1項、4項）。

4 ✕ **区分所有者**は、その専有部分又は共用部分を保存し、又は改良するため必要な範囲内において、他の区分所有者の専有部分又は自己の所有に属しない共用部分の使用を請求することができます（6条2項前段）。しかし、**専有部分の賃借人**についてこのような請求権を認めた規定はありません。

1 2 3 4

> **プラスα** 区分所有法6条1項の規定は区分所有者以外の専有部分の占有者に準用されていますが、6条2項の規定は準用されていないのです（6条3項）。

問15 | **正解 3** | 重要度 ☆☆ / 難易度 ★★

国土法

1 ✕ 本肢は、**注視区域**の説明です（国土法27条の3第1項）。**監視区域**は、都道府県の区域のうち、**地価の急激な上昇**によって適正かつ合理的な土地利用の確保が困難となるおそれがあると認められる区域のことであり、注視区域と同様に、都道府県知事が、期間を定めて指定することができるものです（27条の6第1項）。

2 ✕ 監視区域内において一定規模以上の面積の土地の売買等の契約を締結する場合には、**契約締結前に届出**（**事前届出**）が必要となります（27条の7第1項、27条の4）。

3 ○ **規制区域**に所在する土地について、当該土地の所有権や地上権等の権利の移転又は設定（対価を得て行われる場合に限ります。）をする契約を締結しようとする場合には、当事者は、**都道府県知事の許可**を受けなければならないとされています（14条1項）。そして、都道府県知事から不許可処分を受けたときは、当該土地に関する権利を有する者は、都道府県知

1 2 3 4

> **プラスα** 契約締結日から2週間以内に届出（事後届出）をする必要がある（国土法23条）のは、許可制及び事前届出制の適用がない区域における土地の売買等の契約を締結する場合です。なお、事前届出制では契約の両当事者が届出を行うのに対し、事後届出制

事に対して**当該土地を買い取るべきこと**を請求することができます（19条1項）。

4 ✕ 　都道府県知事の勧告（24条1項）に基づいて、土地の利用目的が変更された場合、都道府県知事は、土地に関する権利の処分についてのあっせんその他の措置を講ずるよう**努めなければならない**とされています（27条）。「講じなければならない」わけではありません。

では権利取得者のみが届出を行います。

（問16）　**正解　2**　重要度　☆☆
　　　　　　　　　　　　難易度　★★★

都計法（地域地区）

1　✕　　特定用途制限地域は、「**用途地域が定められていない**土地の区域（市街化調整区域を除く。）内」において、その良好な環境の形成又は保持のため当該地域の特性に応じて合理的な土地利用が行われるよう、制限すべき特定の建築物等の用途の概要を定める地域です（都計法9条15項）。用途地域が定められている土地の区域に特定用途制限地域を定めることはできません。

2　○　準工業地域は、主として**環境の悪化をもたらすおそれのない工業の利便**を増進するため定める地域です（同条11項）。

3　✕　　「**主として工業の利便を増進するため定める**」のは**工業地域**です（同条12項）。工業専用地域は、工業の利便を増進するため定める地域です（同条13項）。

4　✕　　特定街区は、市街地の整備改善を図るため街区の整備又は造成が行われる地区について、その街区内における建築物の「**容積率**」並びに建築物の高さの「**最高限度**」及び壁面の位置の制限を定める街区です（同条20項）。

1	2	3	4

プラスα　選択肢4は少々細かい部分の知識を聞いていますが、**特定街区**とは、一般的な容積率制限や高さ制限を適用せず、これとは別に**都市計画**で容積率制限や高さ制限を定めて、形態規制を緩和する街区なのです。超高層ビル街をイメージしてください。

（問17）　**正解　4**　重要度　☆☆
　　　　　　　　　　　　難易度　★★

都計法（開発行為）

ア　✕　　社会福祉施設や医療施設の開発行為は、開発許可が不要とされる**公益上必要な建築物**には該当しません（都計法29条1項3号）。

ア	イ	ウ

プラスα　開発許可が不要となるのは、駅舎その他の鉄道の施設、図書

イ × 　区域区分が定められていない都市計画区域内で行う開発行為は、**3,000 ㎡ 未満**であれば許可は不要ですが、本肢の場合にはこれに該当しませんから許可が必要となります（同条項 1 号、同法施行令 19 条 1 項）。

ウ × 　市街化調整区域においては、**農産物の生産又は集荷**のための建築物の開発行為であれば、開発許可は不要です（都計法 29 条 1 項 2 号、同法施行令 20 条 1 号）。しかし、本肢は、**農産物の加工**に必要な建築物であるため、市街化調整区域であっても開発許可が必要となります（都計法 34 条 4 号）。

以上より、**全て誤り**で正しいものはなく、**4 が正解**となります。

館、公民館、変電所その他これらに類する**公益上必要な建築物**のうち、開発区域及びその周辺の地域における適正かつ合理的な土地利用及び環境の保全を図る上で支障がないものとして政令で定める建築物の建築の用に供する目的で行う開発行為です。

問 18　**正解 4**　重要度 ☆☆☆　難易度 ★★

1	2	3	4

建築協定

1 × 　建築協定は、**その認可の公告のあった日以後**において当該建築協定区域内の土地の所有者や借地権者となった者に対しても、原則として**その効力が及びます**（建基法 75 条）。

2 × 　廃止については**過半数の合意**で足ります（76 条 1 項）。

3 × 　いわゆる一人協定も定めることができますが（76 条の 3 第 1 項）、その効力は、認可の日から起算して **3 年以内において当該建築協定区域内の土地に 2 以上の土地の所有者等が存することとなった時**から生じます（同条 5 項）。

4 ○ 　土地の共有者又は共同借地権者は、合意の人数など、一定の規定の適用については、**合わせて 1 人の所有者又は借地権者とみなします**（76 条の 2）。

プラスα　なお、これには例外があり、建築協定に**合意しなかった土地所有者**から当該土地の所有権を承継した者に対しては効力が及びません。

問 19　**正解 1**　重要度 ☆☆☆　難易度 ★★

ア	イ	ウ

業建基法

ア × 　原則として非常用の昇降機を設けなければならないのは、高さ **31 m** を超える建築物です（建基法 34 条 2 項）。

イ × 　住宅の居室、学校の教室、病院の病室又は寄宿舎の寝室は**地階に設けることもできます**。そして、これらを地階に設ける場合には、**壁及び床の防湿の措置その他の事項**について衛生上必要な政令で定める技術的基準に適合するものとしなければならないとされています（29 条）。

ウ ○ 　地盤面下であれば、通行の支障にはならないため、**道路内であっても建築物を建築することができます**（44 条 1 項 1 号）。

プラスα　高さ **20 m を超える**建築物には、原則として、有効に避雷設備を設けなければなりません（建基法 33 条本文）。

以上より、**妥当でないものの組合せはア、イであり、1が正解**となります。

問20　**正解　3**　重要度　☆☆
難易度　★★

盛土法

1　✕　許可を受けなければならないのは**工事主**であって、工事請負人ではありません（宅造法12条1項）。

2　✕　規制区域の指定は、宅地造成に伴い災害が生じるおそれが大きい市街地又は市街地となろうとする土地の区域であれば、都市計画区域の**内外を問わず**、指定することができます（10条1項）。

3　〇　都道府県知事又はその命じた者若しくは委任した者は、基礎調査のため他人の占有する土地に立ち入って測量又は調査を行う必要がある場合においては、**その必要の限度**において、他人の占有する土地に立ち入ることができます（5条1項）。そして立ち入る場合には、**3日前までに**その旨を土地の占有者に**通知**することが要求されています（同条2項）。

4　✕　規制区域内において許可を受けずに行われている宅地造成工事に対しては、都道府県知事は、当該工事の施行の停止を命じ、又は相当の猶予期限を付けて、擁壁等の設置その他宅地造成に伴う災害の防止のため必要な措置をとることを**命ずることができます**（20条2項1号）。「命じなければならない」のではありません。また、工事の施行の停止を行うには、緊急の必要がある場合を除いて**弁明の機会**を与えなければならず、直ちに施行停止を命じることができるのは例外的な場合です（同条4項）。

プラスα　立ち入る場合でも、土地の占有者の承諾があった場合を除き、**日出前及び日没後は立ち入り**できないという制限があります（盛土法5条4項）。

問21　**正解　2**　重要度　☆☆
難易度　★★

区画法

1　✕　仮換地の指定に際しては、従前の宅地について使用収益権を有している者に対して、仮換地につき、仮にその目的となるべき宅地又はその部分を指定する必要があります（区画法98条1項）。しかし、目的となる土地の抵当権者は、当該土地の使用収益権を有していません。したがって、仮に目的となるべき宅地又はその部分を**指定する必要はありません**。

2　〇　記述のとおりです（99条2項、3項）。使用又は収益を開始できる日を別に定めることが可能となるのは、その仮換地

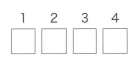

に使用又は収益の障害となる物件が存するときその他特別の
事情があるときです。

3　✕　従前の宅地の所有者は仮換地の**所有権**を取得するのではあ
　　　りません。単に仮換地の**使用収益権**を取得するだけで（同条
　　　1項）、依然として従前の宅地の所有権を有します。

4　✕　区画法は、宅地について所有権若しくは借地権を有する者
　　　又は宅地について所有権若しくは借地権を有する者の同意を
　　　得た者は、1人で、又は数人共同して、当該権利の目的であ
　　　る宅地について、又はその宅地及び一定の区域の宅地以外の
　　　土地について土地区画整理事業を施行することができるとし
　　　ています（3条1項本文）。

プラスα　ただし、宅
地について所有権又は借
地権を有する者の同意を
得た者とは、独立行政法
人都市再生機構、地方住
宅供給公社その他、**必要
な資力・信用・技術的能
力を有する者**として政令
で定めるものに限られま
す。

ア	イ	ウ	エ

問22　　**正解　3**　　重要度　☆☆
　　　　　　　　　　　　難易度　★★

農地法

ア　✕　国、都道府県が農地を**転用**する場合には原則として許可が
　　　必要です。ただし、国又は都道府県が、道路、農業用用排水
　　　施設その他の地域振興上又は農業振興上の必要性が高いと認
　　　められる施設であって農林水産省令で定めるものの用に供す
　　　るため、農地を農地以外のものにする場合は許可が不要とな
　　　ります（農地法4条1項2号）。

イ　✕　農地法3条には、**市町村**について、国や都道府県のよう
　　　に許可不要とする規定はありません。

ウ　✕　この場合にもアと同様に許可が**必要**です（5条1項1号）。

エ　○　国、都道府県が農地を**取得**する場合には許可は不要です（3
　　　条1項5号）。

以上より、**誤っているものはアとイとウの三つ**であり、**3が正解**と
なります。

プラスα　なお、許可
が必要な行為について
も、**国又は都道府県と都
道府県知事との協議**が成
立すれば許可があったも
のとみなされます（農地
法4条8項、5条4項）。

ウラ技!!

農地法の攻略技！
農地等の売買等については許可が必要となるが、どういうケースで、
何条の許可が必要か、そしてその場合分けさえ覚えておけば、正解
率をかなりupできる！　次ページの4つのポイントを押さえておこ
う。

■農地法の４つのポイント■

①４条と５条に関して、「市街化区域内」では、あらかじめの「届出」で許可不要。

②抵当権の設定や遺産分割による農地の取得は、許可不要。

③転用目的での処分（売買等）には、５条の許可が必要。

④無許可の場合、原状回復命令ができ、処分に関する契約は無効。

問23　**正解　3**　重要度　☆☆　難易度　★★

固定資産税

1　×　固定資産税はその名のとおり固定資産に課される税ですが、ここでいう固定資産には土地や家屋の他、**償却資産も含まれます**（地方税法 341 条 1 項 1 号、2 号、3 号、4 号）。

2　×　家屋に係る固定資産税は、**建物登記簿又は家屋補充課税台帳**に所有者として登記・登録されている者に課税されます（343 条 2 項）。したがって、登記がなされていなくても課税されます。

3　○　固定資産税は、原則として固定資産の所有者に対して課されますが、質権又は 100 年より永い存続期間の定めのある地上権の目的である土地については、その**質権者又は地上権者**に課されます（同条 1 項かっこ書き）。

4　×　固定資産税の徴収については、**普通徴収**の方法によらなければならないとされています（364 条 1 項）。

プラスα　固定資産税の標準税率は**100 分の 1.4** であることも記憶しておきましょう（地方税法 350 条 1 項）。

問24　**正解　2**　重要度　☆☆　難易度　★★

印紙税

1　○　**地上権や土地の賃借権**の設定、これらの権利の譲渡に関する契約書は印紙税の課税文書です（印紙税法 2 条、別表第一）。

2　×　**土地又は地上権以外の賃貸借契約書**は印紙税の課税文書とはされていません。

3　○　契約金額の記載がない契約書は、1 通につき **200 円**の印紙税が課されます。

4　○　建物の賃貸借契約書には印紙税は課税されませんが、手付金 15 万円を受領した旨の**領収書**は、印紙税法別表第一の 17 号文書に該当し、印紙税の課税文書です。

プラスα　記載金額が**5 万円未満**の領収書には印紙税は課税されません。

完全予想模試―④／正解・解説

103

問25 **正解 4** 重要度 ☆☆ / 難易度 ★

地価公示法

1 ○ 標準地は、土地鑑定委員会が、国土交通省令で定めるところにより、自然的及び社会的条件からみて類似の利用価値を有すると認められる地域において、土地の利用状況、環境等が**通常と認められる一団の土地**について選定するものとされています（地価公示法3条）。

2 ○ 土地鑑定委員会は、標準地の単位面積当たりの正常な価格を判定したときは、速やかに、本肢の記述にある事項を**官報で公示**しなければなりません（6条）。

3 ○ 標準地の鑑定評価を行った不動産鑑定士は、土地鑑定委員会に対し、鑑定評価額その他の国土交通省令で定める事項を記載した**鑑定評価書**を提出しなければなりません（5条）。

4 × 都市及びその周辺の地域等において、土地の取引を行う者は、取引の対象土地に類似する利用価値を有すると認められる標準地について公示された価格を指標として取引を行うよう**努めなければなりません**（1条の2）。一般の土地取引について、公示価格を指標として取引を行うよう強制されるわけではなく、「努めなければならない」とされています。

> **プラスα** 標準地の周辺の土地について公示されるのは「**利用の現況**」だけであることに注意してください。

問26 **正解 3** 重要度 ☆☆☆ / 難易度 ★★

免許

1 × 都市計画法が定める**用途地域内の土地**は、道路、公園、河川、広場、水路等の公共施設の用に供されている土地を除き、宅建業法上の「**宅地**」に該当します（宅建業法2条1号）。そして、山林を区画割りして反復継続して売却する行為は、**宅建業**に該当する行為です。さらに、売却の相手が公益法人に限られていても、それだけで特定性があるとはいえず、本記述の場合は、**不特定多数**の公益法人に**反復継続**して売却するものとして宅建業に該当し、免許が**必要**です。

2 × 土地区画整理事業により換地として取得した宅地だからといって特別扱いはありません。**宅地を不特定多数に売却**する以上は宅建業に該当し、免許が**必要**になります。

3 ○ 宅建業者を代理人にしても、**本人が自ら**マンションの分譲という建物の売買を**反復継続**して行うことになるため、この行為は宅建業に該当し、免許が**必要**です（2条2号）。

> **プラスα** 市街化区域内では必ず**用途地域**が定められます。したがって市街化区域内の土地は、道路・公園・河川・広場・水路等の公共施設の用に供されていなければ全て宅地に該当します（宅建業法2条1号）。

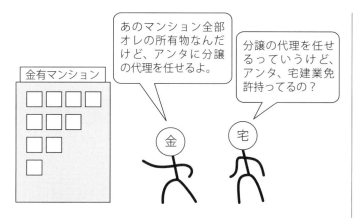

あのマンション全部オレの所有物なんだけど、アンタに分譲の代理を任せるよ。

分譲の代理を任せるっていうけど、アンタ、宅建業免許持ってるの？

金有マンション

金

宅

4 ✕ 　この場合には、媒介を依頼した者は、自ら**賃貸**するだけですから、宅建業には該当せず、免許は**不要**です（同条号）。

| 問27 | 正解 1 | 重要度 ☆☆☆ |
| | | 難易度 ★★ |

免許

| 1 | 2 | 3 | 4 |
| | | | |

1 ◯ 　罰金刑に処せられたことが宅建業の免許の欠格事由に該当するのは、一定の犯罪に限られています（宅建業法5条1項6号）。刑法第211条の**業務上過失致死傷等**の罪は、罰金刑に処せられたことにより免許の欠格事由となる罪ではありません。したがって、法人Aの代表取締役は免許の**欠格要件に該当せず**、法人Aは免許を受けることができます。

2 ✕ 　「**免許取消処分**」についての聴聞の期日及び場所の公示の日から処分決定の日までの間に、宅建業の廃止の届出をした場合は、当該届出の日から5年間免許の欠格者として免許を受けることができず、役員が欠格者に該当する法人も免許を受けることができないこととなります（宅建業法5条1項3号、12号）。しかし、本肢の場合、「**免許取消処分**」ではなく「**業務停止処分**」について聴聞の期日及び場所の公示がなされており、この場合は、処分決定の日までの間に廃止の届出をしても、欠格事由には該当しません。

3 ✕ 　法人で、その役員又は政令で定める使用人のうちに、欠格事由に該当する者があるときは、その法人も免許を受けることができません（同条項12号）。**禁錮以上の罪**であれば、犯罪の種類を問わず**欠格事由**に該当し、執行猶予が付いてもその期間が満了するまでは欠格者に該当します（同条項5号）。

4 ✕ 　不正手段による免許取得等で免許を取り消された者が法人である場合には、その法人の**役員**であった者を欠格者とする

プラスα　政令で定める使用人は、役員とは異

完全予想模試―④／正解・解説

105

規定があります（同条項2号）。しかし、この場合に**政令で定める使用人を欠格者とする規定はありません**。

なり、法人を支配する権限はないので、欠格者とする必要性もないのです。

問28　**正解　4**　重要度　☆☆
難易度　★★

業務に関する規制

1　**違反する**　契約の締結の勧誘に際して、**将来の環境について誤解させるような断定的判断の提供行為**に該当し、禁止される行為です（宅建業法47条の2第3項、同法施行規則16条の11第1号イ）。

2　**違反する**　契約の締結の勧誘に際して、**将来利益を生じることが確実であると誤解させるような断定的判断の提供行為**に該当し、禁止される行為です（宅建業法47条の2第1項）。

3　**違反する**　取引態様の別は、**広告の際と注文を受ける際に必ず明示しなければならず**、どちらか一方で済ますことはできません（34条1項、2項）。

4　違反しない　宅建業者が所有者との間で当該物件の取得を目的とする売買、贈与、交換等の**契約（予約を含む）を締結**している場合、その物件を自ら売主として売却することができます（33条の2第1号）。正解となります。

プラスα　代金の支払や引渡しがないこと、登記の有無、本登記と仮登記の違いは**契約の有効性**に影響しません。

問29　**正解　1**　重要度　☆☆
難易度　★★

営業保証金

1 ○　供託済みの金銭を有価証券に差し替える、あるいは有価証券を金銭に差し替えることを**営業保証金の変換**といいます。営業保証金の変換を行ったときは、遅滞なく、その旨を、**供託書正本の写し**を添付して免許権者に届け出なければなりません（宅建業法施行規則15条の4の2）。

2　**✕**　営業保証金は、本店分だけでなく、支店の分も合わせて**主たる事務所**の最寄りの供託所に供託しなければなりません（宅建業法25条1項）。

3　**✕**　営業保証金を供託した供託所については説明が必要ですが、**供託金の額**についての説明は**不要**です（35条の2）。

4　**✕**　営業保証金の取戻しをしようとする者が公告をしたときは、遅滞なく、その旨を、国土交通大臣又は都道府県知事に届け出なければなりません（宅地建物取引業者営業保証金規則7条3項）。要求されているのは**公告後の届出**です。

プラスα　相手方等が宅建業者である場合には、供託所等に関する説明義務はありません（宅建業法35条の2柱書かっこ書き）。

問30　**正解　1**　重要度　☆☆
難易度　★★

業務に関する規制

1　✕　業務に関する責任の所在を明確にすることによって消費者を保護しようとする観点から、宅建業者には、業務を行う場所ごとに、**標識を設置する義務**が課されています（宅建業法50条1項、同法施行規則19条1項5号）。複数の宅建業者が、業務に関し展示会を共同で実施する場合には、その実施の場所に、**全ての宅建業者**が自己の標識を掲示する必要があります。

2　○　一団の建物の分譲を、当該建物の所在する場所の最寄りの駅前に案内所を設置して行う場合には、当該建物の**所在する場所**に標識を掲示する必要があり、また、**案内所にも標識を掲示**しなければなりません（宅建業法50条1項、同法施行規則19条1項2号、3号）。

3　○　従業者証明書と宅建士証では記載事項が異なり、また、その目的も異なるものであるため、宅建士証を従業者証明書に**代えて提示することはできません**。

4　○　案内所等の届出が必要となるのは、その場所で申込みの受付や契約の締結などの取引行為を行うことが予定される場合です（宅建業法50条1項、同法施行規則19条1項2号、3号）。別の言い方をすれば、**専任の宅建士を1人以上設置しなければならない場所**であれば、届出が必要となります。それ以外の場所であれば届出は必要ありません。

プラスα　宅建業者が**宅建業の業務を行う場所**には、売買契約の申込みの受付や売買契約締結などの取引行為を行うかどうかとは無関係に必ず**標識の掲示**が必要なのです。

問31　**正解　2**　重要度　☆☆☆
難易度　★★

手付金等の保全措置

ア　✕　未完成物件の売買において、自ら売主となる宅建業者は、代金の額の**5％を超える金額**又は**1,000万円を超える金額**（既に受領した手付金等があるときは、その額を加えた額）の手付金等を受領しようとするときは、その受領前に**保全措置**を講じなければなりません（宅建業法41条1項、同法施行令3条の5）。ここでいう「手付金等」とは、**代金の全部又は一部**として授受される金銭及び手付金その他の名義をもって授受される金銭で**代金に充当されるもの**であって、**契約の締結の日以後物件の引渡し前に支払われるもの**をいいます。申込証拠金は契約締結前に支払われるものですが、契約締結後に代金に充当するときは、保全措置の対象となる「**手付金等**」

に該当します。したがって、Aが手付金300万円と代金に充当されるものである申込証拠金10万円の合計310万円の手付金等を受領するのであれば、それは代金6,000万円の**5％を超える手付金等**を受領するものであり、Aは、申込証拠金についても**保全措置を講じる必要**があります。

イ ○ 　所有権移転の登記が完了すれば、引渡しが未了でも買主の所有権は確保されます（民法177条）。そこで、この場合には手付金等の保全措置はもはや**不要**となります（宅建業法41条の2第1項柱書ただし書）。

ウ ○ 　手付金だけでは保全措置が必要となる金額に至らない場合でも、その後に中間金等として金銭を受領し、既に受領した手付金との合計額が、保全措置が必要となる金額に至るときは、既に受領した手付金と中間金の**合計額全額につき保全措置を講じる必要**があります。

エ × 　本肢では、手付金の金額が代金額の**5％を超えている**ため、手付金等の保全措置が必要となります。そして手付金等の保全措置は、宅建業者が、買主から手付金等を**受領する前**に講じる必要があります（41条1項柱書本文）。

以上より、**正しいものはイとウの二つ**であり、**2が正解**となります。

プラスα 　保全措置は、手付金等を受領してから講じるのでは遅いのです。

| 問32 | **正解 1** | 重要度 | ☆☆ |
| | | 難易度 | ★★ |

1 2 3 4

業務に関する規制

1 ○ 　宅建業者は、従業者に、**従業者証明書を携帯**させなければ、その者をその業務に従事させることができません（宅建業法48条1項）。ここでいう従業者には、宅建業者と継続的な雇用関係にある被用者だけでなく、宅建業者の代表者や非常勤の役員のほか、パートやアルバイト従業者など一時的に宅建業者の業務を補助・遂行する者も含まれます。

2 × 　宅建業者が契約行為等を行う案内所等を設置する場合には、免許権者及び当該案内所等の所在地を管轄する都道府県知事に対し、一定の事項を届け出なければなりません。しかし、本肢のように、国土交通大臣免許の宅建業者の場合は、業務地の知事へは直接届出をしなければなりませんが、免許権者である国土交通大臣への届出は、**業務地の知事を経由して**行わなければなりません（50条2項、78条の3第2項）。直接、国土交通大臣に届出をすることはできません。

3 × 　報酬額の掲示が要求されているのは、宅建業者の**事務所**だけです（46条4項）。申込みの受付や契約締結の予定があっ

ても案内所等には不要です。

4 ✕ 　宅建業者は、事務所ごとに、その業務に関する帳簿を備え、宅建業に関し取引のあった都度、その年月日等一定の事項を記載しなければなりません（49条）。この帳簿は、各事業年度の末日をもって閉鎖するものとし、閉鎖後5年間は保存しなければならないのが原則ですが、本問のように、宅建業者が自ら売主となる新**築住宅の売買**に関する帳簿の保存期間については、**10年間**となります（同法施行規則18条3項かっこ書き）。

問33　**正解　1**　重要度　☆☆☆
　　　　　　　　　　難易度　★★

1	2	3	4
□	□	□	□

重要事項説明

1 **違反しない**　売買の目的物である建物が、住宅の品質確保の促進等に関する法律5条1項に規定する**住宅性能評価を受けた新築住宅**である場合、宅建業者は、その旨を説明しなければなりません（宅建業法35条1項14号イ、同法施行規則16条の4の3第6号）。しかし、その評価の具体的内容についてまで説明しなければならないわけではありません。

2 **違反する**　敷金その他いかなる名義をもって授受されるかを問わず、契約終了時において精算することとされている**金銭の精算に関する事項**は説明が**必要**な事項です（宅建業法35条1項14号、同法施行規則16条の4の3第11号）。

3 **違反する**　宅建業者は、売買の目的物である宅地又は建物が種類又は品質に関して契約の内容に適合しない場合におけるその不適合を担保すべき責任の履行に関し保証保険契約の締結その他の措置で国土交通省令又は内閣府令で定めるものを**講ずるかどうか**、及びその措置を講ずる場合におけるその**措置の概要**を説明しなければなりません（宅建業法35条1項13号、同法施行規則16条の4の2第1号）。

4 **違反する**　売買の目的物である宅地に借地権などの登記された権利が存する場合、宅建業者は、その登記された権利の種類及び内容並びに登記名義人又は**登記簿の表題部に記録された所有者の氏名（法人の場合は、その名称）**を説明しなければなりません（宅建業法35条1項1号）。

プラスα　必ず説明が要求されている事項について定められていないときは、**定められていない旨**の説明が必要なのです。

完全予想模試—④／正解・解説

1 2 3 4

問34 **正解 3** 重要度 ☆☆
難易度 ★★

重要事項説明

1 ○ 区分所有建物の**貸借**の場合、共用部分に関する規約の定めがあるときでも、その定めについて説明する必要はありません。これは貸借以外の場合の説明事項です（宅建業法 35 条 1 項 6 号、同法施行規則 16 条の 2 第 2 号）。

2 ○ **専有部分の利用の制限**が規約で定められている場合には、**賃借人もその定めに拘束**されます。事務所用に借りるつもりなのに住居専用だったなどという事態を避ける必要があることを考えれば、事前の説明が必要なのは当然であるといえます（宅建業法 35 条 1 項 6 号、同法施行規則 16 条の 2 第 3 号）。

3 ✗ 管理が法人に委託されている場合には、その商号又は名称、主たる事務所の所在地は重要事項として説明すべき事項です。しかし、**法人の代表役員の氏名は説明する必要はありません**（宅建業法 35 条 1 項 6 号、同法施行規則 16 条の 2 第 8 号）。

4 ○ 37 条書面とは異なり、35 条書面では**借賃の額**は説明事項とはされていません（宅建業法 37 条 2 項 2 号）。

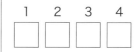 **プラスα** 現実は異なる場合が多いですが、賃料の額は、重要事項説明を受けた上で契約当事者がお互いに交渉して決定する場合もあることを想定しているのです。

1 2 3 4

問35 **正解 1** 重要度 ☆☆☆
難易度 ★★

重要事項説明書と 37 条書面

1 ✗ 重要事項説明書で宅建士の関与が必要なのは、**記名と説明**であり（宅建業法 35 条 1 項、5 項）、37 条書面では記名だけです（37 条 3 項）。

2 ○ 租税その他の公課の負担に関する事項は、**37 条書面の記載事項**ですが（37 条 1 項 12 号）、重要事項説明書では記載事項ではありません。

3 ○ 宅地建物の所在、地番等の宅地建物を特定するために必要な表示については重要事項説明書の記載事項（説明事項）とはされていません。しかし、**37 条書面では必要的記載事項**とされています（37 条 1 項 2 号）。

4 ○ 宅建業者が共同で重要事項説明書を作成した場合、その誤りについては一方だけにその原因があったときでも**共同で責**

プラスα 重要事項説明書の**交付**、37 条書面の**交付**は誰が行ってもかまわないのです。相手方等が宅建業者の場合、重要事項説明書の交付のみが義務付けられ、説明の必要はありません（宅建業法 35 条 6 項）。この場合でも、宅建士の**記名**は必要となります（同条 7 項）。

任を負わなければならず、双方の宅建業者とも指示処分を受けることがあります（65条1項）。

問36　正解　4　重要度　☆☆
　　　　　　　　難易度　★★

報酬

ア　✕　宅建業者は、原則として国土交通大臣が定める報酬の額を超える報酬を受領してはならないとされています（宅建業法46条1項、2項）。この報酬額の制限は**宅建業者間取引にも適用**されます。また、**相手方の承諾による例外はありません。**

イ　✕　居住用建物の貸借の媒介の場合には、**依頼者の承諾があるとき**は、依頼者の一方だけから借賃の1.1倍に相当する金額の報酬を受領することができます（同条1項、報酬額に関する告示第4）。「承諾の有無を問わず」ではありません。

ウ　✕　宅建業者が居住用以外の建物の貸借の媒介を行った場合で権利金の授受があるときは、**依頼者の承諾の有無は関係なく、**当該権利金の額を売買に係る代金の額とみなして報酬額を計算することができます（宅建業法46条1項、報酬額に関する告示第6）。

エ　✕　**依頼者の依頼によって行う広告料金相当額**については、報酬とは別に依頼者に請求することが認められています（宅建業法46条1項、報酬額に関する告示第9第1項ただし書）。しかし、依頼者の依頼によらずに宅建業者が自己の判断で行った広告料金まで依頼者に請求することはできません。

以上より、**アとイとウとエの全てが誤りで正しいものはなく、4が正解**となります。

> **プラスα**　これは、その広告に基づいて契約が成立したことが明らかであっても例外とはされていません。

問37　正解　3　重要度　☆☆
　　　　　　　　難易度　★

宅建士

1　✕　本肢は二重の意味で誤りです。登録の移転は**任意**であり、本肢のような場合に移転をしなければならないわけではありません。また、登録の移転の申請は、現に登録している知事を経由して行いますが、申請の相手方は**移転先を管轄する知事**となります。本肢では、移転の申請の相手方は**乙県知事**となります（宅建業法19条の2）。

2　✕　更新申請前6月以内に受講しなければならない講習は、その宅建士が**登録を受けた都道府県知事**が指定する講習です（22条の2第2項、22条の3第2項）。国土交通大臣が指

> **プラスα**　登録の移転は宅建士の便宜を図るのが目的ですから、強制する必要はないのです。

定する講習ではありません。

3 ○ 登録事項に変更がある場合には、**遅滞なく変更の登録を申請する**必要があります（20条）。そして、勤務する宅建業者の商号又は名称及び免許証番号は、登録事項です（18条2項、同法施行規則14条の2の2第1項5号）。

4 ✕ 2つ以上の都道府県において試験に合格した者は、当該試験を行った都道府県知事のうち**いずれか1つの都道府県知事**の登録のみを受けることができます（同規則14条）。

（問38） **正解 2** 重要度 ☆☆ / 難易度 ★

1 2 3 4
□ □ □ □

宅建士

1 ✕ 本肢の場合には「当該登録が**消除された日から**」5年が経過しなければ新たな登録を受けることができません（宅建業法18条1項10号）。

2 ○ 暴力団員でなくなった日から5年が経過しない者は、「**暴力団員等**」に当たるため、宅建士登録を受けることができません（18条1項8号、5条1項7号）。

3 ✕ 登録消除事由に該当して登録を消除された宅建士は、**登録消除の処分があった日から5年間**は登録を受けられません（18条1項9号、68条2項、68条の2）。

4 ✕ 未婚の未成年者でも、法定代理人から宅建業の営業に関し許可を受ければ、宅建業に係る営業に関し成年者と同一の行為能力を「**有する**」未成年者として、宅建士の登録を受けることができます（18条1項1号、民法6条1項）。しかし、法定代理人から営業の許可を受けても、原則として成年者である専任の宅建士となることはできません。ただし、例外として、未成年者である宅建士自身が**個人の宅建業者である場合**や、法人である宅建業者の**役員である場合**には、その主として従事する事務所については成年である専任の宅建士とみなされます（宅建業法31条の3第2項）。

（問39） **正解 4** 重要度 ☆☆ / 難易度 ★★

1 2 3 4
□ □ □ □

クーリング・オフ

1 ○ クーリング・オフは、宅建業者の事務所等以外の場所で、宅地又は建物の買受けの申込みをした者又は売買契約を締結した買主に適用されます。本肢のような**テント張りの案内所**は、**土地に定着する建物ではないこと**から、**事務所等以外**

プラスα 売主である宅建業者による目的物の引渡し及び、買主の代金全額の支払が完了してしまえば、取引は完了しま

の場所に当たり、買主はクーリング・オフの適用対象となります（宅建業法 37 条の 2 第 1 項柱書、同法施行規則 16 条の 5 第 1 号ロ）。そして、クーリング・オフによる契約解除は、それが可能である旨を**書面で告げられた日から起算して 8 日間が経過するまで**可能であり（宅建業法 37 条の 2 第 1 項 1 号）、買主は、クーリング・オフについて書面で告げられていなくとも契約を解除することができます。また、買主が、当該宅地又は建物の引渡しを受け、かつ、その代金の全部を支払ったときは、クーリング・オフによる契約解除をすることはできません（同条項 2 号）。したがって、本肢の B は、建物の引渡し及び代金の全額の支払が完了するまでの間は**クーリング・オフによる契約解除が可能**です。

す。この段階に至れば、書面による告知日から 8 日以内であってもクーリング・オフはできなくなります。

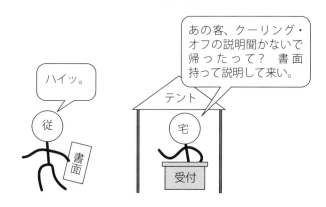

あの客、クーリング・オフの説明聞かないで帰ったって？　書面持って説明して来い。

ハイッ。

従

書面

テント

宅

受付

2　○　料理店は、事務所等以外の場所に当たります。そして、クーリング・オフによる契約解除と手付による契約解除はまったく別の制度であることから、宅建業者が契約の履行に着手した後であっても、**クーリング・オフの要件を満たす限り**契約解除は可能です。

3　○　契約の申込み場所と契約の締結場所とが異なる場合は、「**契約の申込み場所**」を基準に、クーリング・オフが可能である「事務所等以外の場所」に当たるか否かを判断します（宅建業法 37 条の 2 第 1 項）。本肢の D は、喫茶店で買受けの申込みをしており、喫茶店は事務所等以外の場所に当たることから、クーリング・オフの適用があります。そして、クーリング・オフによる申込みの撤回又は解除ができるのは、契約締結日から起算して 8 日以内ではなく、**書面によりクーリング・オフの告知を受けた日**から起算して 8 日以内です（同条項 1 号）。

4　✕　喫茶店は、買主自ら指定した場合であっても、事務所等以外の場所に当たります。そして、クーリング・オフができな

くなるのは、**引渡し及び代金全部の支払及び引渡しが完了した場合**です（同条項2号）。代金の過半の支払が終わっていても、残金がある以上、クーリング・オフができる旨を書面で告げられてから8日以内ならクーリング・オフが可能なのです。

問40 | **正解 4** | 重要度 ☆☆ / 難易度 ★★

1　2　3　4
□　□　□　□

保証協会

1　✕　弁済業務保証金の還付請求の相手方は保証協会ではありません。弁済保証金が供託されている**供託所**に対して還付を請求することとなります（宅建業法64条の8、64条の7）。

2　✕　**相手方が宅建業者**であるときは、保証協会に加入している旨の説明は**必要ありません**（35条の2柱書、同条2号）。

3　✕　2週間以内ではなく、**1週間以内**に供託することが必要です（64条の15）。

4　○　「**支店の廃止**」を理由として弁済業務保証金を取り戻す際には、還付請求権者に対して、認証を受けるため申し出るべき旨の公告は**不要**です（64条の11第1項後段、4項）。

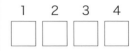

プラスα　なお、弁済業務保証金の還付対象から宅建業者は除かれています（宅建業法64条の8第1項）。

プラスα　廃止する支店分の弁済業務保証金分担金を宅建業者が取り戻しても、還付請求権者は**本店分**の弁済業務保証金分担金から還付を受けることができるからです。

問41 | **正解 3** | 重要度 ☆ / 難易度 ★★

1　2　3　4
□　□　□　□

広告に関する規制

1　○　工事の完了前においては、当該工事に関し必要とされる**都計法29条の許可、建基法の確認**その他法令に基づく許可等の処分で政令で定めるものがあった後でなければ、当該工事に係る宅地又は建物の売買その他の業務に関する広告をしてはならないとされています（宅建業法33条）。検査済証の交付までは要求していません。

2　○　宅建業者が宅地又は建物の売買、交換又は貸借に関する広告をするときは、**取引態様の別を明示しなければならない**とされています（34条1項）。取引の相手方に明らかであるか否かは関係ありません。

3　✕　取引態様の別の明示義務については、例外は一切ありません。**必ず明示しなければならない**こととなります。

4　○　**誇大広告の禁止**に該当するため、業務停止を受ける可能性

過去問　広告に関する規制は比較的簡単な問題が多いので、確実に得点できるようにしておきましょう。

があります（32条、65条4項2号）。

問42　**正解　3**　重要度　☆
　　　　　　　　　　　　難易度　★★

従業者名簿

ア　違反しない　それぞれの事務所ごとに備え付けることとされています（宅建業法48条3項）。

イ　違反する　従業者名簿は最終の記載をした日から**10年間保存**が義務付けられています（同法施行規則17条の2第4項）。

ウ　違反する　取引の関係者から閲覧を求められたときは、**閲覧に応じなければなりません**（宅建業法48条4項）。

　以上より、**違反するものの組合せはイ、ウ**であり、**3が正解**となります。

問43　**正解　2**　重要度　☆☆
　　　　　　　　　　　　難易度　★

業務に関する規制

1　**違反する**　手付について**貸付けその他信用の供与**をすることにより、契約の締結を誘引する行為自体が禁止されています（宅建業法47条3号）。相手方がその誘引に応じたかどうかは関係ありません。

2　違反しない　選択肢1の場合とは違って、**手付の額を減額**することは何も問題がありません。手付を減額するのであれば、代金の減額と同様に買主にとって特に不利益とはならないからです。

3　**違反する**　契約の締結の勧誘に際して、宅地や建物の利用の制限等に関する事項であって、取引の相手方の判断に重要な影響を及ぼすこととなる事項について、**故意に事実を告げず、又は不実のことを告げる行為**は禁止されています（同条1号ニ）。そして、本肢のように、宅地に対して借地権が設定されているという事実は、宅地の利用を制限する事項であり、買主の判断に重要な影響を及ぼす事項に該当します。このことは、借地権の登記がなされているかどうかとは関係ありません。したがって、借地権が設定されているという事実を故意に買主に告げない行為は、同条号ニに違反します。

4　**違反する**　現実に受領した金額が適正な額であっても、**不当に高額の報酬を要求する行為**自体が禁止されています（同条2号）。

プラスα　**手付の貸付け等による契約締結の誘引**が禁止されているのは、契約を締結する意思も手付の準備もなく単にモデルルームなどを見に来ただけの相手に対し、その場で契約した方が得だと誤信させて契約を急がせることがよく行われていたことによるものです。

問44 **正解 3** 重要度 ☆☆
難易度 ★★

監督処分

1 ✕ 宅建業法31条の3第1項に定める専任の宅建士の設置要件を欠くこととなった場合には、宅建業者は**2週間以内に**必要な措置をとらなければなりません（同条3項）。これに違反した場合、指示処分や業務停止処分の対象となりますが（65条1項、2項）、**必要的免許取消事由には該当しないため**、免許を取り消さなければならないのではありません。

2 ✕ 宅建士の登録を受けた者が、宅建士証の交付を受ける前に、宅建士としてすべき事務を行った場合、登録権者が登録を消除しなければならないのは「**情状が特に重いとき**」です（68条の2第2項3号）。

3 ○ 指示処分に従わないと業務停止処分を受けることになります。そして**業務停止処分事由の情状が重いとき**には免許取消処分の事由になります。つまり、指示処分に従わないと免許取消処分を受けることもあります。

4 ✕ 登録権者が必要な指示をすることができるのは、宅建士が、他人に自己の名義の使用を許し、**当該他人がその名義を使用して宅建士である旨の表示をしたとき**です（68条1項2号）。

 **プラスα** 免許取消処分は**免許権者**しかできないことに注意してください。

問45 **正解 2** 重要度 ☆☆
難易度 ★★

履行確保法

1 ○ 住宅販売瑕疵担保責任保険契約は、国土交通大臣の承認を受けた場合を除き、**変更又は解除をすることができないもの**でなければなりません（履行確保法2条7項5号）。

2 ✕ 住宅販売瑕疵担保責任保険契約では、保険料を、**宅建業者が支払う**ことを約するものでなければなりません（同条項1号）。

3 ○ 住宅販売瑕疵担保保証金の供託は、当該宅建業者の**主たる事務所の最寄りの供託所**にするものとされています（11条6項）。

4 ○ 国及び地方公共団体は、特定住宅瑕疵担保責任の履行の確保を通じて住宅を新築する建設工事の発注者及び新築住宅の買主の利益の保護を図るため、**必要な情報及び資料の提供その他の措置**を講ずるよう努めなければならないとされています（36条）。

プラスα 履行確保法は、住宅販売瑕疵担保責任保険契約に係る新築住宅に関する**紛争の処理体制等**についても定めています。

問46 　**正解　4**　| 重要度　☆☆ |
| 難易度　★★ |

機構法

1　✕　機構は、**一定の業務を主務省令で定める金融機関に委託で**きますが（機構法16条1項1号）、機構法第13条第1項第4号に規定する業務は委託できる業務から除かれています（16条1項柱書かっこ書き）。本肢の記述にある業務は、第13条第1項第4号に規定する業務です。

2　✕　機構の証券化支援業務の対象となる貸付債権には、**住宅取得に付随する土地又は借地権の取得のための資金**について貸し付ける場合の債権も含まれます（同法施行令5条1項）。

3　✕　証券化支援業務の対象となる貸付債権は、**申込者本人の居住用の住宅の建設・購入資金に限られません**。申込者の親族が居住するための住宅の建設・購入資金についての貸付債権も含まれます。

4　○　機構は、一般の金融機関による融通を補完するため、**災害復興建築物の建設若しくは購入又は被災建築物の補修**に必要な資金の貸付けを行います（機構法4条、13条1項5号）。

> **プラスα**　土地又は借地権の取得のための資金についての貸付債権でも、**住宅取得とはまったく無関係のもの**については対象外となることに注意しましょう。

問47 　**正解　2**　| 重要度　☆☆ |
| 難易度　★★ |

公正競争規約等

1　✕　建蔽率その他建物の建築に関する建基法、都計法その他の法律による制限に係る事項について、事実に相違する表示又は実際のものよりも**緩やかである**と誤認されるおそれのある表示をしてはなりません（公正規約23条30号）。

2　○　建物の価格について、消費税が含まれていないのに、**含まれている**と誤認されるおそれのある表示をしてはなりません（同条46号）。

3　✕　二重価格表示が禁止されているのは、**事実に相違する広告表示**又は実際のもの若しくは競争事業者に係るものよりも**有利であると誤認されるおそれのある広告表示**となる場合に限られています。単に二重価格表示というだけで、一律に禁止されるわけではありません（20条）。

4　✕　団地と駅その他の施設との間の距離又は所要時間を表示する場合には、それぞれの施設ごとにその施設から最も**近い**地点を起点又は着点として算出した数値**とともに**、その施設から最も**遠い**地点を起点又は着点として算出した数値も表示しなければなりません（同規約施行規則9条8号）。

問48　**正解　2**　重要度　☆☆☆
難易度　★★★

統計

1　×　建築着工統計調査報告（令和5年計。令和6年1月公表）によれば、令和5年のマンションの新設着工戸数は、前年比0.3％**減**で、**昨年の増加から再びの減少**となりました。

2　○　令和6年地価公示（令和6年3月公表）によれば、令和5年1月以降の1年間の住宅地の地価は、全国平均では、全用途平均は2.3％、住宅地は2.0％、商業地は3.1％、**いずれも3年連続で上昇**し、上昇率が**拡大**しました。

3　×　建築着工統計調査報告（令和5年度計。令和6年4月公表）によれば、令和5年度のマンションの新設着工戸数は、「首都圏」と「近畿圏」においては前年度を下回りましたが、「**中部圏**」では前年度を34.5％**上回り**ました。

4　×　年次別法人企業統計調査（令和4年度。令和5年9月公表）によれば、令和4年度における全産業の経常利益は前年度に比べ13.5％**増加**となり、不動産業の経常利益は2.0％の**減少**となりました。

問49　**正解　3**　重要度　☆☆
難易度　★

土地の知識

1　○　河川近傍の低平地では、洪水対策として**盛土**を行い敷地の位置を高くして、建物全体をかさ上げしてきたところが多く見られます。

2　○　急傾斜地で樹木が繁茂している地盤では、樹木を取り除かずに盛土をすると、**地盤沈下や崩壊**の原因となります。

3　×　地震などのときに起きる液状化は、**埋立地**などで起こりやすい現象です。液状化とは、水分を多く含んだ砂層の砂粒子が水中に浮遊したような状態になることをいい、地下水位が浅い場合に起こりやすいものです。

4　○　崖錐堆積物は透水性が高く、その基盤（層の下部）に水がたまって水の通り道となり、そこをすべり面とした**地すべり**が生じやすくなっています。

プラスα　土地に関する知識は常識をもとに考えることで解答に至るものもあります。

118

問50　　**正解　1**　重要度　☆☆
　　　　　　　　　　　難易度　★★

建物の知識

1　✕　　欠込みとは、木材同士を接合するために木材の一部を欠き取ることをいいます。筋かいに欠込みを入れると、強度が**減少**するため、筋かいには、原則として欠込みをしてはならないとされています（建基法施行令45条4項本文）。

2　○　　構造耐力上主要な部分である柱については、主筋を**4本以上**とし、主筋は**帯筋と緊結**することが必要とされています（77条1号、2号）。

3　○　　鉄筋コンクリート造は、コンクリートと鉄筋の弱点を互いに補いあう建築材料です。コンクリートは**圧縮には強く引張に弱い**ものであり、そして鉄筋は**靭性が高く引張に強い**ものです。

4　○　　鉄筋の末端は、かぎ状に折り曲げて、**コンクリートから抜け出ないように定着**しなければなりません。ただし、一定の場合には、その末端を折り曲げないことができます（73条1項）。

過去問　建物の知識では建基法関連法令や建築材料に関する出題が見られます。

本書の正誤情報や、国土交通省から公表される最新の「土地白書」と「国土交通白書」についての情報等は、下記のアドレスでご確認ください。
http://www.s-henshu.info/tkym2405/

上記掲載以外の箇所で正誤についてお気づきの場合は、書名・発行日・質問事項（該当ページ・行数・問題番号などと誤りだと思う理由）・氏名・連絡先を明記のうえ、お問い合わせください。
・web からのお問い合わせ：上記アドレス内【正誤情報】へ
・郵便または FAX でのお問い合わせ：下記住所または FAX 番号へ
※電話でのお問い合わせはお受けできません。

［宛先］　コンデックス情報研究所
　　　　　『宅建士　2024 年法改正と完全予想模試』係
　　　　　住所　　　〒 359-0042　埼玉県所沢市並木 3-1-9
　　　　　FAX 番号　04-2995-4362　（10:00 ～ 17:00　土日祝日を除く）

※本書の正誤以外に関するご質問にはお答えいたしかねます。また受験指導などは行っておりません。
※ご質問の受付期限は、2024 年の試験日の 10 日前必着といたします。
※回答日時の指定はできません。また、ご質問の内容によっては回答まで 10 日前後お時間をいただく場合があります。
あらかじめご了承ください。

監修：串田誠一（くしだ　せいいち）
弁護士。元法政大学大学院教授。法政大学法学部卒。司法試験、公認会計士試験、大手ゼネコンでの宅建士試験指導を長年担当。司法試験合格後、宅建士指導のために宅建士試験にも合格。

編著：コンデックス情報研究所
1990 年 6 月設立。法律・福祉・技術・教育分野において、書籍の企画・執筆・編集、大学および通信教育機関との共同教材開発を行っている研究者・実務家・編集者のグループ。

宅建士 2024年法改正と完全予想模試

2024年 7 月20日発行

監　修　串田誠一（くしだ せいいち）
編　著　コンデックス情報研究所（じょうほう けんきゅうしょ）
発行者　深見公子
発行所　成美堂出版
　　　　〒162-8445　東京都新宿区新小川町1-7
　　　　電話(03)5206-8151　FAX(03)5206-8159
印　刷　大盛印刷株式会社